Blue Book of Social Governance & Development in Nanjing 2024-2025

南京市社会治理与发展蓝皮书 2024—2025

任克强 主编

南京出版传媒集团
南京出版社

图书在版编目(CIP)数据

南京市社会治理与发展蓝皮书. 2024—2025 / 任克强主编. -- 南京 : 南京出版社, 2024. 12. -- ISBN 978-7-5533-5123-0

Ⅰ. D675.31

中国国家版本馆 CIP 数据核字第 202458LP60 号

书　　名: 南京市社会治理与发展蓝皮书 2024—2025
主　　编: 任克强
出版发行: 南京出版传媒集团
南 京 出 版 社
社址:南京市太平门街 53 号　　邮编: 210016
网址:http://www.njcbs.cn　　电子信箱:njcbs1988@163.com
联系电话:025-83283893、83283864(营销)　025-83112257(编务)

出 版 人: 项晓宁
出 品 人: 卢海鸣
责任编辑: 焦　博
装帧设计: 石　慧
责任印制: 杨福彬

排　　版: 南京新洲印刷有限公司
印　　刷: 南京玉河印刷厂
开　　本: 787 毫米×1092 毫米　1/16
印　　张: 15.5
字　　数: 278 千字
版　　次: 2024 年 12 月第 1 版
印　　次: 2024 年 12 月第 1 次印刷
书　　号: 978-7-5533-5123-0
定　　价: 80.00 元

营销分类:社科

序言

党的二十届三中全会就健全社会治理体系作出系统部署，提出了一系列改革举措，为国家长治久安夯实基础。2024 年，南京坚持以习近平新时代中国特色社会主义思想为指导，全面贯彻落实党的二十届三中全会精神，准确把握健全社会治理体系的重要意义、重点任务和工作要求，通过不断深化改革、创新机制、完善制度，积极构建特大城市社会治理体系，全面提升社会治理现代化水平，取得了一系列显著成果。特别是在党建引领基层治理、矛盾纠纷化解、基层议事协商、"智慧城市"建设等方面，南京取得了重要突破，为全国其他城市提供了宝贵经验。南京连续 15 年获得"最具幸福感城市"称号，第五次获评全国"最佳促进就业城市"，还先后入选"全国民政系统先进集体"、国家基本养老服务综合平台试点、国家社会救助改革创新试点，并荣膺"2024 年度活力之城""国际友好城市杰出贡献奖"等殊荣。

为深入分析当前南京市社会治理的现状与问题，推进社会治理现代化水平在复杂环境中稳步提升提供共同思考，并结合未来发展趋势进行系统研判，南京市社科联（院）继编撰出版《南京市经济社会发展蓝皮书》《南京市创新发展蓝皮书》《南京市文化发展蓝皮书》之后，今年再次编撰出版《南京市社会治理与发展蓝皮书》，以期为党委政府决策、为社会各界了解南京市社会治理与发展情况提供参考。

《南京市社会治理与发展蓝皮书（2024—2025）》分为总报告以及党建引领篇、改革创新篇、治理探索篇、民生发展篇、服务保障篇和他山之石篇等若干专题。总报告总结了南京在党建引领基层治理、体制机制改革、乡村振兴、城市安居、民生福祉改善、公共服务、应急管理、矛盾化解、社会组织发展、数智治理等十个方面的先进经验和创新举措，分析了当前社会治理在治理效能、基层形式主义、小区改造、公共安全、智慧治理等方面面临的挑战，并从机制创新、基层减负、设施更新、能力提升、数智转型等方面提出了对策建议，为进一步健全社会治理体系、优化现有治理结构和机制，提高城市治理效率和发展质量提供示范借鉴。

党建引领篇呈现了南京在深化"五社联动"、国有企业党建创新、基层政协"专属融合”、党建提效增能为民服务等方面创新引领的实践成就；改革创新篇分析了南京在街镇消防安全管理、城管执法队伍建设、体卫融合模式、社会组织规范化建设等方面深化改革的重要举措；治理探索篇介绍了南京在老城人口治理、国企助推社会治理、平安韧性小区建设、“一网统管”建设等方面的治理成果；民生发展篇展示了南京在重点群体就业帮扶、“网格＋公共服务”融合、公共服务进社区、儿童友好社区建设等方面的先进经验；服务保障篇主要呈现南京在人民法院服务保障新质生产力、医疗保障体系建设、金融服务乡村振兴、数据确权体系建设等方面的主要做法；他山之石篇则介绍了成都市加强数字治理为基层减负赋能和苏州市城市街道社工站室的治理经验，为探索大型城市治理现代化模式提供借鉴启示。

本书编写工作得到了相关部门的大力支持。供稿作者除了南京市各级部门、高校、科研机构和企事业单位的专家学者、研究人员和实务工作者，还有来自成都、苏州等城市的研究人员。在写作过程中，各位作者尽量按照蓝皮书要求统一风格，为本书贡献了高质量的研究报告，在此表示感谢。此外，本书涉及大量统计调查数据，由于来源和口径不同，请读者在引用时仔细甄别。

本书在编撰和出版过程中，南京市社科联党组书记、主席，南京市社科院院长曹劲松研究员在全书的总体策划、组织和审读方面给予了全面指导，南京市社科联党组成员、副主席，南京市社科院副院长周蜀秦研究员在书稿的编排、编校方面给予了大力指导，科研处和社会发展研究所以及南京出版社也给予了重要支持，在此向各位领导、专家和同仁一并表示感谢。

任克强

（南京市社会科学院研究员、街镇治理效能研究博士工作站主任、江苏省扬子江创新型城市研究院专家）

2024 年 12 月

目 录

总报告

党建引领篇

改革创新篇

治理探索篇

民生发展篇

服务保障篇

他山之石篇

总报告

南京市社会治理与发展的现状、问题与对策

一、南京市社会治理与发展现状

党的二十届三中全会《中共中央关于进一步全面深化改革推进中国式现代化的决定》提出"健全党组织领导的自治、法治、德治相结合的城乡基层治理体系，完善共建共治共享的社会治理制度"。社会治理始终需要坚持和加强党的全面领导，有效发挥不同主体的力量和优势，建设人人有责、人人尽责、人人享有的社会治理共同体，加强和创新社会治理，持续提升社会治理现代化水平。2024 年以来，南京通过党建引领基层治理、体制机制改革创新、重点推进乡村振兴、提升城市服务和居住质量、全面改善民生福祉、关注特殊人群服务需求、构建应急管理综合体系、聚焦基层矛盾化解、提质社会组织运行、群团服务与慈善活动以及创设数智社会治理格局等方面推进社会治理共同体建设。

（一）坚持党建引领基层治理

党建引领基层治理通过加强党的基层组织建设，确保基层党组织成为领导基层治理的坚强战斗堡垒，使党建引领基层治理的作用得到更充分发挥。2024 年 7 月 3 日，南京召开全市党建引领基层治理领导协调机制会议，全面推进党建引领基层治理。南京在基层党组织建设、党建引领基层治理行动和党建助力基层治理减负等方面作出积极探索。

1. 加强基层党组织建设，建强四级组织体系，实施“精网微格”提升工程

南京发布《南京市“网格＋公共服务”融合治理“五大重点任务”》，持续强化党建引领基层治理“向心力”。健全“街道党工委—社区党委—网格党支部—党员楼栋长”四级组织联动体系，发挥各级党组织领导核心作用，强化“大工委”引领作用，强化“大党委”中坚作用，强化“大支部”主体作用，强化党员楼栋长支撑作用。突出政治性，强化引领、服务功能，将党建阵地打造成为党在基层的新课堂、服务站、宣传窗、连心桥，建强“楼宇党建”服务经济发展，建好“红色驿站”服务新就业群体，建设“初心阵地”服务居民群众，形成宣传和示范效应，更广泛、更有效地动员群众、凝聚群众。

2. 推动“党建引领强基”行动落地见效，开展市级机关企事业单位和街道（镇）“双结对、双促进”工作

南京市级机关企事业单位党组织与全市各街道社区党组织普遍开展挂钩联系、双向结对工作，以党建共建为纽带，持续推动资源力量向基层下沉，提升基层治理质效。全市 118 个市级机关企事业单位与 101 个街道（镇）挂钩联系、双向结对，紧扣基层所需、民生所盼、机关所能，统筹第一书记选派、市级挂钩支援基层应急处突机制等工作，共同落实推动区域发展、强化社会治理、直接服务群众、改进工作作风、提升党建质效等 5 项任务。在此基础上，各市级机关企事业单位所属基层党组织与街镇所属社区（村）党组织开展“一对一”或“多对一”结对共建，形成整体贯通合力。同步完善区级机关企事业单位及街道（镇）直属党组织与社区（村）党组织挂钩结对关系，实现“双结对、双促进”工作在区级机关企事业单位及街镇直属党组织全覆盖①。

3. 加大基层减负力度，统筹基层治理台账管理体系，常态化开展形式主义工作作风整治活动

南京严格落实《整治形式主义为基层减负若干规定》，制定破解基层治理“小马拉大车”突出问题 24 条工作措施，编印《社区（村）“六必查”相关规范汇编》，明确基层减负相关标准。设置 30 个基层减负观测点，开设减负电子邮箱。针对减负问题建立并实施部门约谈机制。印发《南京市基层群众性自治组织证明》制式文本，统一编号加强监测。推动街道（镇）履行职责事项清单编制工作。持续做好社区（村）“两本台账”“三张清单”的宣传贯彻落实。探索社区（村）协办事项公开及反向评议

① 《为基层赋能，南京市启动“双结对、双促进”行动》，中共江苏省委新闻网，2024 年 5 月 21 日，https://www.zgjssw.gov.cn/shixianchuanzhen/nanjing//202405/t20240521_8271573.shtml。

机制。注重减负赋能同频共振，协调推进阵地赋能、队伍赋能、网格赋能、物业赋能、数字赋能等，不断提升基层治理质效①。

（二）治理体制机制改革创新

随着社会问题的多样化和复杂化，传统的治理模式往往难以满足实际需求。创新治理体制和机制，有助于推动信息技术、大数据等现代技术的运用，提高决策的科学性、执行的效率和公共服务的精准度，增强政府治理能力，优化资源配置。社会治理体制机制改革创新不仅是提升国家治理能力的关键，也是推动社会进步、增进民生福祉、实现社会长期稳定与和谐的基础。南京从社区治理创新、街道改革探索和工作机制推进三个方面，积极探索基层治理体制机制改革工作。

1. 深化推进“双做双增”社区治理集成改革

南京以增进人民福祉为出发点和落脚点，按照“小切口、可操作、重实效”的原则，选取秦淮区的典型社区深化推进“做优社区、做实网格，增加服务资源、增强治理能力”社区治理集成改革，不断加强基层治理体系和治理能力现代化建设。组建区级城市数字治理中心，打造各区城市运行“一网统管”指挥调度系统，打通区、街、社区、网格四级事件流转渠道，构建“网格巡查发现问题、区街平台处理问题、综合执法解决问题、考核机制跟踪问题”的网格事项流转模式，实现问题主动发现和快速处置。积极推行集党务、政务、公益、生活“四位一体”的全方位服务，将党群服务中心打造成开放式、集约型、共享性的一站式“服务客厅”，不断提升社区服务“软实力”，培育市级“最暖党群服务中心”，激励各类基层阵地向标杆看齐、向“最暖”靠拢。

2. 探索“大职能、宽领域、少机构”的街道改革新路径

南京依托国家级江北新区改革经验，发布“深化全要素网格建设推进市域社会治理现代化试点工作实施意见”，聚焦“融合型、实战型、服务型、智慧型”网格建设，加速探索“全要素网格组团”服务模式，推动街道网格化治理不断优化、走深走实。江北新区深化街道改革、提高现代化治理能力，通过理顺体制机制，把机制改得更精简、运转改得更高效，以充分发挥在制度创新方面先行先试的优势。江北新区突出大部制、扁平化，精简设置街道组织架构，力促街道机制运转高效、响应快速、治理精细。

3. 构建基层治理的纵深协商机制，完善高效稳定的治理工作格局

南京纵深推进自治、法治、德治“三治”融合善治，探索建立健全区、街、社区三

① 薛飞、任脩：《聚焦“六治理” 推动“六提升” 探索特大城市基层治理现代化的南京实践》，《社区》2024年9月下半月刊。

级协商体系。全面推开"友好宁城"建设，深化"宁小蜂驿站"提质升级，激励引导新就业群体党员主动"亮身份、做示范，到社区报到"。持续开展"双走进、双服务"活动和"牵手'第一书记'，助推乡村振兴"行动。统筹指导人民信访和人民建议征集工作，拓宽社会力量参与信访工作的制度化渠道。纵深推进"六项治理"（系统治理、依法治理、源头治理、协同治理、综合治理、创新治理），加快形成统分结合、上下联动、高效协同的工作格局。

（三）大力推进乡村振兴，实现共同富裕

乡村振兴不仅是经济建设的问题，也是社会治理的问题。共同富裕是中国社会发展的重要目标，而乡村振兴则是实现这一目标的关键支点之一。通过推进乡村振兴，进一步实现共同富裕，不仅能够促进经济的均衡发展和缩小城乡差距，而且能够推动社会治理的现代化，实现社会公平正义。南京通过力保农业增产农民增收、完善乡村现代生活条件和聚焦乡村治理人才建设等方面推进乡村振兴，实现共同富裕，为社会治理现代化提供保障。

1. 着力优化农业科技服务支撑，力保农业增产农民增收

截至 2024 年 10 月，南京举办科技兴农专题活动 6 场，共约 650 人次参加、对接服务主体 165 个、协调解决问题 40 个。推广农业新品种、新技术、新装备、新模式等"四新"成果 115 项，引导推进科研院校在生产基地牵头共建专家工作室、服务站 23 个，集成引入配套展示技术应用成果 50 余项。围绕产业发展瓶颈，联合开展产学研技术攻关，申报发明专利 30 余项。推动农业"机器换人"，农作物耕种收综合机械化率达 88%，农业机械化应用水平达 72.5%。上半年全市农村居民人均可支配收入持续增长。据 2024 年 11 月发布的《中国都市现代农业发展报告 2024》显示，南京市在中国都市现代农业发展指数 2023 中荣登第三名，仅次于上海和北京，位列全国省会城市之首①。

2. 创新农村服务体制机制，大力完善乡村现代生活条件

深入学习运用"千万工程"经验，农村户厕改革成果持续巩固，垃圾分类覆盖率、无害化处理率、生活污水治理率均保持 100%。按照由点及面的工作思路，以行政村为单元成功培育 75 个省级宜居宜业和美乡村，9 个特色田园乡村通过省级初评，整村推进 35 个市级和美乡村建设。南京持续发挥"工疗惠农""宁姐月嫂"、农村护工、庭院经济等富民机制作用，深入拓展全国农村改革试验区建设成果，村社分账等改革经验获全国推广。

---

① 上海交通大学、中国农学会：《中国都市现代农业发展报告（2024）》，上海交通大学出版社 2024 年版。

3. 着力建强"三农"队伍，赋能乡村人才建设

为了有效推动乡村振兴，必须重视并加强"三农"领域的人才队伍建设，特别是乡村治理人才的培养与赋能。通过建设一支素质高、能力强的乡村治理队伍，推动乡村治理体系和治理能力现代化。截至 2024 年 10 月，南京推进"智汇三农"人才工程，全年完成高素质农民培训超 8000 人次、农技人员素质提升培训超 1000 人次。联合南京农业大学培育助飞 100 名"头雁种苗"、47 名乡村产业振兴带头人入选省级"头雁"培育行动。新增认定 6 家市级农民田间学校、累计达 68 家，4 家单位获评第一批全国县级优质农民田间学校。

（四）提升城市服务质量，保障城市居住安全安心

城市服务提升有助于改善居民的生活条件、增强社会的稳定性和凝聚力；而居住安全的保障是城市服务质量的一项重要内容，它直接关系到居民群众的获得感、幸福感与安全感。通过有效的社会治理机制，协调各方力量，既可以提高城市服务水平，又能保障居住安全，最终实现社会治理目标，推动城市的和谐与可持续发展。南京从优化城市服务、规范文明执法和严查安全生产等方面推进城市社会治理现代化建设。

1. 优化城市便民服务和惠企举措，民生实事取得新成果

南京持续推进机关企事业单位共享停车开放落地，因地制宜打造鼓楼区小粉桥、建邺区凤栖苑、栖霞区江苏省中西结合医院、浦口区利用龙华路地铁口等周边停车资源共享场景。截至 2024 年 10 月，12319 城管热线接电 7 万余次，受理各类渠道群众诉 31345 件，及时响应群众诉求，工单综合办结率 94.8%，综合满意率 98.9%。持续擦亮"一夜无雪"名片，有力确保生产生活正常。推企业经营性业务行政许可精细化管理，不断完善办事指南，推动服务事项要素标准实现统一，加快推广电子证照方便企业群众办事。

2. 规范文明执法，彰显城市管理的柔性面貌

文明执法作为一种新型的执法方式，不仅要求执法者在执行任务时遵循法律法规，更要尊重人性、注重情感，体现出"柔性执法"的理念，以增强城市管理的公信力与执行力。南京完成《城市市容和环境卫生管理条例》等法规实施情况调研及立法文本起草，将原南京市城市管理综合行政执法总队撤改为南京市城市管理综合行政执法监督局，实现治理角色的柔性转换。同时，高标准推进执法规范化建设，开展城管领域行政执法突出问题专项整治，全面提升执法质量。组织基层综合执法规范化建设专项培训，各街（镇）300 余名综合执法局局长和执法骨干参训。

3. 严查安全生产隐患，守牢城市居住底线

南京加强对老旧小区、城市更新中市民反映突出的、影响市民生活安全的违法建设治理，截至 2024 年 10 月，在违法建设治理方面，南京全市累计治理违法建设超过 2 万处，拆除面积超过 60 万平方米，进一步加强了城市空间的规范管理。在消防安全隐患整治方面，南京印发了《城管系统消防安全突出风险隐患大排查大整治行动方案》，并实施了一系列紧急整治措施。同时，南京撤销了 250 个影响消防车通行的道路临时泊位，排查并整治废旧电动自行车，淘汰非标准垃圾收集车，有效减少了消防安全隐患。在公共设施安全检查方面，南京对全市户外广告、店招、照明设施、环卫设施等进行了安全隐患排查和整改，确保了城市公共设施的安全与稳定运行。

（五）全面改善民生福祉，构建多元保障体系

社会治理现代化强调以人为本，民生问题的解决是推动社会治理结构更加成熟和完善的重要基础。民生福祉和保障水平直接关系到社会的稳定性。改善民生福祉和完善社会保障体系能够增强社会成员的信任与社会凝聚力，提升社会治理的公平性和效率，为社会治理提供稳固基础。南京主要从医保改革、教育探索、住房保障等方面展开。

1. 持续扩大医保参保面，重点攻坚医保基金监管平稳改革，赋能医保公共服务质效提升

截至 2024 年 9 月底，南京基本医保参保 879.8 万人，同比增长 1.6%。其中，职工医保参保 555.1 万人，同比增长 1.9%，居民医保参保 324.7 万人，同比增长 1.1%。南京深化医保信息化建设，完善“医保高铁”功能模块，建设“医保高铁”风险监测和业务调度中心。深化“医保智捷付”平台应用，推进建设医保线上购药平台。推广医保码在医院挂号、结算、取药、取报告、诊间核验身份等主要场景应用。提高“15 分钟医保服务圈”服务质效，在银行、商保网点等建成超 110 个医保服务网点，提升基层医保公共服务可及率。

2. 大胆探索新型教育模式，推进产教融合、普职融通、东西部协作和对口支援教育模式创新

南京围绕教育强市建设的主题，建设高质量新型教育方式和体系，不断提升教育现代化水平，努力办好公平普惠、优质多样、充满活力、人民满意的南京教育。鼓励中等职业学校开设“职教高考”班，为应用型本科高校输送更多优质生源；依托职业教育资源，建设 20 个市级公共职业体验中心，在中小学广泛开展职业启蒙教育和劳动教育；新培育 15 个市级产教融合型企业，鼓励企业利用资本、技术、知识、设

施、设备和管理等要素参与校企合作，探索职业院校的二级学院股份制、混合所有制改革试点①。

3. 紧密围绕“稳地价、稳房价、稳预期”主线，打好政策“组合拳”，提振信心促经济

南京结合市情持续优化房地产相关举措。适时研究出台“房十条”新政，实施都市圈公积金贷款政策同城化推行房票全市“通兑通用”。同时，南京坚持以人定房、以房定地、以房定钱，统筹编制《南京市2024年住房发展计划》并对计划上半年实施情况进行评估，为全市建立“人、房、地、钱”要素联动机制和科学编制“十五五”城镇住房发展规划提供基础支撑。大力推动人才安居，有效回应新市民、青年人群体的住房需求。稳步推进城中村和老旧小区改造，积极改善群众居住环境。10月1日正式实行新修正的《南京市住宅物业管理条例》，持续推进住宅小区综合治理三年行动计划，推进升级版“睦宁里”便民服务站点建设，提升人民生活品质。

（六）关注特殊人群服务需求，打造“一老一小”和残疾人服务网络

关注弱势群体的服务在社会治理现代化中具有重要意义。弱势群体包括低收入人群、老年人、残障人士、儿童、失业者等，他们往往在社会资源的分配、教育、医疗、就业等方面处于不利地位。现代社会治理不仅仅是维护社会秩序、促进经济发展，更要保障社会公正、提升人们的生活质量和社会幸福感，而弱势群体的服务正是这一目标的重要组成部分。南京主要从为老服务均等化、为小保障精细化、残疾服务全链条化展开。

1. 聚力为老服务均等化，多元化的养老服务体系不断健全

南京开展老年人运用智能技术培训，编印南京市老龄人口白皮书，持续开展老年人健康关爱项目。构建更加完善的“及时发现、有效防范、稳妥化解”探访关爱服务机制，各区重点困难老年人“一人一档”、动态更新、定期核准，2024年以来，电话抽访重点探访对象3400户，满意率100%。全方位监管的社区居家养老服务体系，全市建设931个三级以上社区居家养老服务中心。全面优化老年人助餐政策体系，全市建成老年助餐点1447个，其中示范性助餐点69个，主城区和大部分郊区已基本实现社区(村)全覆盖。完成“区块链+养老”国家级试点评估任务。常态化开展养老机构安全生产培训，全省农村养老服务改革推进会介绍南京养老服务安全做法。

① 《新增3所职业学校 新培育15个市级产教融合型企业 系列举措推进南京职业教育高质量发展》，南京市人民政府网，2024年11月28日，_http://www.nanjing.gov.cn/njxx/202302/t20230228_3837994.html。

2. 聚焦为小保障精细化，困境、留守儿童保障体系不断加强

南京全市困境儿童基本生活保障标准较上一年度上浮 1.2%。同时，南京 16 个部门联合印发《南京市农村留守儿童和困境儿童关爱服务质量提升三年行动实施方案》，组织“一心为童”送温暖活动，共开展主题宣传活动，进一步擦亮“博爱童行”宣传品牌。制定《南京市流动儿童、留守儿童监测摸排和统计分析工作方案》，加大入户走访力度，符合条件的儿童建立“一人一档”，并针对存在生活困难、自身残疾、监护缺失等问题的流动、留守儿童，建立重点关爱信息台账，做好针对性帮扶。

3. 打造“服务类别全链条、服务供给全协同、服务内容全集成”的残疾群体服务机制

南京在全省率先制定并发布《南京市残疾人基本服务指导性目录清单》，整合 40 项基本服务，为残疾人提供康复、教育、托养、就业等全方位服务，实现服务对象全覆盖、服务项目全周期，方便残疾人了解政策、按图索骥享受服务。截至 2024 年 10 月，南京为 1909 名残疾人提供职业技能培训，净增残疾人就业 2742 名，为 578 名残疾人家庭实施无障碍改造，均已超额完成年度目标任务。同时，南京 16 家规范提升的儿康机构和 19 家改造提升的“残疾人之家”接受了省级评估验收。成立全省首家辅具租赁资源中心，在 20 个“残疾人之家”试点辅具租赁，为 3026 名残疾人适配辅具 3807 件，全市残疾人基本康复服务和辅具适配服务率位居全省前列。

（七）提升防灾减灾能力，构建应急管理综合体系

随着自然灾害、公共卫生事件、社会安全问题等突发事件的频发，应急管理的有效性直接影响到社会治理的质量与效率。应急管理建设在社会治理现代化中扮演着至关重要的角色，其主要作用在于提高社会的应急响应能力、保障人民群众的生命财产安全、维护社会稳定。南京主要从应急管理组织体系、应急数字治理和应急处置能力三方面着手。

1. 加强基层应急管理组织体系建设

南京开展“街（镇）应急—消防一体化工作站强化提升年”行动，旨在通过加强基层安全生产和消防安全人员力量保障，提升应急管理和消防执法的工作效能。为此，市委编办等五部门联合印发了相关通知，采取“减上补下”的方式，先行补充了 4 个区 132 个事业编制，并推动了 574 名消防巡查员下沉基层。这些措施有效整合了应急、消防、公安等多个部门的力量，形成了超过 2100 人的联合队伍，提升了工作协同效率。依托 181 平台，南京市推动消防巡查员开展一体化巡查，强化了数据化管理。通过这一平台，日均产生 8700 余条巡查数据，确保了消防巡查的工

作质效可视化和“一网统揽”，为决策提供了精准支持。

2. 深入推进安全应急数字治理

南京迭代升级“181”信息化平台，开发上线8个重点场景，优化200余个功能模块，汇聚各类数据，在18个部门、4万余家企业单位常态化应用。在建邺区试点电动自行车赋码信息化管理，支持电动自行车全链条整治。针对燃气相邻空间监测预警场景完成254个监测点设计安装，支持燃气泄漏溯源分析、地下扩散路径分析等模型应用。南京应急管理“181”平台获选全国首批“城市全域数字化转型典型案例”。

3. 提升突发事件应急处置能力

南京健全完善联合值守、指挥调度、预警响应机制，强化各区、部门及救援力量协同联动，妥善处置各类突发情况。推行灾害天气“两级会商五级调度”机制，针对台风等强对流天气调度相关单位，发布预警信息。深化预案数字化、金陵靶向预警系统应用，实现应急响应“一码联动”，有效应对台风“贝碧嘉”等灾害性天气影响。强化应急通信保障，实施市区融合通信装备全要素演练，全面提升“三断”条件下通信保障能力。组织开展应急处置公益培训，2.3万余家工业企业、人员密集场所采取“互联网+逃生”模式开展实战演练，应急处置能力得到提升。

（八）弘扬法治精神，聚焦基层矛盾化解

法治精神是社会治理现代化的重要支柱之一，它不仅是治理有效性的保证，也是推动社会持续、稳定、和谐发展的关键。法治精神强调法律的权威性、普遍性和公正性，是指通过法治手段和规则来规范社会行为、约束公共权力、保障人民权益，从而实现治理现代化。南京从法治宣传、新业态劳资矛盾纠纷调处、行政争议定质性化解三方面落实。

1. 深入推进法治宣传，法治惠民成果显著

南京组织民法典宣传月，发布公益广告，布设楼宇灯光秀，组织国家安全教育日主题活动。在雨花台区举办“安全护航服务创新共筑优质营商环境”活动。截至2024年10月，向36个法治薄弱村（社区）共派驻140位政法干警，组织开展普法活动，参与和督促“两委”班子开展述法，组织学法活动。完成第一批法治薄弱村排查整治工作。同时，持续开展“法企同行”“万所联万会”活动，服务企业1213家，提供各类法律意见建议600余条；新增17家律所与15家商会进行对接，6家律所党组织与9个商会或企业党组织形成共建关系。

2. 成立南京市行政争议调处中心，推动行政争议实质性化解

6月27日，南京市行政争议调处中心正式揭牌。南京通过成立市行政争议调

处中心，以及推动各区设立行政争议协同化解工作站，通过建立诉前、诉中、诉后的全周期沟通协调机制，实现了府院检良性互动，推动构建了有机衔接的纠纷解决机制，实现行政争议实质性化解。

3. 强化矛盾纠纷调处力度，聚焦新业态劳动纠纷调解

南京全市各类人民调解组织共化解纠纷13万余件。完善“调解＋”机制衔接，出台《关于完善全市公调对接工作机制的实施意见》，坚持和发展新时代“枫桥经验”“浦江经验”。南京突出源头防范、协同治理，积极构建互利共赢、和谐稳定的劳动关系。南京加强正向引领，鼓励企业开展和谐劳动关系建设，积极认定劳动关系和谐企业。深化劳动关系协商协调，指导推动T3出行、满帮等网约配送行业企业开展集体协商。加强工资分配宏观调控，聚焦南京相关重点产业开展企业薪酬调查，落实省部署要求调整最低工资标准至2490元/月。强化劳动关系领域涉企涉稳隐患排查，突出建筑业、制造业、新业态等重点行业企业持续做好监测预警和应急处置。

（九）确保社会组织健康运行，释放群团与慈善活动的社会效益

社会组织的健康运行、群团服务和慈善活动在社会治理现代化中具有重要作用。社会组织通过灵活高效的运作，弥补了政府和市场的不足，推动了社会资源的合理分配。群团服务激发了社会活力，增强了社会的凝聚力，推动社会自我治理和自治能力的提升。慈善活动则通过捐赠、志愿服务等形式，关注弱势群体，增强社会的公平感和包容性。慈善组织的运作不仅推动了社会福利的提升，还促进了社会财富的再分配，推动社会公正与平衡发展。南京主要从规范社会组织有序发展、探索群团组织融入基层治理和强化慈善帮扶与社会救助衔接以促进社会治理现代化建设。

1. 规范健康有序，推动社会组织良性发展

南京全面落实社会组织党建“六同步”要求，全市社会组织中党的组织和党的工作实现“全覆盖”；全市新登记社会组织228家，总数1.1万余家，登记社会组织覆盖率较高；常态化开展打击整治非法社会组织、“僵尸型”社会组织清理等专项行动。全市慈善事业发展取得新成效，全市慈善募捐款物总额达1.7亿元。

2. 坚持党建带群建，探索群团组织融入基层治理体系

南京市总工会主办南京市第一届“秦淮·铁塔杯”新就业形态劳动者电子竞技挑战赛，契合新就业形态劳动者的需求，丰富新业态群体的体育文化生活，积极打造健康文明、昂扬向上、参与广泛的职工文化。团市委实施“双百共建”工程，在全市范围内推动基层共青团组织与驻宁高校院所团组织结对共建。大学生共青团工作助理项目是“双百共建”工程的重要组成部分，在帮助大学生积累基层工作经验、

促进校地融合共建方面发挥着积极作用，目前已覆盖全市各街（镇），实现了青年与基层的双向奔赴、共同成长。市妇联建成110个市级儿童友好社区，开展线上线下家教指导服务，为新业态女性群体提供公益服务。发动社会力量参与“宁姐暖心”关爱行动。

3. 加强慈善帮扶与社会救助衔接，提高基层社会治理的温度

通过加强慈善帮扶与社会救助的衔接，可以实现资源的整合与信息的共享，减少资源浪费和服务重复。社会救助可以借助慈善组织的灵活性与专业性，提高服务的针对性与灵活性；同时，慈善组织也能通过与政府部门的合作，增强其服务的持续性与广泛性，以便于形成合力。南京形成慈善救助项目百余个，互联网公开募捐慈善项目75个；全市新增社区慈善基金14家，目前全市已发展84家社区慈善基金；完成第四届南京慈善奖评选，共62个捐赠企业、爱心个人、慈善组织和项目获奖。全市新增“慈善空间”10处，共创建“慈善空间”36处。

（十）挖掘数据平台价值，形成数智社会治理格局

数智社会治理是社会治理现代化的重要维度，代表了数字技术与智能化手段在社会治理中的深度融合，推动了治理方式的变革和创新。随着信息技术、人工智能、大数据等技术的发展，传统的社会治理模式正面临前所未有的挑战和机遇，数智化社会治理在提升治理效率、精确度和透明度方面具有重要作用。南京主要从基层高频事项数据平台打造、聚焦亲清政风集成式服务以及“一网统管”实战能力提升等方面积极探索。

1. 拓展数据平台的基层治理效用，打造基层高频事项一平台

南京在全省率先开展“基层高频事项一平台办理”试点。8月2日，全省首批试点在南京建邺落地，将社保、医保、民政、卫健、税务等30项基层高频办理事项统一接入南京市一体化政务服务平台，街镇工作人员只需登录一个平台，即可办理高频政务服务，解决以往登录多部门业务系统、反复切换网络等问题。截至10月16日，已在全市48个街道推开，办件3069余件，推动年底前实现全市101个街道（镇）全覆盖。

2. 聚焦亲清政风集成式服务，瞄准“全国唯一”创新政务服务效能提升特色做法

目前，全市已建成20个“政务港”，累计服务企业超6万件次。7月，“政务港”工作被国务院办公厅秘书局作为优化政务服务推动“高效办成一件事”典型经验发文推广。编制印发“政务港”升级工作方案，进一步拓展可办事项范围、延伸增值服务领域、强化载体服务功能，通过制度创新和数字赋能双轮驱动，全面提升为企服务效能。

3. 持续提升"一网统管"实战能力，建立"一网统管"相关部门开展调研并建立定期会商机制

南京在数据资源汇聚共享、系统联通、专题建设等方面下"硬功夫"。围绕应急、消防、扫雪、大客流、防台等大事，全面梳理"一网统管"重点任务场景清单，明确牵头部门、责任体系，明确应急预案和处置流程，对各场景应用系统按照实战管用要求逐一进行调查评估，及时迭代升级。截至 11 月，南京已汇聚数字城管、110 非警情、12345 事件处置等信息，加强民情、社情事件聚合分析。

二、南京市社会治理与发展面临的挑战

尽管南京已在社会治理与发展领域取得了显著的成效，但相较于全市高效能治理与高质量发展的总体目标，南京在基层治理机制创新、基层减负增能、社区基础设施更新、城市公共安全模式探索以及全域智慧体系构建等方面仍存在不足，导致南京社会治理与发展在实践中还面临较大挑战。

（一）党建引领基层治理效能提升有待进一步深化

尽管南京始终将加强基层党的建设、巩固党的执政基础作为贯彻基层治理的重要原则，着力打造党建引领基层共建共治共享的新格局，涌现出以仙林街道为代表的一批基层治理先进典型，但实践中，党建引领基层治理效能仍有待进一步提升。一方面，基层党组织凝聚力和统筹力有待提升。南京部分基层党组织难以在治理中充分发挥出"头雁"作用，导致基层党组织凝聚力较差，缺乏统筹多元主体共同参与基层治理能力。比如，党委、政府、社会组织、公众等多元主体都是基层治理的重要力量，但对于党建如何引领共建共治共享，以何种治理架构、治理机制实现党建引领共建共治共享的相关机制尚不完善，相应的权责利还不够明确，一定程度上影响党建引领基层治理效能的提升。另一方面，基层服务阵地和服务效能有待提升。街道社区特别是老旧小区服务空间不足，部分党群服务中心行政化倾向还一定程度存在，服务群众的能力有待持续提升。

（二）基层形式主义整治有待进一步提升

明确落实好政府职能部门各项工作职责，切实履行好管理监督责任，是减轻基层负担的重要环节。然而，政府职能部门权责不分，很多业务指导工作均纳入属地化管理，造成基层矛盾激化。本应担负协调作用的政府职能部门，却逐渐演变成为"上级"部门，作为基层组织又没有处罚监管等任何约束权力，属地管理责任泛化，导致基层出现一定程度的形式主义问题。一方面，随着基层服务需求增加，基层工作要求越来越高，每个社区工作人员需要面对多个相关条线部门工作，导致基层社

区所有的工作都需要投入大量精力，形成了内部挤压和消耗。同时，政府职能部门布置各项工作总是强调属地化、网格化，各项工作都压给社区，导致基层走过场、流于形式。另一方面，由于上下级共同事项的职责边界不清晰，有的部门简单以“属地管理”名义把责任层层下移，乱用、滥用“属地管理”，基层在各项工作中被动承担主要责任。比如，基层社区反映，群众找社区出具车辆丢失证明、死亡证明、亲属关系证明等过程中，社区按照相关文件要求告知无法出具，但群众说是部门让来社区出具的，社区难以做通群众工作。此外，由于基层社区没有执法权，管理“理不直”“气不壮”，虽然有及时发现问题的优势，但因没有执法权，难以对违法行为进行及时处置。

（三）老旧小区提档升级有待进一步强化

老旧小区改造是城市发展的重大民生工程，对满足人民群众美好生活需要、推进城市更新、促进经济高质量发展具有重要意义。随着城市建设的重点转入有机更新和存量规划阶段，改造存量资源对于满足老旧小区居民基本生活需要、优化社区居住功能和生活空间变得愈发重要①。但老旧小区硬件设施陈旧，配套设施不健全，普遍存在消防安全除患、消防设施短板等问题，老旧小区“微更新”是一项复杂的系统工程，工作涉及面广，情况复杂，存在诸多困境。南京不少老旧小区综合服务设施建设还存在面积不足、布局不合理的情况，特别是主城区老旧小区由于人口密度较高、空间资源紧张，不仅导致老旧小区、危旧房片区较多，存在年久失修、设施老旧、配套紧缺、私搭乱建、飞线充电等问题；还导致党群服务中心资源紧张，难以满足居民日益增长的服务需求。还有不少老旧小区物业管理缺失、矛盾纠纷多发，常常陷入市场化物业“不愿管”，居民自治“不善管”的困境。

（四）城市公共安全治理模式有待进一步完善

良好的公共安全状态是城市发展的核心基础，是居民生产生活的基本条件②。南京作为省会城市和特大城市，随着城市化进程的加快，城市人口和规模的不断扩大，城市功能及结构的愈发复杂，城市公共安全风险随之加重。一方面，政府职能部门存在条块分割、效率低下的问题，部分政府职能部门对公共安全处理上存在一定认知缺陷，没能形成有效的公共安全风险防范思维。比如，消防安全一直是城市安全生产领域的重点和难点，但对于量大面广的“九小场所”和居民住宅小区的消防安全监督，由于消防救援机构实行省以下垂管且仅垂管至区一级，导致街道（镇）

① 戴祥玉、林冰洁：《老旧小区存量资源改造的实践样态与运维路径——基于动态能力理论的分析框架》，《学习与实践》2024 年第 2 期。

② 张宇栋、吕淑然：《城市公共安全管理存在的问题及其解决途径》，《城市问题》2018 年第 11 期。

消防职能“弱化”“空转”，属地无从下手的问题较为突出。另一方面，现代信息技术的快速发展，使得很多信息科技被应用于城市治理与发展之中，但就城市公共安全治理领域而言，先进的信息技术应用还有待提升，特别是重点行业领域风险防控能力和隐患排查整治质量有待提升，以及直达基层的预警“叫应”机制有待进一步完善。城市居民在公共安全事件中，仍存在事不关己高高挂起的思维习惯，一定程度上增加了城市公共安全治理的难度。

（五）全域智慧治理体系有待进一步健全

随着云计算、大数据、物联网和人工智能等新一代数智技术的发展，智慧治理已然成为城市全面提升治理效能的必由之路①。数智技术与城市社会治理各领域的深度融合渗透，城市全域数智化转型发展带来新的机遇。党的二十届三中全会提出，推动形成超大特大城市智慧高效治理新体系。中共南京市委十五届九次全会进一步强调要“围绕形成特大城市智慧高效治理新体系，努力走出一条具有南京特色的城市治理新路”。然而，南京推进城市智慧治理体系建设过程中，仍一定程度上存在信息平台不统一等问题。同时，城市全域智慧治理体系需要政府多层级多部门的协同合作，实践中智慧治理体系建设的主要职责却落在基层数据的重复采集上，致使基层疲于应付上级职能部门“指尖上”的行政负担。此外，智慧治理体系涉及的上报工作平台繁多，不同条口有不同的平台，相同条口不同级别也有不同的平台，各条口要求填报维护的各类 App 数十个，采集的数据需要多个不同的平台重复报送，社区工作人员只能简单地重复记录台账。

三、进一步提升社会治理与发展水平的对策建议

针对社会治理与发展存在的薄弱环节，南京应以问题为导向，从机制、能力、方式、体系、模式等方面出发，探索完善社会治理体系的可操作化的优化路径，从纵横两个维度形成上下贯通、左右联动和前后闭环的针对性对策建议，以期提升基层治理责任，通过优化现有治理结构和机制，提高城市治理效率和发展质量。

（一）以机制创新推进党建引领基层治理迈上新台阶

党建引领多元主体参与基层治理已是推进城市治理机制创新的重要实践，特别是党建引领基层治理的机制构建需要在适应、满足城市多元主体需求的基础上，通过实现多元治理主体之间的善意互动、民主协商和利益均衡，才能达成党建引领

① 周春霞：《市域社会治理现代化评估指标体系构建研究》，《领导科学》2022 年第 1 期。

基层治理机制创新的最终目标①。一是全面加强党建引领，提升基层治理合力。进一步完善市、区两级党建引领基层治理领导协调机制，在市、区、街道（镇）层面建立领导抓基层治理的有效机制，在城市治理中强化党对基层治理的全面领导，促进资源全面整合、政策系统集成。二是压实基层治理责任，创新党组织为民服务机制。牢牢抓住基层党建这个“牛鼻子”，把党的领导贯穿基层治理的各领域各方面各环节，不断创新基层为民服务方式。持续放大“仙林经验”的带动效应，推动“仙林经验”从“一枝独秀”到“春色满园”，把党的领导传导到基层治理的“神经末梢”。三是深化党建融合机制，增强基层“治理枢纽”作用。创新基层党建与基层治理深度融合的体制机制，建立开放型的互联互动纽带，把基层社区与单位、行业及各领域党组织锻造成一个有机整体。

（二）以基层减负破除形式主义顽疾

形式主义已给基层治理带来沉重的工作负担，特别是基层治理实践中塑造的盆景、亮点等表面化工作，一定程度上挤压了基层核心任务，增加了基层额外负担②。为此，持续推进基层减负成为破解形式主义顽疾的重要举措。一是厘清职责边界，减轻基层负担。健全乡镇（街道）职责和权力、资源相匹配制度，加强乡镇（街道）服务管理力量。明确社区（村）权责清单，切实“把职责事项搞清楚”。加大对“两本台账”“三张清单”落实情况的跟踪问效，健全社区工作事项准入机制和动态调整机制，坚决防止政府职能部门以“属地管理”之名随意转嫁责任。二是优化队伍建设，激发基层活力。深化基层工作者选育用管全链条专业化体系建设，健全完善严控职数、定级入岗、精准培训、考核管理、激励保障等工作机制。加强社区工作者能力建设，依托南京城市基层治理学院等基地资源分级分类开展培训，提升社会工作者专业化培训、实务能力培训。三是推动资源整合，深化基层共治。推动“聚力”。强化基层财政、编制、人员保障，以街道（镇）、社区（村）为主渠道落实投放基层的公共服务资源，引导社会资源投向社区（村）治理领域。大力培育和完善专业性、公益性社区社会组织，推进社会组织承接政府转移职能，参与社区管理和开展多样的社区服务活动。

（三）以“微更新”推动老旧小区“逆生长”

社区类型复杂多样，不同类型社区在人口结构、人际关系、资源结构、文化积淀

---

① 唐皇凤、徐植：《新时代党建引领城市精细化治理的机制建构与优化路径》，《内蒙古社会科学》2024 年第 4 期。

② 曹志立：《“摘牌”何以促减负：基层形式主义整治的组织符号逻辑——基于 Y 市 A 社区清理挂牌的实践考察》，《中国行政管理》2023 年第 3 期。

等方面差异很大，需要在结合理论成果和实践要求的基础上，制定不同类型社区的划分标准及其社区基础设施的配套要求，以“微更新”推动老旧小区“逆生长”。一是优化空间布局，改造社区基础设施。从人民群众最关心最直接最现实的利益问题出发，重点改造完善小区配套和市政基础设施。引入社区规划师、社区营造师专业力量，鼓励规划设计人才下沉社区开展专业技术服务，为促进社区高品质建设提供政策支撑。二是“用好”社区服务设施，提升社区服务水平。一方面，社区综合性服务用房预留一定的可调整空间，随时跟进居民诉求，定期开展基础设施意见总结会，征集居民需求满意度为导向，优化社区公共服务与设施建设。另一方面，积极探索“社区＋”的公共服务模式，在居/村委会的组织协调下，加强社区之间，以及社区与学校、医院和其他社会组织之间的互动联动，进一步丰富社区公共服务的形式和内涵，提高社区公共服务设施的利用率。三是改进小区物业管理，补齐社区服务短板。有效发挥物业服务企业贴近居民优势，发展社区养老、托幼、家政、助餐等生活服务业务，探索“物业服务＋生活服务”模式。推动物业服务企业加快发展线上线下生活服务，提高智慧物业管理服务水平，补齐社区服务短板，让社区成为人民群众的幸福家园。

（四）以能力提升探索城市公共安全治理新模式

统筹城市发展和安全，大力加强城市安全韧性建设，持续提升城市安全治理水平。一是完善公共安全治理机制，打造“齐抓共管”新格局。应急管理部门要进一步推动落实部门、街道（镇）和企业单位、现场工作人员的“四方责任”。按照“大安全大应急”框架，深化五级应急指挥调度机制建设。加强基层力量、基础工作、基本能力建设，完善综研联检和街镇应急管理—消防一体化工作机制，打造全方位、立体化的公共安全网，形成良好的公共安全管理模式。二是强化科技赋能，增强城市安全韧性。运用数字化、网络化、智能化、交互化的建设模式，完善直达基层责任人的预警“叫应”机制，实现灾害响应“工单化”流转、高效闭环处置。推动公共安全治理模式向事先预防转型，织密城市安全风险防控网，增强城市安全韧性。三是立足城市深厚文化底蕴，推进安全文化建设。积极培育城市安全文化，扎实推进安全宣传进企业、进农村、进社区、进学校、进家庭，依托安全文化主题车站等载体，持续加大对安全生产、防灾减灾、应急避险等知识的宣传，提升全民安全素养和风险应对能力。探索构建联盟安全宣传教育链条，全方位拓展安全宣传的广度和深度，推进安全文化宣传工作的大众化、生活化、长效化。探索“志愿者参与公共安全社会化治理”模式，将城市居民培训成为“紧急救护员”“安全宣导员”“安全巡查员”，使得“人人学安全、人人讲安全、人人会安全”成为城市安全文化底色。

（五）以数智转型构建全域智慧治理新体系

推进城市全域数智转型，加快构建城市智慧治理中枢，推动城市治理更智能、更高效、更精准。一是发挥数智技术的“绣花针”作用，完善“一网统管”体系。深化“一网统管”建设，推动城市规划、建设、管理、运维全过程各环节数据融通，充分发挥数据的基础资源和创新引擎作用，全面提升城市智慧治理转型的整体性、系统性、协同性。二是建好“城市生命线”安全工程，重塑城市智慧治理技术体系。健全公共数据开放政策体系，明确公共数据开放的权责和范围，依法依规有序开放公共数据，探索建立公共数据分类分级授权运营机制，授权符合条件的运营机构开展公共数据资源开发、产品经营和技术服务，全面提升城市智慧治理公共数据资源供给能力。全力构建用数据决策的管理机制，借助数智技术实现城市治理态势全面感知、趋势智能研判、处置协同高效。三是拓展智慧治理应用场景，丰富城市高效治理体系。持续推进数智化应用场景融入城市社会日常生活，聚焦城市运行、政务热线、交通管理、生态环境等领域，开发更多“高效办好一件事”“高效处置一件事”应用场景，推进跨层级、跨地域、跨系统、跨部门、跨业务政务服务协同，助力城市服务治理精细化。四是提升城市治理温度，构筑智慧治理高质服务体系。有温度的智慧治理要关注城市居民的幸福感和获得感，倡导以人为本，确保科技发展成果惠及所有居民，让数智化治理成为推动社会进步和提升居民生活品质的重要力量。

作者：任克强（南京市社会科学院、江苏省扬子江创新型城市研究院）
王泗通（南京林业大学）
杜沙沙（岭南师范学院）

党建引领篇

南京市持续深化“五社联动”机制现状、展望与对策

《中共中央 国务院关于加强基层治理体系和治理能力现代化建设的意见》明确：“创新社区与社会组织、社会工作者、社区志愿者、社会慈善资源的联动机制。”国家和江苏省《“十四五”城乡社区服务体系建设规划》均提出：“推动社区与社会组织、社会工作者、社区志愿者、社区公益慈善资源联动开展服务。”“五社联动”是以社区为主导、社会组织为枢纽、社会工作者为支撑、社区志愿者为辅助、社会慈善资源为补充的联动创新机制，也是贯彻落实基层治理体系和治理能力现代化建设的重要举措。

一、南京市推进“五社联动”机制现状

截至2024年9月，我市城乡社区1254个，社会组织11153家，持证社会工作者2.5万人，注册志愿者332万人。在市委、市政府正确领导下，我市坚持党建引领，深耕基层治理，不断深化“五社联动”机制创新，提升基层治理精细化水平，推进城乡社区共建共治共享。2024年度相关工作进展情况如下：

（一）打牢基层组织建设基础

健全“街道党工委—社区大党委—网格党支部—楼栋党小组—党员中心户”组织架构，实现“抓党建、抓治理、抓服务”三位一体，切实提升“五社联动”的组织力、领导力、执行力。截至目前，全市共有101个街道（镇）党（工）委、1254个社区（村）

党组织、6568 个网格党支部。各街道(镇)按照本轮机构改革要求,规范设置党建办,统筹组织、宣传、统战等党务工作力量。继续加强社区(村)自治组织规范化建设,持续落实社区(村)“三张清单”“两本台账”,常态化开展“牌子乱象”“指尖上的形式主义”“社区万能章”清理整治。

(二)强化基层平台主导功能

有效整合各类资源,按照服务和活动空间最大化、办公场所最小化原则,合理设置社区综合服务设施功能,推行“一室多用、集中服务”。有效整合各类社区公共设施和专项设施,打造覆盖全体居民、功能综合完备、更加便捷利民的社区服务平台,年内完成 30 个社区综合服务中心提档升级年度民生实事项目。推动实施党群服务中心“三个一批”计划,提升一批阵地面积、集成一批服务资源、选树一批“最暖党群服务中心”。做好市智慧社区综合信息平台建设,推动信息互通,数据“反哺”。推广栖霞区“掌上云社区”、雨花台区数字社区等基层场景应用。支持社区服务智能化、智慧化,打造 24 小时不夜社区模式。

(三)加大社会组织培育力度

大力培育社区社会组织,通过公益创投累计支持社区公益性服务项目 1630 多个,推动街镇社会工作服务站全覆盖,实现在暖心服务中为民办实事、解难题、送温暖、传党情,有效提升居民获得感、幸福感、参与感。坚持开展“邻里守望”关爱行动,结合市、区、街公益创投活动,同谋划、同部署、同推进,截至目前,累计开展相关活动 197 场。支持党组织健全、管理规范的社会组织优先承接社区(村)服务项目。印发《2024 年度南京市公益创投项目指引》,各区依托现有资源,积极推进项目开展。典型引领推动品牌建设,以培育发展、能力提升、作用发挥为重点,更加科学投入资源,树立典型,推动工作以点带面。

(四)保障社会工作人才培养

组织动员社会工作从业人员参加全国社会工作者职业资格考试,今年全市约 2.4 万人成功报名,较去年增长 49.3%,其中社会工作师和高级社会工作师报名人数均居全省第一。邀请高校专家教授进行课程设计研讨,市、区、街(镇)分级分层推进考前培训,全市累计培训 21995 人。举办“宁聚金陵英才,共筑美好社会”2024 年南京市社会工作人才专场招聘会,围绕社会服务、志愿服务、“一老一小”等,邀请在宁社会工作服务机构、志愿服务组织、养老机构、康复机构等近 60 家用人单位参与,提供相关就业及实习岗位 300 余个,吸引求职者 800 余名。落实社区工作者“三岗十八级”薪酬制度。在全省率先举办社区工作者宣传周,评选全市优秀社区工作者。用好建强南京城市基层治理学院,系统提升社区工作者培训水平。

（五）凝聚社区志愿者工作力量

聚焦“博爱之都 志愿之城”建设，建立市、区、街、社四级志愿服务网络，推动“金陵志愿红”十项志愿服务专项行动，形成“有时间能做志愿者、有需求能找到志愿者”的局面，让志愿服务人人可为、处处可见、时时可享。发挥基层党组织引领和党员带头作用，广泛组建党员志愿先锋队，注重培养党员志愿者骨干，将党员参与志愿服务情况作为评优评先的重要参考。开展“双结对、双促进”专项行动，推动118家市级机关企事业单位党组织和街道（镇）、社区（村）党组织挂钩共建，共同组建志愿队伍。把社区作为志愿服务的主阵地、主场景，吸引优秀社会力量参与，鼓励社区充分利用辖区资源组建一支由相关领域专家、企事业单位代表、学生、居民骨干等构成的志愿团队，叫响“点亮微心愿”“邻里守望”“关爱健康”等活动品牌，方便群众就近参与志愿服务。

（六）完善社会慈善资源供给

制定《关于发展社区慈善基金的实施意见（试行）》，细化《南京市社区慈善基金规范运作指引（试行）》，围绕社区慈善基金的制度体系设计、运行监督逻辑、促进发展方式，明确建立健全制度体系、强化工作队伍建设、开展社区基金募集、创新社区慈善服务、广泛宣传社区慈善、完善评估激励机制等6项主要任务。推动社区基金扩大规模，开展社区基金培训与现场辅导，江宁区开展社区基金试点推广。截至2024年10月，已成立社区慈善基金（会）71家。推进“社区基金与社会工作融合发展江苏省民政标准化建设试点”项目实施，进一步完善制度机制建设。建立完善社区慈善供需精准对接机制，开展聚力行动，通过设立慈善基金、打造共享阵地、创新服务项目等方式常态化动员市场主体履行社会责任，引导公益慈善项目有效落地。

（七）协同各类力量参与治理

支持行业协会商会、“两企三新”领域、社会工作人才、志愿服务团体等社会工作领域各类力量参与基层治理、融入基层治理。推出“聚心”行动关爱凝聚十项举措，积极带动新就业群体党员到社区报到。在全市范围建立民意直报点和直报员机制。截至2024年12月，已有6000多名快递员、外卖员、网约车司机担任“流动网格员”，做到社情民意常态收集、志愿服务灵活开展、问题隐患及时上报。探索建立“先锋指数”积分机制，完善新就业群体参与基层治理的激励保障机制。编制行业协会商会公益服务菜单，动员39家商会近千人次进社区参与居民服务，市律师协会为居民提供法律咨询4.1万次。在全省率先启动行业协会商会“牵手‘第一书记’，助推乡村振兴”专项行动，签约创业就业、消费帮扶等94个支持项目。推动12个板块全部成立物业管理行业党委，深化红色物业示范带动“三抓两提升”活动。

二、南京市深化“五社联动”机制展望

当前，在我市城市转型发展过程中，城镇化进程深入推进，人口和社会结构深刻调整，现代信息技术快速发展，特大城市基层治理正在经历由单向管理向多元共治、协同参与的创新转变，通过深化“五社联动”机制，能够充分发动除政府行政管理范畴之外的广大社会力量协同参与治理，破解特大城市基层治理面临的突出问题，确保基层社会既充满活力又和谐有序，推动基层治理在共建中突围、在共治中拓展、在共享中前行。

（一）破解“大维修时代”城市转型发展难题

全国各大城市正在经历由“大基建”到“大维修”的转型，基建投资带来的边际效益正在逐渐递减，各项公共设施及居民住宅正在逐步进入“老龄”阶段，房龄数十年以上的小区陆续出现漏水漏电、外墙脱落、内部老化等现象，安全隐患事故频发，如秦淮区朝天宫街道 122 个小区（含片区）中老旧小区接近八成，危旧房片区 4.31 万平方米。在政府全面托底力有不逮的情况下，汇聚群众力量、提升议事协商能力、优化社区资源、创新工作机制成为必选项。

通过深化“五社联动”机制，完善议事会、听证会、恳谈会等协商方式，畅通居民参与渠道，在规划布局、城市更新、社区建设等工作中，注重发挥民主协商作用，支持社会组织、群团组织、驻地单位等多元主体参与协商，转变理念、转变意识，学会从主办变主导、从整治到整合、从协管到协商，依靠群众解决难题。如朝天宫街道通过党建引领协商前置，成立居民议事会和商户自治协会，有效实现街巷小区自我管理、自我服务、自我更新。

（二）破解基层群众性自治组织“行政化”突出问题

根据《中华人民共和国村民委员会组织法》《中华人民共和国城市居民委员会组织法》，村（居）民委员会是基层群众性自治组织，同时也明确要协助政府开展工作。随着我国行政管理体制改革不断深入，村（居）民委员会在组织功能、人事管理、经费来源、运行机制等方面“行政化”色彩愈发浓厚。上级政府的直接领导管理挤压了社区（村）发动群众多元共治的自治空间，政府交办事项过多过频使得社区工作者将大量的精力花费在落实协助政府办理事项以及各种督查检查考核上，没有更多时间用于服务群众、服务民生等主责主业。据调研统计，当前我市社区承担的工作事项内容涉及 44 个部门，近 100 项具体任务及 37 个电子平台。通过深化“五社联动”机制，加大政府购买社会服务工作力度，采取市场化机制让社会组织等专业化队伍承担协助有关部门工作事项，能够从源头上让社区（村）解缚松绑，从机制上保障整治形式主义为基层减负长效落实。比如六合区龙袍街道通过组建特色

产业互助组织，促成集中规模化种植（养殖）和联合销售，提升集体经济效益和农民收入，激活乡村振兴的内生动力。

（三）破解多元主体融入基层治理不充分的问题

社区是若干社会群体或社会组织聚集在某一个领域里所形成的一个生活上相互关联的大集体，区域内各类群体、单位、组织在业务领域上互不交叉，彼此诉求没有直接关联，多元主体的统筹整合对于政府行政管理体系具有一定难度，尤其是行业协会商会、“两新”组织、社会人才和志愿团队等社会组织，在本领域仍处于“各自为战”的状态，融合程度不高，无法适应多元共治的需求。如鼓楼区江东街道，辖区内共有住宅小区 96 个，部门单位 10 家，学校 15 所，商务楼宇 15 幢，医疗机构 4 家，多方联动、资源整合呼吁更加灵活高效的机制。

通过深化“五社联动”机制，在党建引领下，积极推行“驻区机关＋辖区企业＋社会组织＋社区”党建共建模式，优化平台建设，整合辖区内各类基层服务资源和力量，让社区里的各个主体如居民、社区居委、各类社会组织、群众社团、驻区企业、部门单位、基层政府等建立新型伙伴关系，支持其他各种社会治理主体扮演自身特定角色、发挥自身的应有作用，依靠群众“身边人”解决群众“身边事”，打通多元主体参与社区治理的新路径，齐奏一曲和谐社会建设的协奏曲。如鼓楼区江东街道凝聚辖区 50 多家“两新”组织，成立“星火引航”党建联盟，搭建了基层治理联动平台。

（四）破解政府公共服务供给体系不足的问题

提供公共服务是基层治理的首要任务，特大城市面临人口高度聚集、群众诉求多元、矛盾积累放大等多重挑战，对政府公共服务供给体系、专业能力、运行效能提出严峻挑战。以日益庞大的老年人群体为例，从七普数据我市人口年龄构成来看，65 岁及以上人口为 1275870 人，占比 13.70％，与老年人相关的生活、健康、心理等诸多方面服务的发展还不充足，存在总量供给不足、服务质量不高、专业人员短缺等问题。党的二十届三中全会明确：鼓励和引导企业等社会力量积极参与，推进互助性养老服务，促进医养结合。完成中央明确的目标，需要在政府公共服务供给侧再发力。

通过深化“五社联动”机制，对提供社区托育、养老服务取得的收入免征增值税等措施，动员社会力量积极参与养老服务，打造多元化养老服务格局。聚焦“一老一小”等基本民生服务项目，发挥社会工作者、社会组织专业优势，走村入户开展精准服务，充分链接社会慈善资源、公益服务、公益帮扶等，实现供需精准对接。通过制定支持性政策，鼓励社会力量举办养老机构、医养结合机构，可以代替政府开展长期照护、康复护理、疾病诊治、安宁疗护等专业化服务。

（五）破解群众自发参与治理意识相对薄弱的问题

随着城镇化进程持续发展，人口向城市流动趋势仍将持续，城市“陌生人社会”的特征愈发明显，据统计，全市常住人口中，人户分离人口为4409031人，其中，市辖区内人户分离人口为1757219人，流动人口为2651812人。流动人口中，省外流入人口为1348465人，省内流动人口为1303347人。高流动性导致群众参与社区事务的意识较为薄弱，对社区的归属感、认同感不强，缺乏参与共治的热情。加之新社会阶层、新就业群体规模增大，“丁克”、单亲、不婚人群比例增多，社会离散化形态扩大，对联系群众、凝聚群众、依靠群众开展积极有效的自治、共治、共享提出更高要求。

通过深化“五社联动”机制，组建居民自组织队伍，在社区活动中挖掘和培育居民领袖，扶持居民活动中的骨干，鼓励和帮助社区能人成立居民自组织，并由专业社会组织对其进行赋能培训，充分调动自治组织、社区居民及其他社会力量参与社区建设的主动性、积极性和创造性。鼓励居民能人组建自组织，支持由兴趣型自组织转化为志愿服务型自组织，引导居民参与自治和民主协商，激发居民活力，调动居民积极性，通过自组织的集合使其转化为重视社区治理、参与社区治理、热爱社区治理的新兴社区志愿者。

三、南京市深化“五社联动”机制建议

实践证明，推动党建引领基层治理是深化“五社联动”机制的根本保证，要聚焦构建共建共治共享的基层治理新格局，拓宽基层各类组织和群众有序参与基层治理渠道，推动建立有效的社会动员机制，从党政“领唱”真正变为各方面的“大合唱”。

主要目标：

通过深化“五社联动”机制，大力培育服务性、公益性、互助性社区社会组织，壮大社会工作机构和人才队伍，因地制宜开发志愿服务资源和项目，挖掘混合所有制企业、非公有制企业和新经济组织、新社会组织、新就业群体的人才、资源和技术优势，完善社会力量参与基层治理的激励政策，做到社区居民服务需求能得到具体回应，社区服务项目有社会组织承担、有专业力量督导管理、有社会公益资源、社会慈善力量、社会志愿者参与支持，社区公共问题有辖区居民参与协商解决，形成“居民有诉求、组织有回应、服务有保障、群众有感受”的社区服务治理新态势。

实践路径：

（一）夯实“社区”平台基础，做强基层治理前沿阵地

1. 党建强基，促共建联建

持续推进“强力工程”，强化党建引领，优化各级党组织架构，深化党委抓支部、支部管党员、党员带群众“抓管带”工作机制。街道、社区党组织要联动多方力量，凝聚辖区各类组织、各类群体，成立区域党建共建联盟，推行“驻区机关＋辖区企业＋社会组织＋社区”党建共建模式，搭建基层治理联动平台。

2. 依法自治，促规范建设

严格落实居（村）民委员会组织法等法规制度，制定社区（村）规范化建设指引。健全居（村）民委员会成员履职承诺和述职制度。完善居（村）民代表会议制度。持续优化居（村）民小组设置，加强居（村）民代表队伍建设。鼓励支持党政机关、企事业单位在职或退休党员干部、复转军人、“两企三新”领域先进分子、各行业专业人员等热心人士担任居（村）民代表。

3. 深化减负，促工作聚焦

依托各级社区（村）减负观测点加强监测预警，推行“群众点单＋街镇派单＋负面清单”制度。围绕挂牌、机制、事务、证明、信息、考核等“六必查”事项建立健全部门约谈机制。按照优先民生保障、严控行政管理的原则，对部门“进社区”工作事项与社区法定职责关联程度、事项准入规范程度、资源导入匹配程度进行分类量化，形成部门“进社区”工作成效反向评价标准，定期组织社区（村）代表参与评议。

4. 多点赋能，促提档升级

严格落实每百户 30 平方米建设标准，推动“小办公、大服务”功能布局，统一社区服务窗口标识，提供便民服务。巩固“网格＋”治理体系优势，推动电力、水务、燃气、通信等与群众生活密切相关的服务事项进网入格。依托我市智慧社区综合信息平台，将基层治理所需数据提供给街镇、社区查询。探索“党建联盟、机制联建、协商联动、数字联网、社企联育”为主要内容的小区治理创新治理模式。

5. 加强协商，促多元共治

完善街社两级协商议事体系，探索建立全周期协商体系。鼓励基层因地制宜开展协商活动，支持社会工作服务机构等专业社会组织协助基层组织群众协商。以社区党组织为核心，居委会、业委会为阵地，发掘党员骨干、居民骨干，与派出所、城管、物业、法律顾问、卫生服务站、学校等形成合力，将居民诉求与协商解决整合闭环。对按照规范程序、经过充分协商、形成一致意见的事项，及时组织实施或协调落实，确需有关部门协助的，按照“吹哨报到”流程执行。

（二）完善“社会工作人才”培育体系，建强基层治理队伍

1. 健全社工人才职业体系

深入实施《推进新时代社会工作专业人才队伍建设的意见》，争取全市社工人才工作高位协调、系统推进，明确各相关部门社工人才组织培养管理相关职责，分领域打造专业社工队伍。结合南京实际，全面梳理和修订现有政策，逐步健全社工人才职业体系，推进医卫、教育、司法社工岗位开发试点工作。

2. 打造社工人才专业队伍

以社会工作者职业资格考试为抓手，建立专业培训师资库和课程资源库，实施“培苗”“优才”“卓越”专项行动，打造分层分类的社工人才培养体系。充分发掘南京人才资源优势，持续吸纳医疗、教育、心理、法律等专业人才，培养专业型、技能型社工，做大做优做强社工专业人才队伍。

3. 巩固社工人才培育成果

举办社工人才专场招聘会，搭建用人单位与社工人才之间的双选平台，合理储备招聘意向相对稳定的用人单位，保持供、需、用对接，加强人才就业与流动的调控与指导。建设社会工作专家库，出台相关管理办法，充分发挥智库作用。举办社会工作宣传进社区等活动，提升社工人才的社会认知度和影响力。

4. 加强社区工作者队伍建设

严格落实每万人配置 18 名社区工作者标准，实行社区工作者招聘、职责、管理、薪酬、考核“五统一”制度。持续推动南京城市基层治理学院建设，完善社区工作者专业化、职业化培训体系，创新实务导师、实训基地、实景课堂等教学模式。推动社区工作者职业化建设，完善社区工作者认定制度，将取得社会工作者职业资格作为其评优评先的前提条件。举办社区工作者宣传周活动，加强关心关爱。

（三）加大“社区社会组织”培育力度，提升基层治理质效

1. 进一步强化社区社会组织党建工作

持续深化完善社区社会组织党建工作，建立社区社会组织党务工作者人才库，完善社区社会组织党建指导员联络社区社会组织党组织制度。指导社区社会组织党组织严格落实“三会一课”等党的组织生活制度。注重在社区社会组织负责人、管理层和业务骨干中发展党员，健全社区社会组织党组织有效参与组织决策机制。

2. 进一步加大社区社会组织扶持力度

完善资金支持政策和机制，开展社区公益服务供需对接活动。加强培训，引导并提升社会组织服务专业化，提高社会组织服务覆盖率，培育公益性、服务性社会组织并推动其有序发展。对于未注册备案的社区非服务性社会团体，加强其组织孵化培育，给予更多的社区支持，开展或参与更多社区居民喜闻乐见的活动。支持基层社会组织从娱乐性社会团体发展转型为公益服务性组织。

3. 进一步加大社区社会组织监管力度

一方面，作为政府购买服务的重要补充形式，应完善社会面向社区社会组织捐赠抵税机制，促进社区社会组织提供更多面向社会、面向公众的服务事项，系统接受社会监督与媒体监督。另一方面，政府要加强对社区社会组织发起人、拟任负责人的资格审查，加强社区社会组织信用信息管理，建立社区社会组织活动异常名录和严重违法失信名单，对列入活动异常名录及严重违法失信名单的，依法依规联合惩戒。加强对社区社会组织内部治理规范化、民主化、科学化运作的实务操作指导。

4. 进一步强化社区社会组织自身建设

打造社区社会组织人才实操训练营、经验交流研习营等开发多元化全方位课程体系，多形式、全方位拓展社区社会组织从业人员学习交流和实践的渠道。除民政部门外，进一步拓展社区社会组织党政、人民团体和群众团体资源，如社会工作、宣传部门、农业农村部门等，以及工会、妇联、共青团、残联等人民团体和群众团体。加强社区社会组织公益数字化建设，提升社区社会组织的内部治理水平和外部特别是基金会的筹资项目的服务能力。

（四）完善“志愿服务”体系建设，壮大基层治理力量

1. 构建志愿服务体系

以实现全域志愿为目标，聚焦群众急难愁盼，致力于为群众做好事、办实事、解难事，用真情暖人心、聚民心，引导群众广泛参与，打造“博爱之都、志愿之城”，让“有时间去做志愿者、有需求能找到志愿者”形成常态，构建布局合理、管理规范、服务完善、充满活力的志愿服务组织体系。市级组建志愿服务总队，实现四级队伍网络全覆盖，推动队伍规范化、体系化发展。

2. 实施志愿服务项目

以社区为主阵地、主场景，打造一批易参与、好上手、见实效、可复制、能推广的“小而美”项目。依托公共文化场馆和孵化基地，深入打造具有影响力的品牌项目。举办志愿服务技能比武和优秀项目大赛，培育“独角兽”项目。持续整合全市站点资源，打造志愿服务标准化站点。强化重要时间节点活动，宣传“四个100”等先进典型，让志愿者成为群众信赖的力量，展现“博爱之都”最美底色。

3. 壮大志愿服务力量

挖掘志愿者骨干，培育社区志愿服务组织，全面推进志愿服务积分激励机制建设，鼓励引导有意愿、有能力的居民积极参与社区自助服务和社区治理。引进青年志愿者加入志愿服务机构，打通高校志愿服务通道，增添新鲜血液。组织社区亲子活动，提升家庭服务数量和质量，打通社区中青年志愿者服务通道。推行志愿者积分模式，吸引带动更多的老年志愿者参与志愿服务。

4. 扩大志愿服务群体

深化"两企三新"党务工作者"四级五专"建设，规范落实"红领津贴"。持续推进"聚心"行动，强化对"两企三新"关爱凝聚。建立健全激励机制，发挥好示范带动作用，创新方法举措，切实让行业协会商会、"两新"组织等社会力量参与基层治理。

（五）健全"社区慈善资源"运作机制，充分整合辖区资源

1. 完善慈善服务模式

按照搭建慈善资源整合平台、完善并创新慈善品牌项目、打造慈善传播阵地的整体思路，坚持点线面结合，设置慈善服务阵地，融合慈善义卖、慈善宣传、慈善体验等多项功能，构建多元社会慈善服务模式，充分实现多方共赢和社会效益最大化。

2. 盘活社区慈善资源

探索由政府出场地，社会组织专业运营，平价优价面向社区经营，部分收益捐赠公益的慈善运行模式。利用社区慈善救助资源完善奖励机制，激发社区居民对社区事务的参与积极性，培养居民关心社区、认同社区的共治意识。将居民群众多样化、个性化需求转化为具体项目，链接辖区内的慈善救助资源，推动社区慈善资源落实到实际社会服务当中。

3. 实现供需精准对接

打造慈善服务阵地，完善对接慈善商品、公益帮扶和公益服务，向社会大众提供微型便民服务，提供大学生创业实习和参与公益服务等功能，实现社会慈善资源直接链接进社区的设想，打破慈善供需信息差，不断夯实供需资源建设，推动畅通民生需求和服务供给的对接渠道。

4. 实施社区基金孵化行动

引入社会公益慈善资源，鼓励推动社区发展基金（会）建设，培育"种子基金"，遵循公开透明原则依法开展募集活动，致力于利用辖区资源解决社区治理难题，真正打造共建共治共享的社会治理新格局。

作者：薛飞（中共南京市委社会工作部）

国有企业党建工作创新的现状与路径

——以南京绿智城轨党建联盟为例

一、南京绿智城轨产业链供应链创新链党建联盟发展现状

（一）党建联盟基本情况

为深入学习贯彻党的二十大和二十届二中、三中全会精神，全面落实市第十五次党代会作出的国有企业“三大工程”决策部署，南京地铁建设有限责任公司党委（以下简称“建设公司”）按照市国资委相关决策部署，第一时间召开党建联盟工作研讨会，成立筹备工作小组，深入研究联盟工作思路，经过指导单位邀请、成员单位优选、理事长单位名单推荐、联盟章程草拟、联盟首次成员大会等一系列筹备工作，邀请涉及南京轨道交通行业 6 个板块，共 26 家企业参与党建联盟，并于 2023 年 4 月 18 日成功召开南京绿智城轨产业链供应链创新链党建联盟（以下简称“绿智城

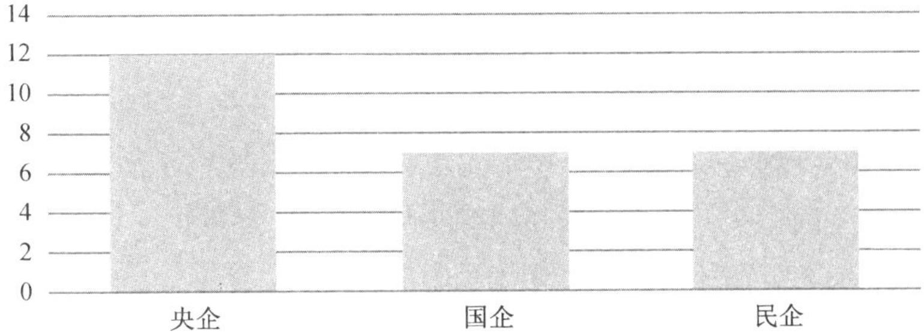

图 1　成员单位企业性质图

轨党建联盟”)第一次成员大会。

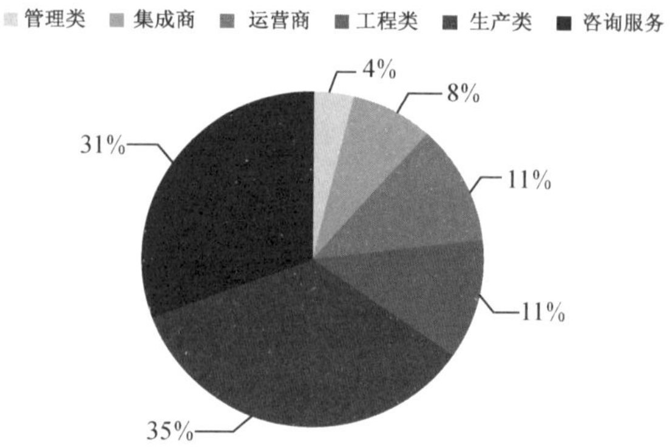

图 2　成员单位涉及 6 大板块占比图

（二）党建联盟架构组建

为增强党建联盟凝聚力，激发联盟成员单位主体意识，调动联盟各方积极性，确保联盟常态长效运行，绿智城轨党建联盟建立健全了坚强有力、科学高效的国企产业链供应链创新链联盟领导体制和运行机制。

经过多次研讨会、交流会商议及第一次成员大会第一届理事长会议深入研究，绿智城轨党建联盟最终实行轮值制度，联盟选举产生 5 个理事长单位作为轮值单位，轮值期间负责联盟工作，制定并落实联盟工作计划，组织实施各类会议、活动，推动联盟党建与业务工作深度融合。同时，设立联盟秘书处，为联盟日常办事机构，在成员大会闭会期间开展联盟日常工作，对成员大会负责。主要职责是：筹备联盟成员大会或临时成员大会；编制工作计划、工作总结及相关报告；收集整理和通报信息；促进成员间的交流与协作；协调联盟内外关系；受理新成员加入联盟的申请；受理成员退出联盟的申请；落实联盟成员大会安排的其他任务。秘书处设在南京地铁建设有限责任公司。其中，设秘书长 1 名，由建设为公司党委分管负责同志担任；设执行秘书长 1 名，由轮值理事长单位党委工作部门主要负责同志担任；其他理事长单位党委工作部门相关负责同志担任副秘书长。联盟成员单位推荐一名人员作为联络员，负责与秘书处的联络工作。

（三）党建联盟活动开展

在联盟章程的引导下，绿智城轨党建联盟按照党建联盟年度行动方案，搭建起产业链供应链创新链党建联盟的工作体系和活动部署。

一是构筑一个生态圈。即构筑“红色引领、开放创新、共建共享、共创共赢”党建联盟生态圈。以党建联盟形式，把产业链供应链创新链上的驻宁央企、国有企业、民企等凝聚在南京这片沃土上；在党建引领下，链上单位共同高质量发展。

二是打造一个品牌名。即打造“南京绿智城轨产业链供应链创新链党建联盟”。以绿色低碳、智慧赋能为两大发展主题，找准成员之间的发展契合点、需求连接点，形成聚变效应，推动实现成员高质量发展。

三是固定一个活动日。党建联盟共26家单位，固定一个活动日如期开展联盟活动。

自2023年绿智城轨党建联盟成立后，先后组织了专题辅导讲座、劳模交流会、廉洁文化活动，参观了电子装备产业园数字城市展厅、南瑞集团自动化设备电磁兼容实验室等科技前沿的创新基地，组织开展交友联谊活动。

2024年1月，组织党建联盟组织交流论坛，为联盟成员单位带来了以“绿色城轨发展实践与探索”的主题报告，有效畅通了企业学习交流通道，共同构建南京轨道交通绿色化发展格局。

2024年6月，中国城轨交通业主领导人峰会2024南京年会、2024北京—南京国际城市轨道交通展览会暨高峰论坛在宁成功举办。围绕“多元融合，高质量可持续发展”这一主题，党建联盟17家成员单位踊跃参与、搭台竞秀，全力展示城轨交通领域最新成果。26家成员单位共同出席南京轨道交通产业招商推介会，推介南京轨道交通产业优秀营商投资环境，一同见证轨道交通优质项目招引落地。

（四）党建联盟实践成效

在共商发展，实现“六共四联”体系方面：产业链供应链创新链党建联盟以“六共四联”核心工作内容为框架指引，结合各自产业特点和党建工作实际，强化联盟活动针对性实效性。

以绿智城轨党建联盟为例，组织共建方面：深入学习贯彻党的二十大精神，组织开展主题教育专题讲座、党建交流、主题党日、业务研讨、调研走访等活动，引领联盟正确发展方向。资源共享方面：充分发挥成员优势，加强资源力量互补互促，在项目建设、产品应用、品牌培育等方面加强共商共享，推进产业集聚、效益提升。创新共研方面：聚焦总书记视察南京提出“四个新”重要任务，进一步延链补链强链等有利契机，推动联盟相关产业向数字化、智慧化转型发展，致力打造市级层面联合发展。人才共育方面：打通企业间人才培养、学习深造通道，搭建人才联合培养平台，通过人才交流、联谊活动等方式，扩大人力资源“朋友圈”，拓宽人才培养路径和展示平台。文明共创方面：建立党员先锋队、志愿服务队等，投身急难险重任务，开展社会公益活动，推广联盟品牌，讲好绿智城轨党建联盟故事，在《新华日报》、市国资委公众号上进行宣传，共树良好形象。发展共赢方面：以行业内上下游企业主营业务为支撑，找准成员之间的发展契合点、需求连接点，形成聚变效应，实现共赢发展。

在共谋合作，拓展“三链协同”格局方面：绿智城轨党建联盟不断促进党建工作与业务工作、与产业发展互促共融。自联盟成立以来，与党建联盟成员单位签订各类合同协议 22 项，不断推进联盟成员产业集聚、协同发展。按照市国资委关于产业链党建企业需求、部门资源、行动项目“三张清单”的工作提示，第一时间征集成员单位企业需求，确立了行动项目 4 项。

在先行先试提升创新链方面：“一体化智慧列车运行系统”测试论证项目，以列车为核心，增加北斗、二次雷达等自主感知设备，减少轨旁设备和车载设备的高度集成化智能列车运行系统，支持全自动运行，目前已经顺利举办技术方案与试验验证评审及现场见证会，完成第三方安全评估认证，正在进行正线功能测试阶段。站台门模块化设计与安装验证项目，已完成样机生产，根据现场施工情况，于 2024 年上半年成功完成现场试装。在开展帮扶延长产业链方面，党建联盟为联盟成员单位申报机电安装施工资质提供了相关的指导和支持，目前已经取得相关资质。在优化工序协调供应链方面，帮助联盟成员单位协调现场需求，合理调配产能，由该成员单位承担的配电箱供货任务已在 2023 年 12 月上旬全部完成。

2024 年以“南京市轨道交通绿色低碳工程技术研究中心建设”为题，积极申报 2024 年产业链党建联盟行动项目，并召开立项落实商讨会推进实施。7 月，党建联盟申报的研究中心被南京市科技局拟认定。此外，积极推进设立绿色出行研究实验室、绿智融合数字底座研究实验室、智能列车运行研究实验室、零碳负碳先进技术研究实验室、智能运维平台研究实验室、装备检测与实训研究实验室六大研究实验室。

二、南京党建联盟发展的优势分析

（一）党中央及省市委政策大力支持

党的二十届三中全会明确指出：“要健全因地制宜发展新质生产力体制机制，健全促进实体经济和数字经济深度融合制度，完善发展服务业体制机制，健全现代化基础设施建设体制机制，健全提升产业链供应链韧性和安全水平制度。”2023 年，中组部把“探索开展产业链供应链创新链党建，推动产学研单位、上下游企业开展党建联建”作为基层党建工作重点任务；江苏省委深入实施产业链党建培育工程；南京市国有企业党的建设工作推进会再一次部署党建联盟工作，为市属国企探索实践产业链供应链创新链党建联盟生态建设指明了方向、提供了遵循。2024 年 6 月，南京市产业链党建工作推进会召开，建立“市级产业链党委—区域（条线）产业链党建联盟—链上龙头企业党组织”三级体系，为产业链党建联盟成员企业发展继续聚力赋能。

（二）江苏省内党建联盟形成良好效应

江苏省自然资源厅、江苏省生态环境厅、江苏省交通运输厅成立“先锋绿源通”党建联盟。江苏省工信厅机关党支部联合省政府办公厅、省财政厅、省交通运输厅等机关党支部，与48个党组织成立工业软件＋信创产业链党建联盟。江苏省工信厅大数据产业处党支部等11家基层党组织成立江苏大数据产业党建联盟。新华日报社、省委党校、群众杂志社成立“新华红”江苏党建联盟，吸纳成员200余家。省铁路集团联合江苏铁路相关参建单位成立“圆梦高铁”党建联盟。南京市商务局和中国信保江苏分公司联合20家企业成立外经企业党建联盟，栖霞区分类建设产业链党建“红星联盟”。苏州、无锡、常州、镇江、宿迁、连云港等市也根据各自产业实际，建立了一定数量的产业链党建联盟。

2022年，南京市国资委党委以重点推进高端装备制造、生物医药健康、旅游产业3个产业链供应链创新链党建联盟建设为抓手，积极探索市属国企产业链供应链创新链党建联盟生态建设新体制新机制新路径。随后，南京市内成立南京智慧城建产业链党建联盟、南京智慧交通产业链党建联盟、南京南站“五色同心圆”枢纽经济生态圈党建联盟、南京数智多式联运产业链党建联盟，南京紫金金融服务产业链党建联盟、南京安居房地产产业产业链党建联盟、南京新农稻米产业链党建联盟、南京会展产业链党建联盟等多个联盟组织，形成了良好的生态环境。

（三）南京市属国企组建党建联盟拥有厚实产业基础

2024年以来，市国资委及监管企业坚持以习近平新时代中国特色社会主义思想为指导，坚决贯彻市委、市政府各项决策部署，锚定高质量发展主题，以全面实施国企改革深化提升行动为引领，以“五拼五比晒五榜”竞赛活动为抓手，坚持党建引领，统筹推进保增长、促改革、防风险、强监管，着力提升发展质量和效益，监管企业经济运行总体平稳，各项工作取得新的成效。2024年上半年，南京市国有企业在政治旗帜的引领下，营业总收入突破700亿元，同比增加11亿元。

表1　2024年1—6月南京市国有资本运营情况

类别	数额（人民币：亿元）	增长情况
资产总额	12599亿元	增长4.8％
所有者权益	4838亿元	增长7.5％
营业总收入	707.2亿元	增幅1.6％
利润总额	92.2亿元	增幅6.8％

注：数据来自南京市国有资产监督管理委员会。

（四）南京市属国企的协同发展优势

南京市国有企业认真落实党中央及省市委的决策部署，牢牢坚持党对国有企业的全面领导，积极发挥国有企业在经济发展中的主体地位与优势作用，南京市属国企党建整体水平不断提升。一是全面推进改革深化提升行动。召开全市国有企业改革深化提升行动动员推进会，统筹建立 124 项工作台账，“一企一策”研究确定 13 家市属集团改革“一件事”攻坚任务清单；完善指导区县监管制度建设，制定印发“1＋3”指导区县监管制度体系。二是聚焦服务产业强市。研究制订推动创投集团“创一流”实施方案，支持紫金山集团探索“紫金山三次方”科技成果转化模式，指导城建集团组建我市场景公司。三是精准发力资产资源盘活。建立盘活利用项目库，计划近 3 年盘活的入库项目 155 个，已盘活 51 个，年初提出的盘存“三提增一支撑”目标任务均已实现“双过半”。四是有效防范风险隐患。动态跟踪防范债务债券风险，持续强化资产负债约束；开展水上旅游、人员密集场所、危化品等多个重点行业领域安全生产专项督查，狠抓问题隐患举一反三和整改落实。五是坚持强化党建引领。对 15 家市属集团党委理论学习中心组开展巡学旁听全覆盖，并对部分子企业延伸开展党组织理论学习巡学旁听；成立委党委党纪学习教育工作专班，统抓委机关与市属国企党纪学习教育；实施党支部建设“提质创优”行动，宣传推广标杆示范党支部的经验做法，加强示范引领、典型带动。

（五）南京市属国企的严密组织建设

近年来，南京市国有企业认真落实中央及省市委的决策部署，积极发挥国有企业在经济发展中的主体地位与优势作用，更好谱写南京市党建工作新篇章。一是党组织类型多元，南京市国资国企涵盖驻宁央企子企业、省属企业、市属国企等类型，为党建工作扎实开展奠定基础。二是基层党组织书记年龄及学历结构科学合理，党支部书记中，50 岁以下占比超 70％，具有本科以上学历占比超 80％，有党务工作和业务工作复合经历超 90％。三是党员队伍逐步扩大，党员结构逐步合理，近 5 年来新发展党员中 35 岁以下占比超 70％，新生力量不断补充，为充分发挥党员先锋模范作用积蓄蓬勃力量。

综上所述，立足南京市属国有企业独特优势，结合中央及江苏省发展规划，均为南京市国有企业党建工作高质量发展，组建党建联盟提供了坚强的保障，创造了成熟的条件。

三、市属国企党建创新路径探索

（一）充分发挥国有企业党建引领作用

1. 筹备创立党建联盟

前期筹备方面：一是预先分析。重点从产业链供应链创新链党建现状、市属国企与央企产业合作项目情况、所在行业产业分布情况、本企业党建共建情况等方面系统研究分析，着力摸清实践现状、厘清基本问题、理清工作思路。二是制定规范。在前期预研的基础上，研究制定国企产业链供应链创新链党建联盟章程，明确任务与职责、成员管理、组织架构等内容，提出党建联盟工作体制机制，构建起党建联盟建设的“四梁八柱”。三是稳步推进。“链主”企业党委以党委会、座谈会等形式，听取多方意见，研究部署党建联盟建设工作。联盟牵头组建单位稳步推进联盟章程完善、成员单位摸底、重点事项确认、运行机制建设、成立大会组织等工作。

优选企业方面：党建联盟可以重点从横向、纵向两个维度优选成员单位，提升产业链供应链创新链完整性、稳定性和融合度。一是横向聚合。着眼汇聚行业龙头企业，注重吸纳相关行业驻宁央企、省属市属企业、上市公司、头部民企等作为联盟成员单位，同时吸纳在宁高等学校、重点科研院所和实验室等加入联盟，提升“链主”企业综合实力。二是纵向整合。着眼扩大辐射面，集聚优质资源，打通全产业链，形成一个整体、打造一盘棋。针对所要创建的党建联盟，摸底各相关企业情况，征集加入党建联盟的意愿；召开专题座谈会，研讨党建联盟建设具体事项。

建立体制机制方面：建立健全责任明晰，层级合理的权责机构。一是明确联盟成员大会地位。明确联盟成员大会是联盟最高权力机构，由联盟全体成员的代表组成，其主要职权是审议和决定联盟章程及其修订、年度工作计划、成员加入和退出等重大事项，明确和规范联盟成员大会的地位作用。二是规范理事长单位领导责任。每个联盟结合实际设立若干个理事长单位，负责联盟运行管理。市属国企为理事长单位之一，其余理事长单位根据成员单位竞争实力、引领能力等具体情况确定。理事长单位受成员大会授权委托管理联盟，对联盟成员大会负责，向成员大会报告工作。同时，设立轮值制度，由理事长单位轮流负责主持联盟工作，充分调动理事长单位参与和推动联盟工作的积极性。三是强化秘书处落实责任。优化秘书处成员组成，做实秘书处作为联盟日常办事机构的职责和任务。明确联盟秘书处在理事长单位领导下工作，设秘书长、执行秘书长，牵头负责联盟工作，确保联盟各项工作常态有序开展。

2. 明确任务及蓝图

六共四联：国企产业链供应链创新链党建联盟生态建设的主要任务。

六共。组织共建：主要是开展理论学习、组织互动等活动，引领联盟正确发展方向。资源共享：主要是通过产业资源整合互享，推进产业集聚、效益提升。创新共研：主要是参观产业集群地、创新实验室、努力扩大技术知识面。人才共育：主要是强化优势互补、研创结合，打通校企、企企之间的通道，搭建人才联合培养大平台。文明共创：主要是讲好产业故事，推广联盟品牌，履行社会责任，展示良好社会形象。发展共赢：主要是强化党建引领，实现各方共同高质量发展。

四联。组织互联：联盟各成员单位党组织之间互联互鉴。平台互联：各成员单位作为市场经营主体、研发创新平台或教学科研单位，互联互通。资源互联：各成员单位资源共享、优势互补、抱团发展。党员互联：联盟内党员标杆、先进典型经验分享、常态交流，创先争优、比学赶超。

共创共赢：国企产业链供应链创新链党建联盟生态建设的工作蓝图。

着眼推动产业链供应链创新链党建联盟生态行稳致远，牢牢坚持党建引领发展工作理念，引导产业横向聚合、纵向整合、规模化发展，引领市属国企与联盟单位共创共赢。以党建为桥梁纽带，通过“六共四联”等各项党建联盟活动，把党建联盟各方紧密团结凝聚在一起，推动组织聚在链上、党旗飘在链上、活动串在链上、服务落在链上、问题解在链上，实现链上资源共享、高效配置，形成一批事业发展共同体，以共学共建、共管共治助力产业链供应链创新链各环节价值增值，不断提升产业链供应链创新链现代化水平。

（二）充分发挥国有企业党组织的政治功能和组织功能

1. 围绕组织融合抓党建共建

一是进一步加强组织领导。建立联盟易，发挥好联盟作用难。联盟各成员单位要始终坚持以习近平新时代中国特色社会主义思想为指导，加强对产业链供应链创新链党建联盟理论建设和实践问题的研究探索，切实以理论指导实践、推动工作。以绿智城轨党建联盟为例，要贯彻落实习近平总书记关于城市轨道交通是现代大城市发展方向，发展轨道交通是解决大城市病的有效途径和构建综合、绿色、安全、智能的立体现代化城市交通系统，始终保持国际最先进水平，打造现代化国际大都市的重要指示精神，充分发挥党建引领的作用。

二是进一步强化政治功能。党建联盟是一个由行业内央企、国企、民企、院校等各类企业的党组织联系在一起的共同体，这些党组织虽然来自不同的企业，但相同的行业性质，使得联盟成员单位之间具有天然的连接。因此，要进一步强化各党组织的政治功能，加强凝聚，把党的理论路线方针政策贯彻落实到联盟工作之中，保证联盟的正确政治方向。

三是进一步提升“链主”实力。党建联盟的筹备、组建、运转都离不开“链主”企业，市属国企作为党建联盟的“链主”企业拥有扎实的产业基础、严密的组织体系、优化的综合实力，作为“链主”企业更有义务进一步建链固链强链，以核心竞争力吸引汇聚更多链上企业，不断巩固产业链供应链创新链，推动产业做强做优做大。

2. 围绕发展集聚抓党建共建

一是坚持聚集产业成链，推动抱团发展。进一步发挥产业链供应链创新链党建引领作用，打造行业内的优质产业链，形成上下游集聚的产业集群。此外，要吸引更多企业加入党建联盟，将行业内由“同质竞争”转变为“合作共赢”，产业形态由“小产品”升级为“大产业”，资源布局由“点多分散”转变为“连点成片”，集群生态由“多点单一”转变为“产业成链”。

二是补齐短板弱项打通关键节点，提升抗风险能力。习近平总书记指出：“要对重点行业产业链供应链进行系统梳理，摸清薄弱环节、找准风险点，分行业做好战略设计和精准施策，加快补齐产业链供应链短板，逐步在关系国家安全的领域和节点实现自主可控。”[①]市属国企相关产业链供应链创新链党建联盟也要全面系统分析所在产业链供应链创新链的薄弱环节，集合成员单位优势，帮助联盟内其他成员单位共同解决发展难题。

三是打造原创技术策源地。党建联盟要集合成员单位优势，通过向先进企业学习、对标，聚力技术创新，不断提升产品核心竞争力，努力在知识产权、科技成果转化能力、研发组织管理水平、企业成长等方面全力提升。此外，高度重视高技能创新人才引进与培养，努力建强“人才链”，进而牵动“产业链”“创新链”融合发展，实现“单个攻破”与全产业链“链式创新”协调推进。

3. 围绕共赢价值抓党建共建

一是着力强化联盟活动时代特征。进一步聚焦学习宣传贯彻党的二十大和二十届二中、三中全会精神这一重要政治目标，进一步突出联盟首先是党建联盟这个根本属性，进一步彰显党建联盟在党言党、以党建为引领这个根本要求，创造性地设计和搭建更多具有鲜明时代特征的活动载体。

二是着力强化联盟活动产业特色。“六共四联”是对党建联盟主要任务的共性指引，是一种总体性、框架式的规范要求。但各产业链供应链创新链党建联盟要根据各自的行业特点，个性化设计“六共四联”方面的具体内容，制定符合成员单位实际、行业发展愿景的党建联盟年度计划，策划特色活动，深化党建联盟活动的同时，

① 习近平：《新发展阶段贯彻新发展理念必然要求构建新发展格局》，《求是》2022 年第 17 期。

也升华了党建联盟活动的主题和内涵。

三是着力强化联盟活动服务效能。党建联盟搭了"台",还要唱好"戏"。党建联盟年度实施计划通过后,不能只成为"纸上谈兵",更要推动落实在行动中,组织联盟成员单位、党员们积极参与联盟活动。通过广泛开展政治理论联学、优势资源联享、实践活动联办、党员队伍联建、志愿服务联助等,进一步丰富党建联盟的内涵。建立议事共商机制,通过举办行业峰会、联盟交流论坛,理事长交流会等活动加强产业链供应链创新链上下游沟通合作,促进联盟工作与产业发展深度融合。

(三)充分发挥国有企业带动作用

1. 协同发展互创共赢

一是进一步推动内外协同。通过联盟活动、交流会议、主动对接等形式了解党建联盟成员单位的问题及需求,建立商讨会议制、责任清单制、信息沟通共享制等制度机制,明确成员单位的权利和义务,签订共建协议书,定期召开联席会议,压实共建责任,推动党建运转向责任化转变。真正烧旺党建联盟的红色"炉火",真正下好所属行业的"一盘棋"。

二是进一步推动项目孵化。积极推动成员单位之间打破行业、企业、条块等限制,搭建沟通交流平台,推动链上企业从单打独斗、各自为战向协同作战、融合发展转变。以新质生产力为引领,加快发掘新兴战略项目,促进产业融合创新发展。此外,要吸引科研院所、科研平台、研发机构、科创企业等院所平台企业的加入,促进、孵化和落地新产品新技术新项目。

三是进一步推动发展共赢。牢固树立联盟党建工作与产业发展深度融合的意识,充分发挥党建赋能作用,推动产学研、上下游、大中小企业党建联建,切实把党的政治优势、组织优势转化为产业发展胜势,推动党建工作与产业发展互促共进、双向融合。让联盟建设的成效、产业发展的成果惠及每一个成员单位,实现联盟成员的全面高质量发展。

2. 凝聚力量释放效能

一是切实凝聚文化认同。党建联盟各成员单位都来自不同的企业,各企业之间又存在着不同的企业文化,在联盟中难免会存在一些企业文化的交流与碰撞。党建联盟"六共"主要任务中的"文明共创",就是要求联盟积极凝聚成员单位共识,形成同心同向同力良好氛围。要通过联盟活动、联盟项目等,加强党建联盟成员之间的互动交流,增进成员单位对联盟的认可,大力提升成员单位对联盟的归属感,加大党建联盟的凝聚力。

二是积极打造品牌矩阵。积极发挥牵头引导作用,会同党建联盟成员单位将自身独立的党建品牌融入形成一个更大的党建品牌，通过明确责任和权限，充分利用各单位自身资源优势，确保共建工作协同配合和高效运转，并通过政治建设为统领，推动党建和业务的深度融合，积极探索共建路径、丰富共建内容、优化共建机制，努力打造独具特色的党建联盟，并与南京国企“宁聚沃土·红领共赢”产业链供应链创新链党建联盟生态品牌呼应，形成“1 个总品牌＋N 个子品牌”的伞形品牌矩阵。

三是持续放大品牌价值。大力加强产业链供应链创新链党建联盟生态品牌宣传工作，在活动组织、业务合作、项目建设、产品研发、技术攻关等各项工作中，积极推广运用品牌，推动党建联盟品牌建设的理念不断深入人心，在完善党的组织体系、提高党的建设质量、引领和推动经济社会发展等方面发挥了重要作用，积累和形成一批受社会认同、群众欢迎、具有较大影响力的党建联盟品牌。

作者：宣璇（南京地铁建设有限责任公司）

基层政协“专属融合”机制创新的玄武实践

习近平总书记指出：“人民政协是国家治理体系的重要组成部分。”适应推进国家治理体系和治理能力现代化要求，准确把握人民政协在国家治理体系中的地位和作用，推进人民政协理论创新、制度创新、工作创新，是新时代人民政协必须深入研究的重大课题。近年来，玄武区政协立足“党政所需、群众所盼、政协所能”，持续探索、积极实践，创新建立了“专属融合”机制，将政协履职的界别优势与街道社区的属地优势深度融合，深入推进政协协商与基层协商有效衔接，激发了政协助力基层治理的新活力。

一、建立“专属融合”机制的工作背景

基层是改革发展稳定的第一线，是各种矛盾和问题的集聚地。作为南京市老城区，玄武区基层治理任务繁重、民生诉求多样，区政协作为最基层的政协组织，是基层治理的直接见证者和参与者，如何将自身制度优势更好地转化为助力基层治理的效能？如何精准破题、探索形成契合区县政协特点的治理新机制？这是亟需深入破解的时代命题。

（一）落脚基层、发挥职能作用是助力基层治理的现实需求

习近平总书记指出：“人民政协是国家治理体系的重要组成部分。”作为专门协商机构，区县政协充分发挥制度优势，系统性地将党的建设、委员学习、视察、调研、

民主监督、协商议事、提案办理、反映社情民意信息、办理民生实事等履职工作与基层社会治理深度融合，在助力基层治理中展现新作为，是履职尽责的应有之义。这为区县政协建立“专属融合”机制提供了实践上的必要性。

（二）上下联动、条块结合是将人民政协制度优势转化为治理效能的切实途径

人民政协的特色在于界别，优势在于凝心聚力、平等协商、人才荟萃、协调关系、联系广泛。社区是城市治理体系的基本单元，是解决社会矛盾的“最后一公里”、基层治理的主阵地，具有了解民情、服务一线、方便组织等优势。发挥区县政协的界别优势和街道社区的属地优势，依托两者天然的互补性促进衔接融合，能够形成助力基层治理的强大合力。这为区县政协建立“专属融合”机制提供了路径上的可行性。

（三）资源整合、一体化统筹是助力基层治理的有效抓手

区县政协履行政协职能，关键在于有序、有效的政治参与。习近平总书记在庆祝中国人民政治协商会议成立 75 周年大会上指出，要切实加强政协委员队伍建设，“强化使命和责任担当，自觉投身凝心聚力、决策咨询、协商民主、国家治理第一线的具体实践”，这就需要区县政协结合自身特点，推动委员履职重心下沉，实现政协履职接地气、提实效。这为区县政协建立“专属融合”机制提供了方法上的有效性。

二、构建“专属融合”运行机制

2022 年，玄武区政协研究出台了《关于建立“专属融合”机制，助力基层治理的实施意见（试行）》，明确以片区为单位开展工作，在 7 个街道建立“专属融合”片区，专委会“一对一”挂钩联系街道，并将全体区政协委员按工作地或居住地划分到片区内，扎实开展党建、学习、视察、调研、民主监督、协商议事、提案、社情民意、民生实事等“九个一体化”工作，实现力量整合在片区、平台搭建在片区、工作推进在片区、成果显现在片区、考评落脚在片区。

（一）组织架构

区政协成立领导小组，区政协主席任组长，副主席、党组成员任副组长。由区政协办公室牵头，每季度组织召开 1 次领导小组工作会议暨工作调度会议，形成主席按季度总体调度、副主席按片区分类指导、秘书长按目标日常协调的模式，及时协调解决工作中遇到的困难。各街道成立工作小组，街道党工委书记任组长，街道政协工委主任、党工委副书记、统战委员任副组长，将加强“专属融合”助力基层治

理摆上重要议事日程。工作小组每年研究“专属融合”工作不少于 2 次。区街两级每年为加强“专属融合”助力基层治理提供必要的经费保障。

（二）职责分工

各片区每年年初制定工作计划，按照“党政点题、群众出题、政协领题、委员议题、专家论题、部门答题、共同破题”的原则，科学确定年度履职课题，有序安排所在片区年度“九个一体化”工作。厘清权责边界，在助力基层治理履职活动中，属地街道发挥身处一线、熟悉情况的优势，牵头制定具体活动方案，各专委会发挥联系广泛、智力密集优势，有针对性地邀请专家委员参与，做到各专委会和属地街道之间职责分、思想合，工作分、目标合，权限分、力量合。区政协办公室牵头定期组织调研和学习交流，及时总结经验、把握规律、固化成果，全面规范机制和流程。同时，加强信息宣传工作，及时通过新闻媒体、省市区微信公众号、委组工作群等多种渠道宣传相关经验、做法、成效，提升工作影响力。

（三）工作任务

区街协同配合，做好平台联建，在街道建立“有事好商量”协商议事室，在社区建立商量话坊、政协委员联络站、社情民意信息联系点，在委员单位建立委员工作室。以“室、坊、站、点”为依托，多层次、多维度地带动委员在基层一线履职。结合政协职能，明确片区内“九个一体化”的工作内容，将党建、学习、视察、调研、民主监督、协商议事、提案工作、反映社情民意、为民办实事等与基层治理紧密结合结合，实现政协协商与基层协商有效衔接，与基层治理有机融合。各片区充分发挥主观能动性，在创新中实践，在实践中提升，进一步擦亮了区政协“党建＋”“书香政协·魅力玄武”“商量话坊”等特色品牌，推动区政协工作再上新台阶。

三、“专属融合”机制在社会治理创新实践中的应用

坚持党的全面领导，把党的领导贯穿到助力基层治理工作的全过程各方面，持续推动区政协各专委会力量向基层下沉、全区各街道属地化整合、全体政协委员在基层履职，不断丰富治理形式、拓展治理平台、完善治理机制，为构建共建共治共享的基层治理格局贡献力量。

（一）强化党建引领，打牢政协参与基层社会治理的坚实基础

坚持以党建为引领，充分发挥党组织在基层社会治理中的领导核心作用。一是充分发挥党总揽全局、协调各方的核心领导作用。确保基层社会治理的政治方向，为提升基层社会治理效能提供根本政治保证。助力基层治理的探索创新要积极争取区委的重视和支持，及时向区委报告工作进展和遇到的重大问题。二是充

分凝聚人心力量。把党的主张通过政协的民主程序转化为社会各界的共识和行动，努力形成党委领导、政府支持、政协搭台、各方参与、服务群众的良性互动局面，形成基层社会治理工作合力。三是坚持在强化政治引领上精准发力。常态化开展委员读书、理论学习和政治培训，不断提升政协委员政治思想认识水平和履职能力，通过委员作用发挥，把党的主张转化为社会各界的共识，为合力推进基层社会治理厚植基础。

（二）发挥政协优势，为助推基层社会治理现代化贡献政协力量

充分发挥专门协商机构作用，对政协协商有效衔接基层治理加强探索，进一步畅通协商渠道，促进协商工作更加规范、更加高效。一是突出委员的主体作用，强化委员的责任担当。政协委员来源的多元性和代表性是其参与基层治理的独特优势。要注重发挥政协委员的专业优势和在协商议事中的骨干作用，广泛吸纳相关智库成员、各界代表人士、新的社会阶层人士等参加，有效提高协商共识的达成度和结果的公信度。特别是进一步优化政协委员与基层的沟通机制。加强政协协商与基层治理的组织协调，形成多部门、多层次、多渠道的协同工作机制，提高政协协商与基层治理的衔接效率。二是创新政协协商有效衔接基层治理的方式方法。积极探索通过民主监督、网络协商等多种形式，充分释放协商民主在基层的潜力和效能，推动基层社会治理中的重大决策、重要民生问题在政协协商中得到解决。特别是要认真贯彻落实中共中央和省、市委关于发展全过程人民民主的决策部署，积极加强政协协商同其他协商形式的协同配合，创新政协组织与基层社会组织等各方面的合作形式，汇聚各方力量，共同推进社会治理创新实践。三是充分发挥界别优势，广泛联结社会团体和各类基层组织，充分利用政协的桥梁和平台作用，加强主体衔接、促进多元合作，通过积极作为，将界别优势转换为治理效能，以工作的有效性取得其他主体的认同、理解与支持。特别是不断完善委员联系界别群众制度机制，注重发挥思想引领、政策宣传、联系群众、指导引导、释疑解惑、助推落实等作用，切实把党委、政府决策部署落实下去，把界别群众智慧和力量凝聚起来，为基层社会治理强信心、聚民心、筑同心。

（三）坚持基层导向，着力破解群众急难愁盼问题和基层社会治理难题

参与基层治理的努力方向应“面向基层”，推动各项工作与基层治理的方方面面深度融合，深入实际、深入基层、深入群众，真正为基层解决现实问题。一是践行以人民为中心的发展思想。基层社会治理重在群众，做好群众工作是考验基层社会治理成效的关键。要深入群众，多去基层走、多请群众说、多让大家议，变被动参与为主动介入，真诚倾听群众呼声，真情关心群众疾苦，真实反映群众愿望，努力把

“委员作业”写到群众心坎上，筑牢政协参与基层社会治理的群众根基。二是履职重心向一线倾斜。将界别委员工作室、“有事好商量”协商议事室、社情民意信息联系点等各类履职平台搭建到基层一线、群众身边，常态化收集基层群众意见建议，确保政协履职紧扣基层实际。政协各专委会与属地街道建立“一对一”挂钩联系机制，在片区扎实开展“九个一体化”工作，助力基层治理不断取得新成效。三是聚焦基层治理问题开展履职。坚持“不调研不协商”“不调研不建言”，通过扎实细致的调研，摸清基层问题，深挖问题根源，找准区政协各项履职任务与基层社会治理方方面面事务的切入点和结合点，灵活运用提案、反映社情民意信息、调查研究等形式，更好助推基层问题解决。

四、实践成果与理论价值

“专属融合”机制的建立，打开了区政协助力基层治理的生动局面。机制运行以来，区政协基层基础不断加强，各专委会和街道工作实现了质的提升，助力基层治理迸发了丰沛活力。

（一）有效缓解了基层基础薄弱的问题

“专属融合”机制的建立，进一步完善了基层平台、增强了基层力量、丰富了基层资源，缓解了街道政协工委撤销之后产生的人员力量薄弱、工作基础薄弱问题。“小平台”凝聚起了“大合力”，街道社区开展协商议事有了专业指导、力量依托和资源支撑，各街道的精品阵地和特色品牌不断涌现，协商议事的频次、委员参与的活跃度、服务为民的质效等都有了显著提升。

（二）有效提升了区政协各项工作的质量

“专属融合”机制充分调动了各专委会和政协委员的履职积极性，“九个一体化”成为各方共同的“必修课”。各专委会明晰了该“做什么、怎么做”，广大政协委员找到了为民履职的落脚点，学会了该“为谁履职、怎么履职”，“九个一体化”工作都取得了明显进步，多项工作持续争先进位。在各方共同努力下，玄武湖街道徐庄社区的“同心圆”、红山街道的“红新专列”、梅园新村街道的“小红梅”、玄武门街道的“台城话坊”等阵地成为示范性强的特色精品。“城墙根悦读汇”“商量话坊”等有特色的履职品牌不断涌现，政协工作影响力进一步提升。

（三）有效提升了助力基层治理的工作实效

“专属融合”机制，拉近了政协委员与界别群众之间的距离。广大委员沉到街道社区“进网入格”，踊跃参与各项协商议事和服务为民活动，增强了责任感和荣誉感。2022 年以来，共编报信息 350 多篇，近 200 篇被市级以上政协采用，社情民意信息的质和量都有了跨越式的进步。区街两级围绕教育公平、医疗服务、人居环境等基层治理问题，共开展调研视察90多次，围绕“促进社区养老产业提质增效”“助推城市新就业群体发展”等主题开展“有事好商量”协商议事活动160多场，提出高质量意见建议近900条，解决民生实事200多件。多篇调研报告和建议案得到区委区政府主要领导的批示和肯定，在服务中心大局、助力基层治理过程中展现了新作为。

“专属融合”机制收获良好社会反响的同时，也引起了专家学者的关注。多名专家点评，认为该机制具有一定的理论价值。

（一）协商民主体系建设进一步完善

党的二十届三中全会指出，要“完善协商民主体系，丰富协商方式，健全政党协商、人大协商、政府协商、政协协商、人民团体协商、基层协商以及社会组织协商制度化平台，加强各种协商渠道协同配合”。人民政协作为社会主义协商民主的重要渠道和专门协商机构，在协商民主体系中具有重要地位和作用。在创新性落实“专属融合”机制过程中，玄武区政协充分发挥专门协商机构作用，将政协协商与基层协商以及社会组织协商等其他渠道的协商结合起来，将提案、会议、座谈等多种协商方式统筹起来，通过对口协商、界别协商、专题调研视察等民主协商形式，发挥了民主凝聚人心、协商增进共识的重要作用，推动协商民主体系进一步完善。

（二）委员联系界别群众制度机制进一步健全

完善委员联系界别群众制度机制，是党的二十大对新时代新征程做好人民政协工作作出的重要部署。作为最基层的政协组织，区县政协中有的界别组织程度较低，委员联系界别群众缺乏完备的组织支撑，存在委员界别意识薄弱、联系界别群众随机性强、界别优势发挥不到位等问题。通过落实“专属融合”机制，完善委员联系界别群众制度等配套的机制，能够将专委会的界别优势与街道属地优势充分叠加，激发出更强劲的履职效能。特别是依托委员单位建立界别委员工作室，设立社情民意信息联系点，委员能够更加准确全面地了解界别群众所思所盼，及时开展理顺情绪、化解矛盾、解疑释惑等工作，并以“九个一体化”活动为重要抓手，及时反映界别群众的心声和诉求，为区县政协创造性开展委员联系界别群众工作提供有益探索和有效路径。

（三）专门协商机构作用进一步发挥

专门协商机构综合承载政协性质定位，是新时代赋予人民政协职能定位的新内涵。玄武区政协牢牢把握基层政协的主要工作是协商、工作方式是搭台、工作主旨是双向发力的实践要求，不断深化“专属融合”机制，区、街共同打造商量话坊、委员之家、政协书屋等履职平台，紧扣党政中心工作大事、改革发展要事、民生改善实事、社会治理难事，深入开展调研和协商，集思广益促进决策优化、凝聚共识助力决策实施、民主监督推动决策落实，在持续有序的政治参与中更好服务区委、区政府科学决策、有效施策，专门协商机构的潜能效能进一步彰显。

（四）人民政协制度化、规范化、程序化等功能建设进一步加强

习近平总书记在党的二十大报告中强调，要“发挥人民政协作为专门协商机构作用，加强制度化、规范化、程序化等功能建设”。这对人民政协践行全过程人民民主、推进专门协商机构建设提出了新部署和新要求，为更好把人民政协制度优势转化为国家治理效能指明了方向。区县政协作为最基层的政协组织，必须理清工作思路、完善工作机制，把各项履职工作的建章立制同协商民主实践紧密结合起来，及时将实践经验转化为制度成果，更好落实党的二十大作出的部署要求。玄武区政协建立“专属融合”机制，对履职总体要求再明确、“九个一体化”工作任务再明确、“专属”职责分工再明确，推动政协履职思路清、方向明、举措实，是基层政协加强制度化、规范化、程序化建设的创新实践，能够为其他地方政协加强制度化、规范化、程序化等功能建设提供有益参考。

五、深化拓展人民政协助力基层社会治理的几点思考

我们深切体会到，区县政协参与基层社会治理，坚持党的领导是根本前提，发挥好助力作用是应尽之责，落脚基层是生命力所在，“专属融合”机制是有效方法。

一是立足“党的领导”，凝聚各方力量。中国共产党的领导是人民政协事业发展进步的根本保证。要将党的全面领导贯穿于政协履职的各方面、全过程，在党委支持下开展政协助力基层治理的理论创新、实践创新，广泛凝聚起社会各界协同推动基层社会治理的共识，做到同轴共转，形成基层社会治理工作合力。

二是立足“助力作用”，发挥独特优势。人民政协不是权力机关，也不是决策机构，而是政治协商的重要机构。政协工作发挥作用不是靠“说了算”，而是靠“说得对”。因此，政协参与基层社会治理的角色应定位在“助力”，要将委员工作室、“有事好商量”协商议事室等平台作为政协工作向基层延伸的触角，并运用政协专业的协商队伍、完善的协商机制、成熟的协商经验，加强对街道协商议事工作的指导，推动政协协商与基层协商有效衔接。

三是立足“基层群众”，解决现实问题。要持续推动履职资源下沉，将区政协各专委会、全体政协委员等力量投入街道社区，“进网入格”，围绕事关基层群众切身利益的热点难点堵点问题，深入开展委员联系界别群众工作和委员履职“服务为

民”活动，让治理成果更好惠及基层群众。

四是立足“专属融合”，持续优化创新。要围绕深化“融合”、持续创新、完善机制下功夫，边工作边总结，边实践边提升，力争形成更加齐全完备、更加规范稳定、更加有效管用的落实体系，实现“九个一体化”工作制度化规范化程序化，进一步提升政协助力基层社会治理的能力和水平。

作者：南京市玄武区政协课题组

以“三级四进五提升”工作机制提升为民服务效能的双塘探索

习近平总书记深刻指出:“坚持大抓基层的鲜明导向……推进以党建引领基层治理……把基层党组织建设成为有效实现党的领导的坚强战斗堡垒。”秦淮区双塘街道地处南京老城南地区,辖区面积约 2.8 平方公里,常住人口 7 万余人。人口密度高,居民诉求多元。近年来,双塘街道党工委持续强化党建引领基层治理,探索形成“三级四进五提升”工作机制,进一步推动干部下沉到一线、力量充实在一线,着力破解基层治理“小马拉大车”难题。

一、背景起因

作为典型老城区,秦淮区双塘街道老旧小区多、低收入群体多,加上基础设施相对落后、硬件条件较差,集中体现在三个“矛盾”上。

(一)居民对美丽宜居生活环境的需求同相对落后的公共服务保障之间的矛盾

双塘街道有 53 个小区,其中 18 个为社区托管物业小区及秦淮区目前最大的古民居聚集地荷花塘片区。该片区人口居住密度高,大多无独立的厨卫设施,居住环境较差,市政供水、配电设施不完善,排水、排污、排涝等都存在问题。落后的基础条件和居住环境不能满足群众日益增长的现实生活需求,与周边现代化小区形成鲜明对比。

（二）较为集中的特殊群体需求与街道管理服务人力不足之间的矛盾

双塘辖区内特殊困难群体较为集中，地区人群呈现“五小五多”的特点，即小街小巷小商小贩小餐饮，下岗失业人员多、低保人员多、老年人多、残疾人多、刑释解戒人员多。据统计，双塘辖区内有64条街巷，其中小街小巷55条，占比86%；辖区有个体工商户2400余家，其中小餐饮约880家，占比37%，孕育出仙鹤街、来凤街等多条美食街巷；目前辖区低保358户434人，60岁以上老年人25098人，占比总体人数35%，持证残疾人1806人，刑释解戒人员在册超过千人，均居于全区前列。如此庞大的特殊群体，向街道提出了更高的管理服务要求。

（三）复杂的小区服务管理和物业高强度的工作负担之间的矛盾

双塘辖区内既有高档小区来凤一号，成熟的商品房小区皇册家园、桃园人家等，也有来凤小区、玉带园小区等为数众多的老旧小区。复杂的小区类型带来了多样的物业服务需求。但由于人财物资源方面的限制，目前所提供的物业服务与居民诉求还存在一定差距，导致街道12345物业类工单稳居首位，以2023年12345工单为例，物业类工单占比22%，居于所有工单类型之首，工单满意率仅为85%左右。

为更好为辖区居民服务，解决“基层矛盾纠纷多”这一老大难问题，双塘街道在基层改革方面一直先试先行。1983年，高岗里社区党委首创“摇铃示警”居民自治模式，并探索社区服务居民模式，成为全国社区服务发源地之一。延续优良传统，2022年双塘街道党工委以“村村到、户户进、人人访”工作为契机，探索干部进网格提质增效工作机制；2023年以践行新时代“枫桥经验”为契机，探索“三级四进”工作机制，要求班子成员进社区，科级干部进小区，全体干部进网格、进家入户；2024年街道党工委进一步明确工作目标，坚持党建引领基层治理，将“三级四进”深化为“三级四进五提升”，通过推动五项重点工作提质增效，着力提升居民幸福感、获得感、安全感、信任感和满意度，努力将基层治理的“盆景”绘就成共建共享的“枫景”。

二、主要做法

（一）注重系统谋划，干部下沉赋能基层治理

干部下沉基层是我们党的优良传统，而能否真正“下”得了身、“沉”得住心直接影响实际成效。双塘街道党工委科学部署，坚持用机制管人、按流程管事，推动干部下沉赋能基层治理。

1. 建机制，解决下沉“干什么”的问题

为推动“三级四进五提升”工作全面落实，双塘街道党工委坚持以党建引领基层治理,成立专项工作专班,由街道工委书记、办事处主任全面统筹指挥协调推动,街道工委副书记牵头负责,并由相应班子成员分管负责,由党建工作办公室及平安建设办公室负责专班日常工作。制定实施《双塘街道践行"枫桥经验"暨深化"三级四进五提升"工作方案》,聚焦固垒强基进网格、清洁家园补短板、防范风险除隐患、民呼我应见实效、矛盾调处促平安五项任务,将社区网格特点与街道机关干部工作职责相匹配,把 83 名干部全覆盖划分到 83 个综合网格,每周至少安排半天时间下沉网格,对空巢独居老人、特殊困难群体、12345 不满意工单对象等开展走访,收集社情民意,解决诉求困难。

2. 明责任,解决下沉"怎么干"的问题

街道干部参与基层治理、化解群众矛盾的能力不一,能够调动的资源力量也有所不同,如果简单"一刀切"地分配工作任务,街道班子成员的能力资源无法有效调动形成合力,有的干部限于自身职责也难以承接任务要求。街道制定"一级网格(社区)、二级网格(小区)、三级网格(网格及居民家)"三级工作任务清单,明确班子成员为一级挂包社区网格责任人,全面统筹挂包社区各项工作;科级干部为二级挂钩小区网格责任人,及时协调解决挂包小区工作中遇到的困难问题,遇专项工作、重大活动随时响应;全体干部为三级挂包网格责任人,重点开展探访关爱日常走访,清洁家园、安全排查等工作,做好社情民意的收集反馈。三级网格责任人在工作中发现的问题,能自行解决的要及时解决,不能解决的统一上报二级网格责任人;二级网格责任人除在自己挂包网格内开展工作外,还需与社区共同解决挂包片区(小区)内问题,如遇到无法解决的疑难问题,统一上报至一级网格责任人,并同步报专班办公室;一级网格责任人除在挂包网格内开展工作外,还需对二级网格责任人上报问题以及社区面上问题进行统筹规划,积极与辖区法律专业人大代表联络站、"三官一律"、政法网格员、民生工作站结对单位、社会组织等加强沟通协调,调度资源帮助社区解决疑难问题。2024 年以来,街道党员干部已累计走访居民 5276 户。

3. 强管理,解决下沉"干得好"的问题

由专班牵头每月征求七部一中心意见,结合重点任务发布《干部进网格重点工作月提示单》,目前已发布 13 期,除结合五项重点,提示单还根据当月实际情况,如高温期间高龄老人入户探访、秋季防蚊虫叮咬等进行进一步细化清单,干部根据清单开展当月走访工作,各社区做好签到统计。各社区每月根据工作需要上报《干部探访关爱计划表》《清洁家园计划表》,组织干部入户走访每季度不少于 12 户,集中开展清洁家园活动每月不少于 1 次,并反馈干部当月各项工作完成情况。街道以在内部宣传大屏上滚动播放下沉照片、展示下沉成果等方式,增加干部荣誉感、认同感，让下沉一线成为干部的主动意识和自觉行动。

（二）坚持问题导向，靶向发力提升基层治理

发现问题，解决问题，是推动基层治理工作的重要手段和方法。双塘街道紧密结合日常工作堵点痛点难点，让干部带着问题任务下去，压紧压实工作责任。

1. 做好“重点人群”的服务保障

街道特殊群体较为集中，以 60 岁以上老年人为例，总数超过 2.5 万人，占街道总人口的 35%。街道安排挂包干部下沉网格时重点对空巢独居老人、特殊困难群体进行走访，切实做到底数清、情况明。对走访发现的有劳动能力的失业群体，帮助联系辖区企业多举措帮助再就业；生活困难需要帮扶和救助的，及时协调相关部门对其采取帮扶救助措施；独居老人存在安全隐患的，除了每周上门探望或电话联系外，使用专项资金为 80 岁以上的困难老人配备紧急呼叫“安康通”设备，充分发挥其智能语音机器人外呼功能，网格员收到持续外呼不通的老人信息后，立即上门核实情况，及时处理问题。遇到极端天气和疾病多发时段，对“红、黄”系老年人、6 类重点困难残疾人和困境儿童做到每日一次探访，发现异常情况，第一时间做好应急处置。如在今年 8 月份，街道干部和社区网格员在“三级四进五提升”入户探访关爱，及时发现和快速妥善处理 2 起突发情况，社会面反映良好。

2. 办实“送上门来”的社情民意

受限于老城区域影响，街道基础设施相对老化，停车位、公共厕所等配套与居民需求之间还有缺口，因物业管理、邻里纠纷等造成 12345 不满意工单长期处于高位。街道每周按照网格条目式梳理疑难工单、不满意和未解决工单，由街道挂包社区领导牵头，挂包网格干部、社区网格员及相关职能科室共同参与，进行分析研判，找准问题堵点，初步形成解决方案后再上门沟通协调，以解决问题、情感化解等方式提升 12345 工单满意率。通过党员群众座谈会、走访调研等渠道梳理出 103 个群众提出的问题，实施“百件民生微实事”计划，针对部分小区公共设施老化、居民夜间出行不便问题，打造“点亮一盏灯，温暖回家路”楼道灯亮化工程；在荷花塘老旧片区、玉带园老旧小区设置公共晾晒区，安装 20 余个共享晾衣架，切实解决居民“晾晒难”问题；针对小区居民多次投诉的停车难问题，动员国创园、悦动新门西、社区小区开放共享停车位 187 个，推出固定“孝心车位”30 个，辐射周边 6 个社区，有效解决居民停车难问题，用解决问题的“精准度”，赢得群众的“认可度”。

3. 化解居民身边的矛盾纠纷

街道坚持“矛盾不上交、服务不缺位”，在全区率先打造运行集矛盾调处、“徕斯”数字法庭、信访接待、社区矫正、网格调度分中心等为一体的“一站式”矛调中心，组建含法官、民警、律师、信访工作人员、网格员等在内的32人调解队伍，开设实战应用“矛调学堂”，分批培训懂政策、精业务、善协调、会沟通的矛调骨干，先后协调解决玉带园小区电梯安装纠纷、弓箭坊独居老人后事与遗物处置等疑难纠纷140余起。制定“谁主管谁调处”的“行业调处”规定，要求街道各科室增强法治思维，在化解矛盾、维护稳定中当好第一梯队，形成部门清单，坚持基层常见27类矛盾由“七办一中心”首接调解，今年以来各科室调处各类矛盾2560余起，如成功调处泽天大酒店内盛堂大宅装修公司合同纠纷、“遇见”博物馆退票等多起矛盾纠纷。在社区打造“有一说一”“城南小巷”“磨盘小院”等10处调解阵地，累计协调化解邻里纠纷、车位纠纷等身边忧、心头烦620余起，让在“家门口”化解矛盾纠纷融入日常、做在平常。充分发挥专家学者和草根名人的引领带动作用，打造南京市金牌调解员冯玉、“和谈悦色”金牌调解室等调解品牌，实现“一站式受理、一揽子调处、全链条解决”。

（三）统筹多方资源，多元联动强化基层治理

基层治理不能“单打独斗”，要尽可能多地将各类组织和资源统筹起来。双塘街道以党建联建为抓手，推动街道社区和驻区机关企事业单位等同频共振、同向发力，真正从“各管一摊”向“协同治理”转变。

1. “向下扎根”发动党员群众力量

建立微阵地，街道党工委延续“摇铃示警”41年平安志愿服务老品牌，成立红色巡逻队、红色哨兵岗、党员先锋队等，探索“群众点单、党员接单、志愿者参与”工作模式，390余名楼栋长、1000余名志愿者常态化开展志愿服务，通过实施“环境整治与物业管理联动、环境整治与安全治理联动、环境整治与垃圾分类联动、环境整治与社会实践联动”的“四联动工作法”，动员各方力量对小区楼道、车棚、地下室及绿化进行全面大清理，小区环境进一步得到提升。激活微力量，结合街道“三级四进五提升”工作，对辖区非公有制企业、社会组织及新业态新就业群体党员情况进行摸排，做到党员队伍情况、建立党组织情况“两清”，进一步发挥流动网格员“前哨作用”，边工作边“找茬”，聘用28名快递小哥、外卖骑手等担任街道“兼职网格员”，参与到城市“随手拍”活动中，将向商户取货及居民家送货的过程中发现的安全隐患、邻里矛盾、公共设施隐患等问题通过微信群、电话反映等方式，及时传递给街道，工作人员核实后第一时间联系相关部门处置，把问题消灭在萌芽状态。依托外卖骑手与群众的“近邻”优势，外卖骑手给客户送餐的同时，积极劝导乱堆乱放、乱停车、飞线充电等各种不文明行为，有效延伸基层治理触角，实现从“服务对象”到“治理力量”的融合转变。强化微联动，针对驻区企业多达140余家的实际，构建“互惠互利、社企协同”的社区服务体系，鼓励商户协助社区开展各项工作。紧盯老旧小区治理痛点难点问题，与园区、小区各物业企业、业（管）委会党组织开展联建共建，搭建区域化“物业党建联盟”，形成“党建引领物业、物业推动服务、服务温暖邻里”工作新格局。

2. “向上管理”善用市区单位资源

针对“看得见管不着”的问题，街道依托全区“街道吹哨、部门报到”工作机制，发动各职能部门现场会办、协商，形成解决复杂问题的工作合力。2024 年初，街道联合区水务集团、市政部门经过多次现场勘测、制定改造方案，顺利完成了胭脂巷社区仙鹤街汪家馄饨下水管道更新，解决了长期困扰周边居民的污水漫溢问题。同时依托民生工作站机制，以“书记项目”为抓手，协调区级单位力量，解决一批小区二次供水改造、房屋漏水等民生实事难题。张都堂巷 1—7 号大院位于实辉巷社区中部，始建于 20 世纪 80 年代末的一处开放式老旧院落，紧邻苏红新桥菜场，商贩习惯将非机动车、机动车停放在大院内，既妨碍了居民正常出行，同时开放式的布局又加剧了管理难度，使得物品丢失、恶意损坏公共设施等问题时有发生，大院居民的生活质量难以保障。2023 年，实辉巷社区以民生工作站“书记项目”为依托，协同区科技局对大门的打开方式、门禁安装位置、人车分流方式进行了多次实地考察后加装了门禁，实现了封闭管理，大院的人居环境得到了明显改善，居民的生命财产安全有了稳固的制度保障，社区 12345 工单的投诉件数也大幅下降。

3. “横向延伸”扩大党建“朋友圈”

党建街区赋能“红色服务”走深走实。串联来凤街街区—社区—园区—小区资源，联合共建单位打造全国第一个区街层面的智慧化党建阵地“党员 e 站”，成立街区“商户联盟”，用好国创园党委载体资源，着力打造有主题、有温度、可体验的党建文化示范街区。截至目前，已有 300 余个支部，5000 余人次到党员 e 站参观学习；来凤街党建街区“三聚三联”工作法被《人民日报》《城市先锋行》等媒体刊载报道。结对共建助推“红色资源”共建共享。将市社科联、明商集团等共建单位纳入街道“大工委”成员单位，定期召开联席会议，共同探讨政策依据、整合人员力量，形成组织联动、项目联建、资源联用的“三联”模式，着力推动街道消防安全一体化、“助老助困助小”等项目攻坚，实现双方攻坚任务有目标、落实有措施、进度有检查、成效有评估，相关工作被省委组织部《江苏先锋》等媒体刊载报道。擦亮全省首个“法律专业人大代表联络站”金字招牌，充分发挥“两代表一委员”服务大局、参政议政、民主监督、联系群众等作用，汇聚来自全国、省、市、区共 14 名法律专业人大代表，在来凤街社区搭建“代表联动履职＋法律宣传服务＋参与社会治理＋助力区域发展”志愿服务一体化平台，累计开展指尖法治讲堂、法律文化沙龙讲座等公益活动 25

场，组织6场“苔花调解”主题活动、3场巡回法庭活动，努力把联络站打造成基层全过程人民民主最佳法治实践地，主动为辖区居民提供包括矛盾调处、法律咨询等多样服务，聚焦群众关切事项解民忧、纾民意。

三、工作成效

（一）拓展了密切联系群众的路径

过去街道干部进网入户，主要在文明城市创建、疫情防控、志愿服务等重要任务时集中安排。“三级四进五提升”机制的实施，改变了过去“大水漫灌”“大呼隆”式的工作方式，工作内容从粗到细、变虚向实，逐步拓展到与老百姓生活息息相关的民生、安全、物管等方面。聚焦12345物业类工单和初信初访等重要群体，在解决问题中收获民心，让“工作对象”成为“工作力量”。居民有事想到的不只是网格员，还有挂包街道干部，党群干群的心靠得更近了，在一件件暖心小事中提升了辖区居民的幸福感。

（二）提升了问题解决处置的质效

基层矛盾大多集中在民生保障和城市治理方面，因为数量繁多，相关分管领导和科室往往只能抓紧急事项集中处理，一些小问题则会小事化大引发较为严重后果。“三级四进五提升”机制的实施，则通过一级二级三级问题上报处置流程，让所有街道班子成员都直面挂包社区矛盾，所有科级干部都需要处置挂包小区问题，所有干部都深入网格和居民家中发现问题，协调矛盾，在一次次问题解决中提升了辖区居民的获得感。

（三）减轻了基层社区一线的负担

基层治理“人少事多”现象，在社区网格层面更加突出。原本一个网格只能配备一名社工（网格员），面对繁重的基层治理任务，往往无从下手，也缺乏必要的资源力量支撑帮助解决问题。“三级四进五提升”机制的实施，社工下网格有了“伙伴”，遇事有人商量，解决问题有人指导，社工有了更多时间回归到服务群众的主责主业上来，在一趟趟网格巡查中提升了辖区居民的安全感。

（四）形成了破解民生难题的机制

12345工单居高不下，是长期困扰街道的突出问题。“三级四进五提升”机制实施以来，街道处理12345政务热线不满意工单637起，解决问题320余个，12345政务热线工单量同比下降28%，满意率从85.8%提升到93.6%。街道始终用能否解决问题检视这项工作，立足辖区资源力量，构建“一站式”矛盾纠纷多元化解中心，形成简单问题现场解决、复杂矛盾多元化解、挂包领导全程跟进的工作闭环，在一场场矛盾化解中提升了辖区居民的信任感。

（五）搭建了干部实践锻炼的平台

街道在推进“三级四进五提升”过程中，既有“数据收集”的硬约束，倒逼干部主动扑下身子熟悉情况、提高本领，也有“晾晒成效”的软支撑，激励干部把下沉当作分内之事、应尽之责。特别是近年来街道新入职公务员较多，大多属于“三门”①干部，缺乏基层工作经验。“三级四进”机制的实施，让干部在面对面服务居民群众中得到了实践锻炼，队伍干事创业的精气神得到明显提振，街道连续两年在全区综合考核中位列第一等次，在一项项工作成绩中提升了辖区居民的满意度。

四、工作启示

结合工作经验及成效，街道党工委进一步将“三级四进五提升”工作机制融入街道全方位工作，走好新时代党的群众路线，既推动解决了一批群众“急难愁盼”问题，党员干部也得到了深刻的教育启示。

（一）干部“沉下去”，推动干群“心连心”

街道在矛盾化解方面的工作模式由“坐堂等访”变为“主动下访”，让干部下到一线、沉到末端，通过干部在网格亮身份、公开联系方式、与群众面对面交流等形式，主动察民情、听民声，既切身体会了百姓的喜怒哀乐，拉近了干群距离，也了解掌握了群众的真实诉求。

（二）问题“找精准”，实现路径“点对点”

街道将“12345”疑难工单、不满意和未解决工单进行梳理，条目式发给各社区，由街道挂包领导牵头进行分析研判，逐个突破。实践证明，为群众办实事解难题并非大水漫灌，而是精准滴灌，只有充分走访调研，掌握一手资料，工作中才能对症下药，才能找准为民服务的切入点和落脚点。

（三）聚力“办实事”，融合资源“手牵手”

面对一些长期困扰群众、基层想解决又无力解决的问题，必须加强上下联动，并积极调动社会力量，群策群力为群众办实事。街道充分发挥主观能动性，依托“吹哨”机制，提请机关部门联动整改整治，同时整合多方力量，群策群力为群众办实事，让群众看到了切实的变化，也提升了解决问题的工作效率。

作者：中共南京市秦淮区双塘街道党工委课题组

① 三门干部：指从家门到校门，毕业后进了机关门的新公务员。

改革创新篇

南京市街道(镇)安全生产和消防安全管理现状与展望

加强基层应急消防安全管理体系和能力建设是防范化解重大安全风险、应对处置各类灾害事故的固本之策,是实现基层治理体系和治理能力现代化的重要内容。为贯彻落实习近平总书记关于安全生产的重要论述和关于消防工作的重要指示批示精神,南京市通过探索街道(镇)应急消防一体化管理等措施,压实街道(镇)安全生产和消防安全监管职责,取得一定成效。但街道(镇)应急消防安全工作始终是基层治理的重点难点,近期围绕基层应急消防安全管理体制,通过实地调研、蹲点跟班、座谈交流、问卷调查等方式,研究其他城市的经验做法,剖析基层安全生产和消防安全管理现状、存在问题,探索加强街道(镇)应急消防安全管理的措施。

一、基本情况

2018 年消防安全监管体制改革后,国家层面组建国家消防救援局,由应急管理部管理;省、市级消防救援机构加挂驻地消防救援局牌子,实行省以下垂管且仅垂管至区一级,地方层面负责应急管理工作的省、市、区三级应急管理厅(局)为同级政府工作部门。由于基层消防职能"弱化""空转",街道(镇)没有抓手的问题日益突出,基层消防安全特别是街道(镇)一级的消防安全工作"谁来管""如何管"成为亟待破解的难题。

针对基层应急消防安全短板,2023 年市安委会(消委会)要求各街道(镇)建立

"应急管理—消防一体化工作站"(下称"一体化工作站")工作机制,统筹辖区内安全生产、消防和防灾减灾等相关职责任务。一是健全工作机制。目前,全市101个街道(镇)的安全生产和消防安全具体工作,主要是由街镇原安全生产监督管理办公室承担,通过"一体化工作站"工作机制协调推进相关工作,大多数区将"一体化工作站"设在街道(镇)综合行政执法办公室。二是加强人员配备。为加强街道(镇)应急消防安全管理,市消防救援支队根据任务分工,向每个街镇派驻了3—10名消防巡查员,作为街道(镇)消防安全工作的补充力量。全市101个街道(镇)专门从事安全生产和消防安全各类工作人员两千余人。三是明确职责分工。按照相关文件规定和职责分工,市消防救援支队重点负责一级重点消防单位的监督管理,区消防救援大队重点负责二级重点消防单位的监督管理,公安派出所重点负责三级重点消防单位和一般消防单位的监督管理。面广量大的"九小场所"和居民住宅小区的消防安全监督管理,在实际工作中由街道(镇)在兜底,承担属地化管理职责。

二、存在矛盾问题

从实际情况来看,"一体化工作站"工作机制建立后,较好地推动了街道(镇)消防安全监督检查和隐患治理,促进了街道(镇)区域内的消防安全工作。但"一体化工作站"本质上仍为一种工作协调机制,无法真正理顺基层应急消防管理体制,也无法压实基层应急消防责任,条块职责边界仍不清晰。

一是行业主管部门监管尚未到位。按照"三管三必须"的原则,各级行业主管部门应当根据《安全生产法》、各行业专门法律法规规章和"三定"规定,承担职责范围内安全生产监管执法职责。但实际工作中,对于养老机构、教培机构、宗教机构、民宿短租房、剧本杀和密室逃脱等新业态经营场所,街道(镇)在巡查中发现问题向相关部门反映后,行业主管部门监管履职缺位,导致街道(镇)成为发现问题、处置问题的单一责任主体,许多问题街道(镇)实际上无权处理。比如,在高层住宅建筑消防水系统整治方面,专业性较强、技术要求高,本应由消防救援部门牵头、街道协助配合,但最后也交由街道组织实施,完成后消防部门也未组织验收,无法形成履职闭环。

二是消防安全工作合力尚未形成。"一体化工作站"由街道(镇)相关负责领导担任站长,由消防参谋、派出所副所长担任副站长,协助街道(镇)做好区域应急消防安全相关工作。但实际工作中,以街道(镇)单打独斗比较多,公安、消防稳定性参与比较少。以主城区某街道为例,其负责街道消防安全业务指导工作的消防参谋,因承担着55家二级重点消防单位的消防巡查监管任务,同时履行"九小场所""双随机"检查以及灾后调查任务,每周无法保证能参与街道(镇)"一体化工作站"工作;派出所兼任工作站副职的副所长,同时还分管辖区治安工作,只在街道组织联合专项消防巡查整治时才能参与。

三是消防安全人员管理尚未厘清。"一体化工作站"整合了街道应急、消防,以及部分公安派出所人员,但在人员隶属关系、执法管辖权限、职责划分等方面交叉较多。"一体化工作站"中负责消防工作的以消防干部、下沉的消防巡查员为主,具体负责应急管理"181"信息化平台统一设定的基本考核指标工作。消防巡查员主要精力和时间用于区消防救援大队布置的工作任务,以配合街道(镇)工作为辅,加之其人事关系、工资关系、党组织关系都在区消防救援大队,街道(镇)无法明确其工作任务、岗位职责,也缺乏集中统一管理的抓手。

四是队伍专业能力尚不匹配。当前,街道(镇)安全生产和消防安全工作要求和工作力量不足之间的矛盾逐渐显现。一方面,巡查检查面广量大,人员工作量超负荷。以某街道为例,有4000余家"九小场所"巡查检查任务,但实际负责的消防巡查员只有13位,平均每人负责300多家。另一方面,队伍专业能力不适应,处置问题水平堪忧。从全市来看,街道(镇)安全生产监管人员中具备注册消防工程师等专业技术职称的仅占0.14%,应急管理、消防安全等专业知识和经验缺乏,"不会查、查不出""查到问题不知道怎么办"等情况突出。

五是委托执法科学性尚需论证。街道(镇)承接了来自上级部门许多安全生产、消防安全执法检查任务,但由于部分下放、委托的执法事项专业程度较高、符合执法条件的人员偏少、辖区内法审力量难以调剂等客观原因,超越了街道(镇)的承受能力和职责范围。已经委托的消防执法事项,在具体操作过程中,街道(镇)很多负责安全生产工作的在编人员未持有消防行政执法证书,无法行使执法权限,依据现有委托执法方案及委托协议书相关要求,相关文书及电子签名、电子公章等线上流转仍需消防救援大队盖章,工作程序冗长,工作效能低下。

三、部分地区经验做法

(一)宁波市

为进一步推进乡镇(街道)应急消防管理体系和能力建设,宁波市整合基层安监所、消防工作站、减灾办等职能,在156个乡镇(街道)建设应急消防管理所,作为乡镇街道的职能机构。一方面,明确街道(镇)应急消防所"安全生产、消防安全、应急救援"三位一体的职能定位,全面构建村(社)"应急领导小组—应急管理员—网格员”三级工作网络。另一方面，推动区县应急管理部门执法力量下沉，县级消防救援大队明确1名干部（消防指导员）指导重点乡镇（街道）应急消防管理所。

（二）无锡市

无锡市大力推动基层消防监管力量建设，探索建立“一所两员”工作机制（街道（镇）挂牌成立消防工作所，配置专职网格员和专职安全员），75个街道（镇）挂牌成立消防综合监管工作所，签订委托执法协议，招录500名事业编制人员和近500名政府雇员，承担街道（镇）消防安全监督执法工作，将全市5992名网格员、980名专职安全员纳入监管体系，明确相应的消防安全巡查事项、隐患处置流程，健全消防安全隐患“吹哨人”制度，形成街道（镇）“7＋2＋N”（7名事业编制人员、2支专联巡查队伍、N个辅助开展消防执法的政府雇员）的消防监管力量格局。

（三）义乌市

义乌市强化“市镇村企”四级安全生产职责，各街道（镇）建立应急消防管理站，作为街道（镇）内设机构，全市14个应急消防管理站均对照一级站标准建设，站点全部配备执法车辆，统一服装，辅助人员全部通过考试发证，平均每站配备22人。参照军事化管理组建了598人的专职消防队，由应急消防管理站负责人兼任专职消防队主官，同时以专职消防队为基础，统筹15支部门专业救援队、民间救援协会及村社、企业等社会力量，实现应急救援四级联动、上下贯通。全面推进“大综合一体化”行政执法改革，实现市级执法力量2/3以上下沉街道（镇），每个应急消防管理站均配备3名以上执法人员，推动应急消防管理站全面承接执法赋权事项。

（四）江宁区和六合区龙池街道

江宁区按照“力量下沉、资源整合”的总体思路，系统推进街道一支队伍管应急消防工作，在全区街道综合执法办下设“一科一中队”（应急监管综合科、应急监管中队），围绕深度融合目标，明确人员配置、内部管理、检查流程、执法下沉、硬件保障等具体要求，整合应急、消防、公安等有关人员，组建全区街道近400人的监管队伍，推进职责任务落实。抓好队伍建设，以招录39名街道应急消防事业编为契机，健全内部培训体系，锻造专精铁军，提升应急能力。

六合区龙池街道强化街道（镇）“一体化工作站”实效化运行，街道主任任站长，副主任任常务副站长，街道执法办公室负责人、消防救援大队参谋和派出所副所长任副站长，依托街道执法办公室，整合街道安监、物管、派出所等人员和职能，将消防特勤人员下沉至街道直接管理，统筹联动市场监管、城建、城管等条口，协调指导村（社区）应急网格员，形成“大安全”监管格局，一体履行辖区内企业面、社会面和住宅小区的安全生产、消防安全、防灾减灾等监管职责。

四、加强应急消防体制机制探索

为进一步厘清压实业务部门、属地街道(镇)安全生产和消防安全监管职责,提高街道(镇)综合监管执法效能,提升基层应急管理能力,筑牢安全底板,守牢安全底线,探索以下措施。

(一) 健全基层应急消防管理体制机制

一是强化应急管理部门综合管理职能,由应急管理部门牵头规范街道(镇)安全生产和消防安全问题处置流程,制定从信息收集到结果反馈的闭环处置措施,形成网格到社区(村)、社区(村)到街道(镇)、街道(镇)到部门"三个闭环系统",实现风险隐患排查、信息报送、应急事件处置以及投诉举报处理等闭环管理。二是强化街道(镇)专业机构设置,整合综合行政执法和"一体化工作站"的工作职责和工作力量,在街道(镇)综合行政执法办公室(综合行政执法检查大队)设置应急消防执法中队,作为综合行政执法办公室(综合行政执法检查大队)的内设工作机构,承担"一体化工作站"的日常工作,充分发挥"一体化工作站"协调工作机制功能,依法依规负责本区域内安全生产、消防安全监督检查,督促整改安全隐患,组织开展专项治理、宣传教育、应急演练,对生产经营单位、村(社区)进行具体指导。三是建立双向考核机制,市安委会(消委会)要将基层安全生产和消防安全队伍建设纳入对应急、消防、公安等协同部门绩效考核之中,由街道(镇)反向进行评分,压实各方主体责任,推动条块协同,共同推进工作落实。

(二) 明确条块结合的应急消防职责分工

一是健全行业主管部门监管体系,应急管理部门要推动落实部门、街道(镇)和企业单位、现场工作人员的"四方责任",对监管责任不明确的民宿日租房、剧本杀、密室逃脱等新兴行业领域,按照"三管三必须"的原则,明确部分行业领域安全监管责任,压实相关新兴行业领域及综合性公共设施的安全监管责任,确保各行业领域"不漏管、不脱管"。二是夯实基层应急消防管理责任,结合街道(镇)履职事项清单工作,制定街道(镇)安全生产和消防安全履职事项清单,明确街道(镇)和社区(村)依法依规开展巡查巡护、隐患排查、信息传递、先期处置、组织群众疏散撤离以及应急知识宣传普及等应急管理工作事项,每月统计责任落实情况,纳入各街道(镇)月度综合评价指数。三是搭建协同会商解决问题平台,推进健全完善"吹哨报到"机制,街道(镇)对于巡查后无力解决的重点问题、需要多部门协同解决的难点问题等,及时向区应急管理部门、消防救援部门及相关部门发起"吹哨",涉及燃气隐患、房屋安全等较大事件,由区级相关部门主要领导或分管领导带队及时响应"报到",群策群力推动问题解决,完善发现问题、流转交办、督查督办等制度,切实形成基层安全管理和消防安全事件处置工作闭环。

（三）强化人员配备培训保障一体推进

一是持续加强人员配备，将下沉街道（镇）的行政编制试点开展国家综合性消防救援干部转任街道（镇），安排至消防安全监管难度特别大、火灾防控任务特别重、急需补充消防专业人才的街道（镇）；下沉街道（镇）的专项事业编制，向具有多年安全或消防管理、消防救援、灭火救援工作经历，取得初级以上灭火救援、消防设施操作类等岗位资格的人员倾斜；将各区全部消防巡查员、部分消防文员下沉到街道（镇）应急消防执法中队，由应急消防执法中队统一管理、考核、调度。二是持续加大培训力度，严把执法人员“准入关”，司法部门要定期开展行政执法资格考试，严格落实持证上岗和资格管理制度；应急管理部门、消防救援部门平时要加强对执法人员、安全员、消防巡查员的专题实战化培训，培训形式可以采用集中培训、现场演练、案例分析等方式，培训内容可以包括消防法律法规、技术标准尤其是新实施标准规范、新防火技术装备等方面的内容，着力增强培训效果，提高执法效能。三是持续提高薪酬待遇，探索将安全员、消防巡查员待遇保障纳入社工保障体系，或参照社工三岗十八级标准，对其待遇专项保障，保证安全员、消防巡查员平均薪酬不低于全口径城镇单位就业人员平均工资水平。

（四）优化数智系统平台建设

一是整合系统平台，应急管理部门要对涉及安全生产的系统平台进行整合，对于重复报送的相关内容进行归并，充分发挥“181”系统平台优势，避免重复录入信息，切实减轻基层负担；对于消防安全委托执法案件的受理，在全过程记录监督执法活动的同时，尽可能地简化程序，提高执法工作效率。二是加强数智运用，利用大数据和人工智能技术，建设数据研判模型，对消防监督执法数据进行深度分析和挖掘，将火灾风险点多、重大风险突出、管控能力不足、易形成较大隐患、发生事故概率较高的单位和场所列为重点执法对象，提前发现隐患和风险，及时进行预警和干预。三是科学考核评价，要注重结合实际，要突出考核的公平性、科学性和合理性，对部分量化考核指标既要充分反映工作量和工作成效，又要防止做表面文章、增加基层负担。注重对执法人员的执法能力、安全员和消防巡查员工作表现进行定期考评，通过考核评估结果，对表现优秀的人员给予奖励和荣誉，提高内在动力，激发其积极性和工作热情。

（五）建立统一规范的执法标准和模式

一是统一执法标准，要明确安全生产和消防监督执法的基本原则、程序和要求；标准应包括执法行为准则、执法程序、证据收集和处理、处罚措施等方面的内容，确保执法工作的一致性和公正性。二是制定执法操作指南，对各类安全生产和消防安全违法行为和执法程序作出具体规定，明确执法人员的职责和权限，确保执法工作的规范性和可操作性；定期对执法行为进行监督和评估，评估执法标准和规范的实施效果，根据实际情况进行修订和完善。三是开展联合执法，充分借助街道（镇）综合行政执法局的人员力量优势，与城管、市场监管等执法队伍，采取联合巡查、以案代训、共同执法等形式，做好安全生产和消防安全行政执法工作，在有效提高违法违规行为的反应速度、制止力度、制止效果和查处效率的同时，解决职责交叉、多头执法、执法扰民、效率低下等问题。

作者：中共南京市委机构编制委员会办公室课题组

综合执法体制改革背景下城管执法队伍建设现状与展望

随着南京市行政执法体制改革的深入发展，我市城市管理综合行政执法队伍改革也不断推进。执法改革的主要目标是变协调执法为直接执法，有效解决“看得见、管不着”的难题；变交叉执法为集中执法，有效解决“都能管、都不管”的乱象；变突击执法为长效执法，有效解决“轻监管、重处罚”的顽症。改革主要方式是减少执法层级，直接向街镇下放部分行政执法权，强化街镇一级的综合行政执法能力和水平。目前各区城管队伍超过 80％的正式执法人员下沉到街镇一线，除了编制和收入保留在各区大队外，日常工作和考核评价主要在街道，在实际运作中也产生了一些新的情况和问题。对于区、街两级城管队伍，市城管部门如何在现有框架内开展工作，指导带领全市城管执法队伍规范化建设和高质量发展，需要深入分析问题和原因，并从历史发展的角度提出建议和制定政策。

一、城管执法改革取得的成果

南京自 2002 年开展相对集中行政处罚权，经过 20 多年的努力，我市城管执法队伍建设和执法质效不断提升。制定了城市管理行政执法队伍规范化建设地方标准，国家住房和城乡建设部“强、转、树”现场会在南京召开，并推广南京队伍管理经验。“一夜雪无”已成为南京城市管理行政执法应对突发事件处置能力的亮丽名片。

（一）执法队伍的机构设置不断优化

根据市编委《关于深化市级城市管理领域行政执法体制改革的通知》（宁编发〔2024〕4号）要求，市区两级保留一支执法队伍，市级城管执法队伍撤销，成立市城管执法监督局，原则上不再行使处罚权，以区级执法为主，同时向街镇下沉执法人员。通过优化机构和岗位设置，实现了全市80%以上城管行政执法力量在一线、在基层。

（二）执法队伍的整体素质不断提高

经过2014、2016年全市两次组织的统一高标准招聘，目前各区城管执法队伍平均年龄40岁，60%以上具备全日制本科以上学历，队伍的规范化建设水平、队员的专业执法素养性不断提高，城管执法工作得到各级领导和广大市民的好评。

（三）综合执法范围不断扩大

经过六轮有序推进，我市相对集中行政处罚权工作已经扩展到全市行政区域全覆盖。在集中领域上，从最初的六个方面的58项行政处罚权，扩展到目前的涵盖市容、环卫、市场监管、城乡规划、市政、园林、公安交通、人防、城市排水管理等多个方面，合计277项行政处罚事项（部分区实施大综合有所不同）。

（四）行政管理与执法制度体系不断完善

按照市委《推进城市执法体制改革提升城市管理和服务水平实施方案》（宁委发〔2018〕4号）和之前的系列文件要求，一是构建高位高效的大城管运行机制，以城市治理委员会为依托，依法履行组织指导、事权明晰、综合协调、监督考核的城市治理协同等工作；二是构建市区联动、重心下移的属地管理机制，明确以区为主的执法职责；三是构建高效权威的城管综合执法机制，打破部门限制、打破职能限制，在部分区实施大综合、大执法。

（五）街镇执法赋权改革不断推进

近年来，我市按照上级行政执法体制改革部署，结合“解决问题、提质增效”这个改革基本要求，不断深化行政执法体制改革和制度创新探索。如2015年，栖霞区启动以相对分离行政检查职能与行政处罚职能为核心的基层综合执法改革试点，得到了中央编办领导的充分肯定。2019年，在省委编办的支持下，市委编办选择秦淮区作为试点，探索区街联动“集中＋下沉”综合执法模式。近年来，江宁区推行“集成改革”；浦口区创新社会治理“大联勤”；高淳区试水“全域一支队伍管执法”；江北新区建设“全能型”街道等。市城管部门积极配合重点推进街镇综合执法改革，构建区和街镇综合行政执法体系，以街镇名义开展执法工作。目前，街镇综合执法也基本实现全覆盖。

二、执法改革中存在的问题和原因分析

（一）主要问题

我市在深化综合执法体制改革中大胆探索，稳步推进，形成了一批具有南京特色的经验成果，同时综合执法体制改革已经到了攻坚克难的关键期，特别是在基层街镇，一些深层次问题逐渐凸显出来。改革后街镇综合执法队伍中，城管人员占大多数，其他区级部门下沉执法人员较少甚至没有，因此，基层执法改革中存在的问题，也是城管执法队伍面临的问题。主要表现在：

1. 执法认识偏差

街镇综合执法队伍负责人大多由街镇负责人兼任，虽然提高了统筹协调能力，但由于个别负责同志不了解执法工作，缺乏法律意识，出现执法就是为了保障经济发展的简单认识、做法，弱化了执法“保障城市运转，维护社会公平”的功能。

2. 执法规划缺失

各街镇综合执法队伍主要领导大多同时肩负行政职能和行政执法工作，以完成管理任务为导向，没有精力建立完善统一的队伍发展规划、管理标准、培训计划，执法队伍趋向松散。

3. 执法力量消耗

执法人员大量参与街镇日常事务，如辖区业态调整、铲除菜地、疏通下水道、处理小区楼道杂物堆放甚至参与入户调查等，消耗了执法震慑力和公信力，导致管理与执法边界模糊不清。

4. 执法能力不足

基层任务本身比较重，部分执法人员被抽调至其他岗位，剩余执法人员超负荷执法现象明显。下沉的事项清单不清晰，队员难以全面掌握，只能做比较熟悉的执法事项。下放部门指导有限甚至缺失，很多人或无暇或不愿或没有能力再接受其他部门新的执法专业知识、技能。

5. 执法过程不严

办案人员身份复杂，正式持证执法人员与临聘人员职责划分不明，案件审查部门缺位，专业人员把关不足，执法全过程记录不完整、行政执法公示不全面不及时、执法案卷制作不严谨、执法过程简单粗暴、执法程序不规范、选择性执法等问题比较多。

6. 执法保障不足

在单位硬件上，普遍存在执法车辆、执法装备、日常办公设施等保障不足现象，没有综合执法统一的服装，穿城管执法制服从事其他领域执法现象广泛存在。

（二）原因分析

1. 体制机制不健全、不顺畅

基层综合执法的牵头部门各管一块，缺乏高位协调。下沉执法人员的编制、组织关系和考核晋升没有彻底解决，人员身份种类不同，有行政编、有参公编，也有普通事业编。少数下放处罚权部门有“甩包袱”心态，只下事、不下人，也不组织培训，街镇行政执法工作能力储备和培训不足，下放执法权实际行使困难，相关执法权事项的行权率低。

2. 工作模式不统一、无标准

部分开发区（园区）在此次改革中属于真空地带。各区改革进度不一，存在多种执法模式，在区级层面有多领域大综合、有城管领域综合，在街镇层面有人员彻底下沉和部分下沉，没有统一标准，可以形容为“百花齐放”。

3. 下沉人员缺关心、无归属

由于不能“人随事走，编随人动”，下沉人员编制在区大队，工作在街镇，有时候两头靠不上，好像都能管，其实很难做到真正关心，需要承担责任时经常“背锅”，遇评优晋升时容易被“遗忘”。处级非领导职数（高级主办）普遍闲置。队员归属感缺失，影响工作积极性。

4. 执法清单不清晰、难量化

各区执法清单不统一，同一事项在不同区可能由不同部门行使。个别部门将不适合街镇执法的事项下沉，基层接不住，对于执法清单无法有效进行任务管理，更难量化考核。

三、城管执法改革的阶段与路径

所有的改革最后都要落实到人，人是改革的关键，执法队伍是改革的立足点。管理队伍、建设队伍核心要点就是“规范”。开展全市城管综合行政执法队伍规范化建设，可以增强人员素养、提高执法效率、保障执法公正，能更好地提升城市秩序管理效果、服务城市建设发展和服务市民。如何通过开展规范化建设工作来这些破解难题？经过考察改革过程，我们认为要抓住改革三个阶段的关键时机。

第一个阶段，在改革的顶层设计过程中，要减少部门协调资源耗费、规范执法程序和提升执法效能。充分吸收北上广杭等先进城市的成功经验，汲取部分城市教训，大胆创新，改变旧有行政执法的体制和机制，以“合并同类项”减少协同执法程度，以“综合归类”方式去除不同部门发函协调的环节等措施。

第二个阶段，在改革的各项措施落实过程中，对于改革中新组建的综合执法力量，结合南京作为特大型城市、创新发展名城以及城市管理高质量发展的要求，按照“硬件是基础，软件是根本”的整体思路，本着“超前谋划，整体设计，成熟先行，分步实施”的推进原则，统筹考虑、科学设置。

第三个阶段，改革的后期建设完善过程中，对于已经成型的综合行政执法队伍，充分吸取我市城管队伍前期规范化建设的经验，落实“规范化、标准化、制度化、正规化”建设目标，通过示范引领，传导压力，形成合力，组织深入研究、推广建设区、街（镇）级规范化综合执法队伍。为此，我们提出以下建议与对策：

（一）在市级决策层面

1. 明确综合执法领导机构

成立由市委市政府领导任组长、多个部门联合组成的市级综合执法领导机构，通过日常高位协调，全面负责综合体制改革进程中和完成后的综合行政执法工作质效监督。

2. 明确各级队伍工作重点

本着“下得了、接得住、办得好”的原则，科学确定下放事项，并动态调整。以区集中实施处罚为主；将违法行为频率高、适用简易程序处罚的事项下放给街镇级，如给予警告、小额罚款等处罚且便于纠正的违法行为；将违法行为较重、适用普通程序处罚的事项保留在区级，如罚款数额较大、情况较复杂、需要多次调查集体讨论的违法行为；同时建立区、街案件移送和交办机制。

3. 明确综合执法队伍定位

按照“编随事走、人随编走”的原则，有序整合执法队伍。街镇执法人员是身份保留在区级的派驻模式，还是编制下沉街镇的隶属模式，需要尽快选择确定，在全市保持模式的相对统一。建议参照北京模式，市区之间半垂直管理，区街之间垂直管理。将各部门下沉人员包括街镇队伍所属执法人员由“参公事业编”“事业编”等转为“行政编”，将各部门数量适宜的执法人员编制划转至街镇，人员管理由街镇全面负责，做实做强街镇执法主体。

（二）在下放部门和区街执行层面

1. 明确事权下放部门职责

按照“谁下放谁负责”的原则，各部门切实担负起下放执法事权的办案指导以及履职考评等工作，按照条线以执法程序、法律适用、文书制作和管理等内容为重点，开展岗前、专业技能、业务知识、实操演练等培训，全面提升街镇综合执法人员业务水平和执法能力。督促街镇落实“行政执法三项制度”“行政执法报告制度”，下放部门和区司法行政部门共同对街镇办案质量进行考核评价。

2. 明确岗位职责与工作流程

制定各级各部门所属人员详细的岗位职责、工作流程和绩效考核机制，使每个执法人员清楚了解自己的职责，并严格按照规定的流程执行工作。通过科学、公正、透明开展绩效评估，使执法人员的工作成果能够被及时、准确地评估和量化，激发工作积极性。

四、城管部门引领执法队伍规范建设和发展的展望

随着执法力量进一步向基层下沉，市区级人手越来越少，需要我们积极采取措施，运用科技赋能手段来应对新变化。

南京市城管局所属市城市管理综合执法监督局以城管队伍规范化建设为目标，以城管队员为最小化颗粒度，以大数据信息化平台为载体，实现宏观和微观数据汇聚与分析，向更加精细、更加智能的方向转型升级，以科技赋能城管执法水平，结合自身改革后职能转变情况，研发出“南京市城管执法队伍监督系统”，实现体制机制与信息化管理手段的无缝结合，以信息化、数字化、科技化的创新方式，实现平台建设、指挥调度、牵头大案要案办理、监督考核、队伍规范化建设等功能，开创南京队伍建设、管理与发展的新模式。

（一）主要职责

1. 平台建设

监督系统吸收原全市指挥平台（精靓系统），建立全市队伍通信保障的网络体系，实现全市队伍市区街三级指挥平台建设标准化运作，减少重复平台建设带来的浪费，同时链接江苏省案件办理系统，并有效对接市城市管理“一网统管”信息平台。

2. 指挥调度

通过监督系统，可以扁平化信息传递，便捷开展城管领域执法方面的协调工作，做好突发事件应急处理，统筹协调上级交办的或者其他需要全市城管队伍联合执法的行动。在全市或区域性重大活动城管执法保障工作中，能够事前及时发布各类计划方案，事中有效组织实施和灵活指挥调度，事后总结经验并形成报告。

3. 牵头大案办理

通过监督系统，能够实时查看队伍案件办理情况，统计分析案件类型和数据，发现普遍问题，促进队伍法治化建设，推进行政执法三项制度落实，指导队伍规范执法办案；汇总高频违法行为和高发区域，有效布置安排执法力量。在组织协调重大案件查处中，实现市区队伍会审、会办、交办、提办和指定办理的全过程高效流转

并留痕,定期研判突出问题并提出决策依据。

4. 监督考核

通过监督系统,高效处理各级各部门包括 12345、12319 发送的举报投诉,做好任务派遣、衔接沟通和协调督办等工作。通过视频打卡上传,记录每个队员的考勤情况,并进行点名数据的汇聚与分析。系统内嵌考核评价标准和巡查执法监督流程,落实队员上岗前必点名、着装必检查、任务必明确、规范必提醒的四必管理要求。对重要节点、活动和会议期间城管执法保障服务工作的效能监督,围绕队容风纪、违规执法、负面舆情等不规范行为进行检查、调查、处理、通报并记录,实现队员工作监督的全市覆盖,掌握队伍提升的基础数据。对年度汇总的监督发现问题进行综合分析,并反馈给所在单位,作为年终个人评先评优的参考依据。

5. 规范化建设

通过监督系统,放入全市城管执法队伍规范化建设标准,包括规划目标、行为规范、工作标准、行业规范、服务要求等,把队伍建设工作进度、目标完成情况实时展示,做到菜单式规划和管理。设置人员信息库版块,有个人专属档案,记录基础信息,包括部门变动、专业技能、奖惩情况等。执法队员和辅助队员人员档案分开管理,黑名单人员无法再次入职。

6. 队伍培训

通过监督系统,打造专门培训版块,以图文、视频的方式,提供行业法规、管理规范、经典处置案例等内容,队员可以利用碎片化时间学习,方式灵活便捷,单位省时省力省钱;使用系统学习时长和内容会自动记录,还可以填写个人参加的其他培训,督促执法人员主动学习,达到规定的培训课时。设置公告资讯版块,分享行政

系统功能划分图

执法队伍建设的新闻与组织内公告，还可以交流心得。设置在线考试版块，支持各层级组织设置题库，生成试卷、组织线上考试，系统自动进行评卷，得出考试分数并可以分析。

（二）主要作用

1. 提高监督工作效率

针对改革后市执法监督局的主要职能，可以实现快速、精准监督，显著提高监督人员的工作效率。

2. 分析研判发展方向

通过大数据集中研判全市队员整体能力状态，给出关于队员监督问题的整改建议。比如哪些时间段、哪类问题、哪些组织和个人的监督问题频发高发，分析产生原因，提出有效改进意见。

3. 强化部门业务协同

有效克服条块分割弊病，打通业务壁垒，让数据多跑路，让人员少跑路，有效支撑南京市“一网统管”一盘棋。

4. 新质赋能提高素质

用新技术打造新管理机制，建立完善人才培养、使用、晋升和交流的工作机制，优化人才培养模式。

作者：吴刚（南京市城市管理局）

体卫融合“南京模式”实践与探索

——以南京市体育医院建设为例

近年来，在国家政策的有力推动下，“体育＋医疗卫生”作为促进健康的新理念，对其融合模式的探索逐渐为大众熟悉。2016 年《“健康中国 2030”规划纲要》① 明确提出，要加强体医融合和非医疗健康干预，推动形成体医结合的疾病管理与健康服务模式。国家体育总局鼓励有条件的医疗机构加强以体育运动康复为特色的专科能力建设，推广常见慢性病运动干预项目和方法。南京市通过改革创新和开放融合，不断打造运行高效的“体卫融合”的运动促进健康新模式，并且在城乡建设了广泛覆盖的五级运动促进健康体系。南京体卫融合的发展已经走在全国前列，取得了显著成效。

一、体卫融合现状

体卫融合聚焦于人民群众“被动健康”向“主动健康”的理念转变，以主动健康为发展导向，促进全民健身和全民健康的深度融合②。目前，各地基于之前体医融合实践经验以及各自体制、资源优势等探索体卫融合试点，譬如医院模式、体质监测中心模式、运动处方站模式、社区卫生服务中心模式等，通过开展科学健身运动，

① 中共中央、国务院：《健康中国 2030”规划纲要》，2016 年。

② 苟轶清、杨涛、魏巍等：《健康中国建设背景下体卫融合的内涵、现实困囿与推进策略》，《吉林体育学院学报》2023 年第 5 期。

以“全民健身”推动健康关口前移，进一步强化体育在公共卫生体系中的地位①。当前我国的体卫融合工作由体育部门与医疗部门协同负责，主要以基层卫生医疗机构为着力点，以家庭医生签约包为抓手，以运动干预健康为切入点，结合全民健身理念，把科学运动有机融入健康促进与疾病治疗的全过程之中。此模式已然取得显著成效，在基层卫生医疗机构中得以广泛推行。然而，目前体卫融合公共服务模式仍存在一些亟待突破的堵点和有待补齐的短板。

（一）体卫融合缺乏高质量资源

一是基层医疗机构运动、康复类高质量人才储备量不足，运动处方技能优化能力不强；二是运动处方在专业上缺乏统一性、规范性，行业标准较少；三是基层医疗机构的服务聚焦在为患者提供运动场所和运动指导上，在进一步探索和研究疾病和运动之间的联系上缺乏相关资源；四是基层医疗机构医疗治疗病种有限，在慢性病的运动干预与康复、运动损伤诊疗、运动损伤康复等方面无法提供全面的解决方案；五是基层医疗机构科学研究资源较少，在运动健康产业转化方面缺乏可持续发展性；六是体卫融合在我国尚处于起步阶段，目前依赖基层机构的宣传科普仍处于低密度和低水平状态，社会认知度偏低、社会参与度较低。

（二）体卫融合政策制定存在壁垒

一是体卫部门协同存在体制机制障碍，体育、卫健等部门的协同体制机制缺乏稳定性，关键壁垒难以打破，导致“体不懂医、医不重体”的问题突出；二是体卫融合政策服务供给不足。对数量庞大的慢性病患者及高危人群，相关服务机构的承载能力有限，各级医院、基层社区设立相关科室的较少；三是运动促进健康的相关项目尚未纳入医保支付体系，慢性病非医疗干预费用等无法报销。

以上原因导致体卫融合在资金、人才、资源方面较为短缺，难以实现自我造血和高质量发展。当前，体卫融合需要更多的医疗机构的加入，需要不同层级的医疗机构错位发展。除了基层机构与全民健身相结合的模式以外，还需要医疗资源丰富的三级医疗机构充分利用自身优势，以新质生产力引领体卫融合事业的发展。新质生产力引领下的体卫融合就是在体育运动与卫生健康事业领域开展理念创新、高度集成、科技引领、协同转化，起到推动产业升级、提升行业核心竞争力的作用。充分发展新质生产力，是在卫生健康领域解放和发展生产力的客观要求，是夯实中国式现代化健康根基的必然选择。南京市体育医院就是新质生产力引领下的体卫融合“南京模式”实践。

---

① 郭建军、荣湘江：《体卫融合构建中国特色公共卫生服务体系》，《中国预防医学杂志》2023 年第 1 期。

二、体卫融合“南京模式”工作举措

2022 年，南京市中医院以推进全民健康为契机，以高质量发展为目标，整合、优化医院现有资源，在南京市卫健委、南京市体育局的指导下，增设“南京市体育医院”第二名称，成为全国首家依托三级甲等综合医院建设的体育医院。医院坚持探索体卫融合的医疗体系建设的新路径，初步形成了在新质生产力引导下的体卫融合南京模式。2023 年，医院先后被评为省、市运动促进健康中心。

（一）整合医疗资源，完善服务体系

南京市体育医院通过依托三甲综合医院—南京市中医院，整合各方资源，参与构建江苏省体卫融合五级服务体系链条、推动体卫融合新模式等多种方式来发挥示范引领作用，实现了全国范围的示范引领和辐射带动作用。

运动促进健康体系涵盖省—市—区—街道（乡镇）、社区（行政村）五级运动促进健康机构，南京市体育医院是南京市所有运动促进健康机构中唯一一家三级甲等医院。构建五级体系，主要从以下几方面入手。一是明确目标与原则，坚持一体化管理、一体化运行、一体化服务的原则，确保五级服务体系内各级机构之间的协同与联动；二是制定规划与标准，根据功能定位和服务需求，制定五级服务机构体系的详细规划，包括机构设置、职责划分、人员配置，并制定统一的服务标准和操作规范，确保五级服务机构在服务过程中保持规范化、一致性；三是加强机构建设与资源整合，在省、市、区、街道（镇）、社区（村）五级分别设立服务机构，形成纵向到底、横向到边的服务网络，并充分利用现有资源，如场地、设备、人员等，进行统一调配和优化配置；四是提升服务能力与水平，加强对五级服务机构人员的培训和教育，提高其专业素养和服务能力，利用现代信息技术手段，如大数据、云计算等，提升五级服务机构的信息化水平，实现信息共享和高效协同；五是完善监督与考核机制以及强化政策保障与支持等。

（二）创新建设理念，集成服务平台

南京市体育医院秉持“体卫融合、中西医结合”的建设理念，整合现有资源，开展体卫融合工作。一是围绕普通人群、运动人群、慢性病人群开展科学的运动健康促进、运动创伤诊疗、运动康复、慢性病运动干预等多专业一体化诊疗，形成“防、治、康”三大运动健康医疗服务中心。二是打造“体育＋健康管理”这一跨学科新领域，结合体育科学、医学、心理学、营养学等多个学科，通过体育活动和健康管理来提高个体和群体的健康水平；“体育＋康复”是一个多学科交叉的领域，它不仅需要体育科学和康复医学的知识，还需要心理学和营养学的支持，通过综合施策，可以更全面地帮助个体尽快恢复健康和提高生活质量；“运动医学＋体育"结合运动医学专业知识和体育实践,有效提高运动员的表现、预防运动损伤、促进康复、尽快重返运动;"中医+体育"则是通过中医药学的理念和方法来打造促进健康、预防疾病和提高运动表现的多方融合的主动健康服务模式。三是建立体卫融合公益推广和产学研转化机制,探索体卫融合长效发展路径,提升体卫融合社会效益。

(三)推进发展立法,规范行业制度

目前我国体卫融合的法律规范体系建设正处于初探阶段。为做好南京市体卫融合的示范引领工作,经社会各界努力,2023 年 11 月 16 日起实施的《南京市促进中医药传承创新发展条例》①首次以立法的形式将体育与中医相结合。本条例共有 5 处内容提及体卫融合工作,内容包括体育应在中医药传承创新中发挥保障促进的作用、中医药传承创新应重视中医传统体育保健项目、中医药发展应与体育产业融合、体育应在制定中医药发展政策中发挥重要作用、中医传统功法应融入全民健身活动从而加强中医药体卫融合的创新发展。此举为全国首创,也为全市体卫融合发展指明了方向。

2023 年 10 月 30 日,南京市体育局联合南京市卫生健康委员会发布了《南京市体育医院考核管理办法(试行)》,对南京市体育医院在医疗服务、全民健身科普、科研转化等工作做了明确要求。该制度作为体育部门、卫生部门协同管理、打破政策壁垒的实践,创新性地实现了体卫融合工作的制度化、标准化。南京市还出台了专门的实施意见,制定了相应的资金管理办法,进一步完善了体卫融合的工作机制。同时,南京市体育局和南京市卫生健康委员会联合发布了关于推动体卫融合发展的通知,明确了体卫融合发展的具体措施。

(四)完善医疗体系,关注社会服务

南京市体育医院在医疗服务中,通过优化医疗资源配置,提升医疗机构的服务能力和水平,从预防、诊断、治疗到康复,全方位、全过程、全周期保障人民健康。特别是针对慢性病患者、运动员、老年人等重点人群,通过提供个性化、连续性的健康管理服务,有效降低疾病发生率,提高居民健康水平。

1. 构建以预防为主的运动促进健康服务体系

体育医院运动促进健康服务体系依托于"治未病科",辐射至全院所有内科科室。主要目标是通过运动干预改变居民的身体健康状态,实现测、评、导、练的运动健康闭环管理,对糖尿病、高血压、高血脂、肥胖症等慢病的患者进行运动能力检

① 《南京市促进中医药传承创新发展条例》,《南京日报》,2023 年 10 月 13 日。

测，由运动处方师综合评估，出具精准、安全和个性化的运动指导方案，进行运动干预指导。运动促进健康服务体系结合中医体质辨识和针灸、刮痧等中医适宜技术，打造药物、饮食和运动“三处方”服务模式。

2. 以治疗为主的运动诊疗服务体系

体育医院运动诊疗服务体系由骨伤科、运动医学科组成，坚持突出中医特色，在体卫融合的背景下，从骨伤、运动医学两个专业不同特色与角度，守护着运动损伤人群的健康。骨伤科着重关注骨折与脱位的手法整复、中医药口服与外用、微创及修复重建手术治疗，骨关节炎的中医药非手术治疗，脊柱及相关疾病的中医正骨疗法等。运动医学科以“中西医结合运动医学”为宗旨，以“运动损伤防治”为核心，开展以关节镜为核心的微创修复重建技术，结合中药贴敷、康复、正骨等中医骨伤科传统优势项目，辅以运动疗法和自体富血小板血浆（PRP）等现代生物治疗，实现“功能至上、微创治疗、快速康复、重返运动”的现代理念。

3. 以康复为主的运动康复服务体系

医院运动康复服务体系由康复医学科、针灸科、推拿科等组成。该体系将运动康复门诊和针灸科、推拿科相结合，利用康复手法和传统中医疗法相结合，针对各类疼痛、运动损伤、骨关节疾病、骨科术前术后等人群开展康复治疗，为产后康复、儿童康复、心血管病康复、肿瘤康复等人群服务；开展古法保健工作，针对运动损伤患者运用浮针疗法、米兰整骨、龙氏整脊等技术。

4. 开展三中心联合的脊柱侧弯干预中心建设

医院整合运动促进健康、运动诊疗、运动康复三大服务体系，成立了脊柱侧弯干预中心，通过筛查、科普、治疗、康复等一系列工作，完成了脊柱侧弯“防”“治”“康”全流程管理。医院组建干预中心领导小组，相关职能部门协助，技术工作开展由骨伤科牵头，脊柱侧弯相关临床专业（康复科、推拿科、针灸科、儿科、治未病中心等）协作共建。其中，骨伤科主要负责脊柱侧弯的复筛及诊断、中医综合治疗、手术治疗和康复评估；康复科团队负责患者的康复治疗和功能恢复；针灸推拿科及治未病科是中医特色科室，主要通过中医非药物治疗方法，缓解患者的疼痛、肌肉紧张等症状，改善患者的生活质量及心理障碍；儿科主要负责婴幼儿脊柱侧弯和早发性青少年脊柱侧弯的诊疗工作；职能部门在脊柱侧弯干预中心中起着支持和协调的作用。

（五）构建协同创新的产学研体系

体卫融合健康服务作为一种保障人民健康、增进民生福祉的极具开放性、跨界性与协同性的复杂系统，与社会的政治、经济、文化、教育等方面密切相关①。所以，理想形态的共生环境②应当是体卫融合健康服务在发展过程中各项资源能够实现优势互补，系统内外能够形成体系化的结构与秩序，进而催化体卫融合健康服务向着更高层级有序进化，促成行政部门、行业企业、社会组织等共生单元皆具有生存与发展的最佳空间。南京市体育医院为了做好体卫融合示范引领工作，通过院校合作、院企合作、院协合作、院院合作等多种方式促进体卫融合科研的开展和产业转化。

（六）多维度开展科普宣教交流推广

1. 多维度开展科普宣传，提升民众体卫融合认识水平

当前体卫融合项目开展过程中工作重心更多集中在慢性病的基层康复环节，较少开展健康知识教育、科学健身指导等健康管理服务，“防治结合”的理念思路难以有效落实；人民群众体育参与的积极性和能动性不足，体卫融合缺少良好的实施环境和社会基础③。南京市体育医院开展多维度、多切入点的体卫融合科普工作，围绕科学健身科普、医疗与运动知识、体卫融合医疗模式等多个内容，开展线上、线下自媒体、主流媒体、多个维度的体卫融合科普推广工作，不断提升社会公众主动健康认知，促进民众体育参与的不断深入和主动健康意识的觉醒，破除体卫融合的观念认知障碍，倡导主动健康干预和健康生活方式养成，为体卫深度融合提供源源不断的主体动力。

2. 加强国内交流，积极推广南京模式

目前，我国体育和卫生健康领域体卫融合工作发展不平衡。一方面，不同地区、不同行业之间的体育和卫生健康资源现状不均衡，导致体卫融合工作在不同地区、不同行业之间的推广和实践存在差异④。从体卫融合试点推行来看，其管理体制、资金来源和发展模式大多在体育或卫生单一系统内部封闭运行，跨系统、跨部门横向延伸与资源整合不足，尚未建立转诊、分诊机制，体育与医疗卫生系统在疾病防治、健康促进等方面缺少有效互动⑤。为了推广宣传体卫融合服务模式，同时

① 吕宗南、李哲、杨光：《新时代新征程体卫融合健康服务的发展困境、理想形态与现实进路》，《沈阳体育学院学报》2023 年第 6 期。

② 傅芳香、胡永红：《共生理论视角下岭南优秀传统体育文化进校园路径研究》，《体育学刊》2021 年第 4 期。

③ 吕宗南、李哲、杨光：《新时代新征程体卫融合健康服务的发展困境、理想形态与现实进路》，《沈阳体育学院学报》2023 年第 6 期。

④ 左彬、黄山鹰：《健康中国背景下我国体育与医疗卫生融合发展的实践价值、现实困境与优化路径》，《中国卫生经济》2024 年第 1 期。

⑤ 苟铁清、杨涛、魏巍等：《健康中国建设背景下体卫融合的内涵、现实困囿与推进策略》，《吉林体育学院学报》2023 年第 5 期。

也更好地学习其他地区的相关做法，医院坚持交流推广，将体卫融合的理念传播到全国各地，通过走出去、迎进来的方式参加全国各类会议、论坛，进行宣讲交流；接待各级各类参观调研，与同行共同探讨政策、科研、学术等，推动体育设施、医疗机构、健康管理机构等各方面加强沟通交流，打破部门壁垒，促进共建共享，提高体卫融合工作的效率和水平。

三、体卫融合“南京模式”成效

（一）建成五级服务机构体系，保障人民健康水平

参与建立了覆盖全市的五级体卫融合运动促进健康中心（站、点）体系，配合相关部门工作论证形成《南京市体育医院考核管理办法（试行）》等文件，加强资金和人员保障，优化监管机制；参与制定南京地区体卫融合机构建设标准，召开南京市运动促进健康机构联席会，与社区进行体卫融合合作，通过整合资源，构建了一个从检测、评估、指导到练习的完整闭环管理体系，为患者提供更加便捷、高效、优质的医疗服务，使得群众能够放心、安全地进行体育锻炼；同时，通过加强公共卫生服务和健康教育，可以提高人民的健康素养和自我保健能力。

（二）设立专病门诊，提高就诊效率

南京市体育医院自 2022 年 10 月揭牌以来，已完成体适能检测 14833 人次，开具运动处方 10093 个，运动干预 3679 人。运动促进健康服务体系目前开设了运动—亚健康门诊、运动—糖尿病与肥胖门诊、运动—生活方式医学门诊、运动指导门诊等 16 个运动嵌合式门诊。对体检健康人群、门诊、病房病人进行生活方式和运动指导，开展八段锦教学、弹力带教学、有氧运动训练、抗阻运动训练等课程；开设脂肪肝减重门诊，组织燃脂训练营，结合中医诊疗技术，开展饮食运动减重全流程管理；聘请南京体育学院运动学教授开展运动处方门诊工作，将运动指导、运动教学引入临床实践中，将运动学教学思维应用到常规运动诊疗中，开创了医疗、运动、体育教育相结合的全国第一，既为普通百姓提供了高效高质的运动指导服务，也为运动处方研究提供了大量的样本，为制定多病种的标准化运动处方提供了研究依据。该模式已经服务了约 2000 名患者。

运动诊疗服务体系借助骨伤科基层孵化中心平台，联合 8 家社区卫生服务中心，建立了体卫融合骨伤专业城市医疗服务网络；运动医学科与上海华山医院紧密合作，完成了南京市第一台人工韧带手术，今年已接诊国家级运动员 50 余人，成功让一位国家队运动员重返运动；接诊省、市级运动员 300 余人，运动爱好者 500 余人。骨伤科、运动医学科年接诊人数达 9.1 万人。

开设脊柱侧弯专病门诊，针对脊柱侧弯、体态异常、核心力量下降、腹直肌分离等人群开展训练及康复治疗；与心血管内科、治未病科联合成立心血管慢病管理与康复 MDT（多专业一体化）门诊。运动康复诊疗体系年接诊量 7.2 万人次。

（三）参与民生实事，完成脊柱筛查

2024 年，医院承担了南京市重点民生实事工程——中小学生脊柱侧弯筛查工作，共完成了六个片区约 11.2 万的 5～9 年级中小学生的脊柱侧弯筛查，同时每周完成 2 所学校的脊柱侧弯科普活动，并制定、发布了 1 套针对青少年的脊柱保健操，在体卫融合模式下做到“早预防”；制定干预中心运行方案、诊疗方案，开设脊柱侧弯运动干预门诊、脊柱侧弯康复门诊、脊柱侧弯推拿门诊等，并通过开展脊柱侧弯夏令营来完成青少年脊柱侧弯的诊断、治疗、运动康复等，实现“早治疗”“早康复”。脊柱侧弯干预中心是体育医院在体卫融合理念下三个体系协同合作的成功实践，取得了良好的社会效益，已完成了覆盖 20 万人次的脊柱侧弯科普宣教工作，诊疗达 4000 余人次。

（四）协同转化有成效，科研项目见成果

一是与复旦大学运动医学研究所合作，成立“复旦大学运动医学研究所南京分中心”“南京市中医院（南京市体育医院）运动医学研究中心”和“陈世益教授团队南京市体育医院工作室”，作为协作成员之一参与体育总局体卫融合“国家重点实验室”建设；二是与中国药科大学合作建设“运动药学与健康促进临床教学基地”；三是与南京体育学院合作共建“体卫融合学院”“协同创新中心”“运动处方研发与教学基地”，目前成功联合承办了 2024 全国体卫融合交流大会，开设了“智慧体重管理微专业”，合作开展多个单病种运动处方研发工作；四是与北京康比特体育科技有限公司合作建立“中医特色运动营养研究基地”，推进中医运动食品的开发和运动餐厅的开发；五是与南京丛景集团合作建成“射频灸疗医学工程中心”，并以 8 个社区卫生服务中心为依托成立分中心，开展射频灸疗在运动诊疗方面的应用、运动与射频灸疗相结合在青少年抑郁方面的治疗；六是与南京市体育训练中心签订“运动康复中心”合作共建协议，已为 200 余名职业运动员服务，探索建立高水平运动员诊疗中心。

医院目前开展相关横向课题 2 项，江苏省医院管理创新课题 1 项，南京市体育局课题 5 项，自主开展课题 4 项，共发表了 10 篇体卫融合相关论文，其中 4 篇 SCI 论文、2 篇核心期刊论文，2 篇影响因子 7.3。

（五）宣传效果显著，医院影响广泛

南京市体育医院每年微信公众号、订阅号发表 70 余篇科普文章，推广点击流量达 30 余万次；每年举办南京市体育医院运动与健康专家义诊活动 20 余场，辐射人数近万名。目前《健康报》《中国体育》《人民日报》《扬子晚报》等媒体报道医院体卫融合工作20余次，与南京广播电台体育台长期合作的“运动健康中医护航”节目已完成65期，与江苏电视台体育休闲频道合作的短视频已播出10余期，科普辐射达1000余万人次。开展4场高层次学术交流会及论证会，举办中国2024体卫融合交流大会、初级卫生保健协会的知“脊”少年百城计划青少年脊柱侧弯康复治疗技术培训班，举办运动促进健康机构的地方标准论证会等。截至目前，南京市体育医院的建设模式引来多地关注和借鉴，目前盐城、焦作、洛阳等省内外城市已经在当地中医院的基础上，挂牌成立了体育医院，发挥了很好的社会效益。

四、深化体卫融合工作的对策与建议

（一）强化组织保障，打造科学化顶层设计

一是政府高位协调，做好体卫融合政策的顶层设计，健全卫健系统、体育系统之间的科研攻关机制。发挥中医药在康复训练、重返运动中的特色优势；二是在反兴奋剂使用规范的前提下，合理运用中医药特色手段，提高运动员竞技水平、减少运动损伤、加速运动康复；三是推动培育体卫融合领军人才，提高体卫融合理念在全社会的影响力和推广力。

（二）制定有效政策，拓展协同化发展空间

一是建议各级主管部门出台更有针对性的鼓励政策，支持体育和医疗结合的发展，如加大项目投入、明确收费项目并纳入医保支付范围等。二是尽快建立健全体卫融合的行业标准和规范，加强对体医结合机构和从业人员的监管，确保服务质量和安全。

（三）整合多维资源，构建一体化发展格局

一是完善体卫融合机构人才培养体系，培养具备体育和医疗知识的复合型人才，为体卫融合提供人才支持。二是加强技术创新，鼓励体育和医疗领域的技术创新，研发更加科学、有效的运动康复技术和方法，糅合高新技术产业，如智慧化穿戴设备等，提高体卫融合的效果。三是建立信息共享机制，推进运动处方师开立的运动处方和医院信息系统的有效共享。各运动健康促进机构应实现信息互联互通，为全系统的体卫融合发展提供数据支持。

（四）谋求多方共建，搭建多元化赋能平台

一是加强国际交流与合作，学习和借鉴国际上先进的运动健康促进、运动诊疗、运动康复经验和技术，推动我国体卫融合的发展。二是鼓励社会资本参与，吸引多元化资本参与体卫融合项目的投资和运营，为体卫融合的发展提供资金支持。

作者：刘奇志　钱　媛　南京市中医院（南京市体育医院）

南京市社会组织规范化建设的现状、问题与对策

2024 年 9 月 25 日，《民政部 中央社会工作部 农业农村部 市场监管总局 全国工商联关于加强社会组织规范化建设推动社会组织高质量发展的意见》（民发〔2024〕43 号，下文简称《意见》）出台，明确要求“推动以评促建”，将“不断提高社会组织参加等级评估的比例，推动社会组织加强能力建设”作为加强规范化建设推动社会组织高质量发展的目标任务之一。早在 2007 年，民政部就出台了《关于推进民间组织评估工作的指导意见》，通过规范登记服务、加强监督管理、积极鼓励引导，逐步建立起具有中国特色的社会组织评估体系。① 近年来，南京市民政部门通过制定指导性配套文件、完善评估工作方法、积极落实评估结果运用等一系列举措，加快推进社会组织规范化建设，积极促进社会组织健康发展。但是，伴随社会组织培育发展及其社会经济环境的变化，社会组织规范化建设需要与时俱进。为此，南京市民政局社会组织管理局成立专项课题组，坚持“以评促建、以评促管、以评促发展”理念，聚焦基础条件、内部治理、工作绩效、社会评价等若干方面，设计结构式调查问卷，在全市 154 家社会组织②开展问卷调查，形成社会组织规范化建设专题调研报告。

① 王勇：《2007—2018：中国社会组织评估走过十年》，《公益时报》，2018 年 11 月 6 日。

② 其中，社会团体占比 74.8%，社会服务机构占比 24.2%（市级服务机构占比 8.7%，区级服务机构占比 15.5%），1.0%的被调查社会组织未填答。

一、社会组织规范化建设现状分析

（一）社会组织规范化建设整体成效显著

“以评促建”推动社会组织规范化建设总体效能显著。《意见》明确要求“民政部门积极完善社会组织等级评估指标”，“引导社会组织持续完善管理制度、规范内部治理、提高服务能力”。根据现行评估指标对社会组织二级评估指标赋分①，计算其对应的一级指标和二级指标在推进社会组织规范化建设中的效能状况。调查结果显示，社会服务机构的 5 个一级指标中，按照推进规范化建设效能得分，由高到低依次为“基础条件”(9.3604)、“党建工作”(9.0000)、“内部治理”(8.6727)、“工作绩效”(8.2193)和“社会评价”(8.1346)；社会团体的 5 个一级指标中，按照推进规范化建设效能得分，由高到低依次为“依法办会”(9.4045)、“党建工作”(9.0901)、“内部治理”(8.8660)、“工作绩效”(8.5445)和“社会评价”(8.2847)；二级指标在推进社会组织规范化建设效能上的得分，社会服务机构的得分均值为 8.6943 分，社会团体得分均值为 8.8803 分。总结来看，“以评促建”推进社会组织规范化建设成效显著，所有一级指标得分均超过 8 分，超过 9 分的占 3 成；两类社会组织全部二级指标得分均值远超 8 分，趋于 9 分；二级指标中，社会服务机构有 5 项指标得分超 9 分，社会团体有 8 项指标得分超 9 分。

“章程规范”“变更和备案”“法人资格”“党建入章”是推进社会组织规范化建设作用最显著的二级评估指标。以指标得分均值“0.5 分”为分界线，将所有指标分为若干组，其中社会服务机构二级指标得分均值在“9.0 分以上”的有章程规范、遵纪守法、变更和备案、法人资格、党建入章，得分在“8.5—9.0 分”的有组织机构、党建工作基础保障、党的组织和工作覆盖、业务管理、财产管理、提供服务情况、人力资源管理，其余二级指标得分均值均不足“8.5 分”；行业协会商会二级指标得分均值在“9.0 分以上”的有法人资格、章程、年度检查、登记和备案、信息公开、党建入章、党的组织和工作覆盖、党建工作基础保障，得分在“8.5—9.0 分”的有领导班子建设、组织机构、发展规划、提供服务、诚信建设、人力资源管理、财产管理、规范行为、档案印章、会员管理，其余二级指标得分均值均不足“8.5 分”。

（二）社会组织规范化建设具体工作效能

社会组织党建工作持续推进。《意见》提出要“加大在社会组织组建党组织力度，扩大党的组织和党的工作有效覆盖”。调查结果显示，88.3%的社会组织“将党

① 最高赋分 10 分，最低 1 分。被调查社会组织根据实际情况打分，打分越高，说明该项指标在推进社会组织规范化建设中的作用越大。

的建设及社会主义核心价值观相关内容规范完整写入章程”，81.6%的将“设立党组织，或虽未设立党组织，但通过党建工作指导员、联络员等方式开展党的工作和活动”，是社会组织党建工作成效最为显著的两个方面；其次是“党组织工作基本制度健全，各项工作制度落实到位”（78.6%）和“党组织根据部署要求和结合业务工作，开展党建活动”（77.7%）；“党组织活动经费有保障”“党组织按期规范进行换届，社会组织负责人担任党组织书记”和“党组织活动阵地有保障”等方面还有待加强。

社会组织基础建设持续提升。调查结果显示，94.2%的社会组织“组织的名称、登记证书、单位印章、银行账户等要符合法律法规要求”，是社会组织基础建设成效最为显著的方面；其次是“具有独立的办公场所并符合用房面积标准”（72.8%）、“具备基本的办公设备和开展业务所需的物质条件”（72.8%）；“法人产生和变更符合组织章程和法律法规”“按规参加年检并通过年检”“组织章程文本、核准等合法合规”“组织的重大事项变更手续和程序合法合规”等方面还有待加强。

社会组织内部机构作用持续强化。《意见》将“强化内部机构功能作用”作为加强社会组织规范化建设措施之一，规定了“会员（代表）大会、理事会、监事（会）等内部机构的职权、议事规则和履职要求”。调查结果显示，91.3%的社会组织的“会员（代表）大会制度完善、按期召开”，91.3%的社会组织“理事会和监事会的召开、产生、换届、罢免、人员数、履职合法合规”，是社会组织内部机构建设成效最为显著的方面；“制定和落实组织年度工作计划”“组织内设机构或代表机构、分支机构设立符合章程规定且有效履职”等方面还有待加强。

社会组织人力资源建设成效明显。调查结果显示，90.3%的社会组织“有与组织业务相符合的必要数量的专职工作人员”，社会组织人力资源建设成效显著；“专职工作人员的学历和专业水平应满足组织业务需要”（64.1%）和“为组织更好发展，可聘请一定数量的兼职工作人员”（60.2%）工作也取得了良好成效；“工作人员薪酬应不低于当地同类在职人员并落实社会保险”“根据外部环境变化和组织业务需要开展工作人员定期培训”“工作人员的聘用与解聘要合规并签订劳动合同”和“工作人员的年龄、性别、职称等比例应合理”等方面还有待加强。

社会组织内部治理水平持续提升。调查结果显示，79.6%的社会组织“组织机构完整”，71.8%的社会组织“队伍建设持续推进”，有效推进了社会组织内部治理水平；“领导班子坚强有力”（59.2%）和“业务效益和资金经费有保障”（52.4%）等方面也在持续推进；“行政负责人能力强”“人事管理制度规范”“财务制度及管理规范”以及“档案印章管理规范”和“档案印章管理规范”等方面需要加强。

社会组织服务功能特色明显。《意见》提出要“推进品牌建设”，社会组织应“依据章程、业务范围和自身专长开展专业化、差异化、个性化特色服务”。调查结果显示，社会服务机构在“明确服务承诺”和“参与制定相关政策法规”两方面发挥了较好的服务功能，“在组织业务范围内有效开展社会服务工作”“积极参与公益性社会组织活动”“持续提升社会组织专业性和规范性”“接受和完成政府委托和购买的服务”等方面也开展了相应的服务。民办非企业单位在“行业调查 ”和“评比表彰”两方面发挥了较好的服务功能，“行业培训”“行业活动”“搭建会员交流平台”“咨询服务”“参与政策制定”“承接政府项目”等方面的服务作用还有待加强。

社会组织公众形象较好。调查结果显示，在“服务对象评价”“理事评价”和“社会或公众评价”等三方面，社会组织获得了较好评价，塑造了较好的公众形象；“监事评价”“会员评价”“业务主管单位评价”“工作人员评价”等方面还需继续努力。

（三）社会组织规范化建设的总体特征

客观性指标较主观性指标在推进社会组织规范化建设中发挥了更大作用。不同评估指标的被选比例差异较大，反映的是社会组织对该指标推进规范化建设重要性的认知差异；被调查社会组织选择比例较高的指标，反映的是社会组织认为该指标更有利于社会组织规范化建设。依据对调查数据的综合分析，总体上，党建工作指标、基础条件指标、组织机构指标、人力资源指标等四大类客观性评估指标的被选比例较高，内部治理指标、提供服务指标、社会评价指标等三大类主观性指标的被选比例较低。即相对于主观性指标而言，被调查社会组织认为客观性指标在推进社会组织规范化建设中能发挥更大作用。具体看，所有问题的被选答案中，前四类指标中“组织的名称、登记证书、单位印章、银行账户等要符合法律法规要求”“会员（代表）大会制度完善、按期召开”“理事会和监事会的召开、产生、换届、罢免、人员数、履职合法合规”和“要有与组织业务相符合的必要数量的专职工作人员”四个问题的答案的被选比例超过 90.0%，其中第一项被选比例高达 94.2%，同时有10 个问题的被选比例超过 70.0%；后三类指标中，所有问题的最高被选比例仅为“组织机构完整”的 79.6%，仅有“组织机构完整”和“队伍建设持续推进”两个问题的被选比例超过 70.0%，同时有 30 个问题的被选比例低于 50.0%。

党建工作与合规合法两个方面推进社会组织规范化建设的作用得到较高认同。有关民办非企业单位所有二级指标的赋分结果中，“章程规范”得分均分最高，“遵纪守法”“变更和备案”“法人资格”“党建入章”“党建工作基础保障”“党的组织和工作覆盖”的得分均值居于前列。有关行业协会商会所有二级指标的赋分结果中，“法人资格”得分均分最高，“章程”“年度检查”“等级和备案”“党建入章”“党的组织和工作覆盖”“党建工作基础保障”的得分均值居于前列。二者综合来看，社会组织对于党建工作和组织合法合规两个指标在推进社会组织规范化建设中发挥的认同度较高；另一方面，社会组织内部治理、工作绩效等方面的评估指标的认同度偏低。

社会组织规范化建设进程在波动中稳定推进。社会组织对于通过评估推进规范化建设的认知具有波动性。从调查来看，一方面，所有“四级指标被选比例”数值均低于对应的二级指标赋分均值，即被调查社会组织对于二级指标的整体认知度，高于由若干四级指标构成的二级指标的认知度。这意味着，就某一个二级指标来看，被调查社会组织认为其在规范化建设上“作用发挥”是重要的，但当将其分解为若干四级指标后，其对该二级指标的重要性的认知下降了；另一方面，几乎所有二级指标的赋分均值排名和四级指标被选比例排名，都不是完全一致的。这意味着，被调查社会组织对于二级指标推进规范化建设的整体认知状况，与其对构成二级指标的若干四级指标的认知状况，二者之间存在差异性。同时，社会组织认为评估促进规范化建设的作用是稳定有效的。从调查来看，一方面，“工作绩效”和“社会评价”两项一级指标和“内部治理”一级指标下的大部分二级指标，其排名均位于10个位次之后，具有较高稳定度。这种稳定度表明，评估指标体系中的这些指标受到被调查社会组织的认同度较低，认为对社会组织规范化建设的作用发挥较低；另一方面，“党建工作”和“基础条件/依法办会”两项一级指标以及“内部治理”一级指标下的“组织机构”“章程”和“领导班子建设”等二级指标，其得分排名均位于前10个位次，具有较高的稳定度。这种稳定度表明，评估指标体系中的这些指标受到被调查社会组织较高认同度，认为在推进社会组织规范化建设中发挥了较好的作用。

二、社会组织规范化建设存在的主要问题

（一）规范化建设内容较为繁杂，重点不够明显

《意见》要求通过“完善社会组织等级评估指标”等工作来“以评促建”，通过评估推进社会组织规范化建设，但是实际中，效果不太理想。社会团体、社会服务机构和基金会的评估工作为尽可能容纳社会组织培育发展的各个方面，设计了较为丰富的指标，但结果却导致建设重点不够突出。以《江苏省社会服务机构评估指标（试行）》为例，指标体系分为四级指标，在第四级指标中还包含“计分依据”，以对指标进一步细化。其中，一级指标包含党建工作、基础条件、内部治理、工作绩效和社会评价5个指标，二级指标有18项，三级指标有42项，四级指标有95项，“计分依据”涉及具体事项125项，即有125个得分点。这一指标体系设置在评估内容上事

无巨细，导致社会组织准备评估时材料面临烦琐的要求。不仅如此，还有一些“计分依据”也包含几个方面的内容，例如“党建工作”一级指标下面的“组织设置”“落实制度”“开展活动”和“发挥作用”等四级指标的“计分依据”，“内部治理”一级指标下面的“理事人员构成情况”“人员构成”“专业资格”“会计账目”“会计档案”“经费来源和资金使用”“财务审计”“资产使用”“档案保管情况”“证书管理”“印章管理”等四级指标的“计分依据”，等等。如此繁杂的评估指标及其“计分依据”，表面上是通过评估对社会组织规范化建设进行一次“全面体检”，但实际上却没有体现“以评促建”“以评促发展”的评估工作宗旨，不能精准反映出社会组织规范化建设的重点和存在的问题。

（二）规范化建设定义过于抽象，理解存在歧义

《意见》要求，通过规范登记审查、加强管理服务、依法开展监督、积极鼓励引导等举措，推动社会组织高质量发展。但是在实际工作中，如果不能就上述方面制定出较为明确的定量的可操作的建设和评估标准，将不利于社会组织的规范化建设。例如，在现行的评估指标中，“计分依据”对得分点进行了说明，但不少的“计分依据”描述过于抽象，频繁出现“重大”“重要”“总体”“积极”“有效”“可行”“明显”“详细”“全面”“完整”“较好”“一般”“较差”“差”等抽象的定性描述性词汇。结果就是，一方面是社会组织难以准确理解对这些词汇，在推进规范化建设中缺乏统一标准，在考核规范化建设成效时也难以提供准确和有效的资料，另一方面是考核部门和专家也可能存在理解歧义，在实施规范化建设评估过程中只能凭借个人的理解来对社会组织提交的评估材料进行个性化理解和认定。调查结果也表明，社会组织对于某些二级指标的赋分均值显著高于按照“四级指标”选择比例加权平均后的数值，其原因就在于此。对于某一项二级指标，社会组织可以对该指标的重要性的总体性认知给出一个较高分值，但一旦涉及要对四级指标中的“计分依据”的抽象性词汇进行理解并做出选择，其理解就不可避免地存在显著分歧，进而形成了较低的选择率。

（三）规范化建设标准兼容性不够，认定偏高

从行政层级看，我市社会组织既有市级也有区级，一些街道也有自己的社会组织；从组织类型看，社会组织一般分为社会团体、社会服务机构和基金会三个类型；同时，还有大量在基层群众中存在的没有登记备案的自组织。如此复杂的社会组织形态，对规范化建设标准的兼容性提出了较高要求。从调查来看，一方面，评估指标虽然体现了社会团体、社会服务机构和基金会的差异性，但是一者没有考虑到全国性、省级、市级和区级社会组织业务领域和服务地域的巨大差异性，二者也没有考虑到即使是同一层级的社会组织其所涉及的业务领域和举办特性也有着较大差异，因此当前的规范化建设标准难以兼顾到社会组织的多样性。另一方面，对于绝大多数社会组织而言，标准太高，社会组织难以达到。虽然现行的建设标准是综合了不同发展程度的社会组织所达到的一个理想状态，对于社会组织有一定区分度，但是在实际建设过程中，由于标准太高，不能兼顾发展较弱的社会组织，造成许多社会组织产生自认为达不到标准，再加强组织规范化建设也就没有意义的认识。当前一些社会组织等级评估产生的“畏难情绪”“就低不就高”等现象，就与此有着密切关联。为实现规范化建设工作目标，一些社会组织甚至只能通过“制造”材料来骗取建设认定结果。调查数据结果显示，被调查社会组织对于党建工作、基础条件、组织机构、人力资源等四类指标发挥社会组织作用的认同度更高，其重要原因就在于这些指标的“客观性”更强一些。

（四）关键性标准不明确，与年检年报不兼容

此次《意见》明确将“提升年检年报工作质量”作为加强社会组织规范化建设的十八条措施之一，要求“进一步完善年检工作制度”，强化管理监督、督促整改等工作。但是从实际工作看，当前的社会组织规范化建设关键性标准设置与年检年报工作并不兼容。一方面，从社会团体、社会服务机构和基金会三类社会组织来看，其指标名称虽然有所不同，总体上指标所指向的内容的实质性差异却不大。但是，不同类型、不同层级、不同业务领域的社会组织，其工作开展是存在显著性差异的，因此如何设置反映不同类型的社会组织规范化建设的关键性指标，即是有效开展和推进规范化建设工作自身的需要，也是促进社会组织发展的需要，还是精准化引导社会组织参与社会治理、服务社会的需要。另一方面，从标准设置来看，许多指标都与社会组织年检年报指标类似或完全一样，尤其是涉及社会组织基础性信息方面，大多数就是社会组织年检所需要提供的基础性信息。理论上，社会组织规范化建设的目标应高于年检年报这一常态化管理手段，因此从 1A 到 5A 的评估等级应成为衡量社会组织发展水平、社会信用度的重要指标，社会组织对外开展活动的重要信誉标志，以及政府部门制定社会组织各项培育发展和监督管理政策的重要信息来源。但是，当前的关键性标准的设置并没有体现出这一工作宗旨和原则，这有待在后续工作中逐步完善。

三、推进社会组织规范化建设的对策建议

（一）坚持规范化建设理念，推动社会组织高质量发展

紧扣时代发展脉搏，引导社会组织服务大局。党的二十届三中全会决定，要“紧紧围绕推进中国式现代化进一步全面深化改革”，社会组织应聚焦大局开展工

作，因此要进一步强化规范化建设理念，通过优化完善评估工作，推动社会组织高质量发展。要聚焦经济高质量发展、支持全面创新、高水平对外开放、保障和改善民生、提高人民生活品质等重点领域，有针对性地调整优化现行社会组织规范性建设标准，构建适应未来国家发展大局的规范性建设指标体系，促进社会组织高质量发展。突出党建工作导向，强化社会组织政治功能。党的二十大报告中指出，要“理顺行业协会、学会、商会党建工作管理体制”，“加强新经济组织、新社会组织、新就业群体党的建设”。社会组织面广量大，是我国社会主义现代化建设的重要力量，是党的工作和群众工作的重要阵地，是党的基层组织建设的重要领域。面对当前社会组织党建工作存在的“组织健全难、制度落实难、作用发挥难”等重难点问题，应更加突出党的建设导向作用的重要性，大幅度强化“党建工作”的权重，以引导和发挥社会组织党建工作的政治引领作用，以高质量的党建工作推动社会组织高质量发展。坚持问题导向意识，加强规范化建设研究工作。从我国社会组织规范化建设工作历程和各地工作实践来看，进一步完善体系化建设、强化“以评促建促发展”功能、培育评估机构和人才、加大评估结果运用和共享等重难点问题仍然普遍存在，其中完善指标体系化具有基础性地位。应清晰认识到社会组织规范化建设中存在的指标体系繁杂、关键指标不明晰、计分依据偏于抽象等影响因素，针对这些问题开展系统性调查研究，“推动在社会组织承接政府转移职能和购买服务、参加评先评优等工作中运用好评估结果”①，推动社会组织高质量发展。

（二）以评促建推进规范化建设，突出评优与培育并重

“以评促建”是确保社会组织规范化运作与管理的有效手段。要遵循持续推进社会组织自身高质量发展目标，以突出社会组织服务经济社会建设、服务科技创新、服务国际合作交流、参与社会治理为原则，根据社会组织类型，确定不同类型的社会组织作用发挥的关键性指标。要按照党建引领作用更加突出、基础条件明显改善、内部治理日益规范、公益属性逐步增强、社会评价不断提高、服务高质量发展成效显著的标准，优化规范化建设制度机制，尤其要突出社会组织作用发挥的关键性指标。例如，应将党建工作作为一项重要的建设内容，进一步明确党建工作在社会组织中的重要地位，加强社会组织党的建设，筑牢社会组织发展根基，促进社会组织健康有序发展，充分发挥社会组织服务国家、服务社会、服务群众、服务行业的作用。针对不同层级、不同类型的社会组织实施核心原则统一、具体建设内容和标

① 《民政部　中央社会工作部　农业农村部　市场监管总局　全国工商联关于加强社会组织规范化建设推动社会组织高质量发展的意见》，民政部网站，2024 年 10 月 11 日。

准有所差异的建设标准，在原有较高标准基础上，形成有区分度的梯度化建设目标，用以区分不同发展程度的社会组织，即不同规模和发展程度的社会组织使用不同标准层级的建设指标。发展程度好，组织制度健全的社会组织采用较高标准的指标，指标侧重评优，增加能够体现社会组织工作特色的附加分值，如服务成效和品牌推广等，激发参评意愿和社会组织创新活力，更大限度发挥优秀社会组织的优势。对于发展程度较差，内部建设不良的社会组织可选标准较低的指标，指标侧重培育。鼓励并帮助社会组织建立较为规范的组织结构，避免社会组织抄袭制作不符合自身情况的评估材料应付建设工作。对于规模小、发展弱的社会组织，要以人性化的工作方法帮助其建立起符合行政规范且利于自身发展的组织规范和治理结构。

（三）完善规范化建设制度机制，兼具实用性与指导性

合理科学有效的建设制度机制，应遵循系统性、动态性、简明科学、可比可操作可量化等原则，具体标准的设置应强调突出重点引导方向、差异化分类指导、定量为主定性为辅等特征。要在系统梳理当前社会组织规范化建设理论研究和实践经验的基础上，尽可能通过综合和合并等方式，“完善社会组织等级评估指标”，尤其是减少次级指标和“计分依据”的数量，使得规范化建设标准既系统又简明。要尽可能使用定量标准，尽可能不用或少用定性标准，将现行标准体系中的“重大”“重要”“积极”“有效”“可行”“明显”“详细”“全面”“完整”“较好”“一般”“较差”“差”等抽象性词汇数量化，为推进社会组织规范化建设提供可比较可操作可量化的数量标准。要根据全国至少省级辖区内社会组织发展的基本情况，按照社会团体、社会服务机构和基金会的类别差异对评定社会组织规范化建设进行分类设定，将不同类型社会组织的业务领域、服务地域和发展程度都纳入拟定的评估标准影响因素中，制定和出台更具针对性精准性的标准体系。要以今年刚出台的《意见》为指导原则，根据对社会组织功能定位及管理政策的变化，优化评估内容、降低评估分值、提高参评比例；尤其要对各级指标的分值进行科学研判，针对社会组织党建工作和核心业务、登记审查、自身建设、管理监督、引导发展等方面，细化规范化建设要求。要将社会组织规范化建设与年检年报工作一体化管理，依托年检年报等工作，对于年检年报项目中涉及的并且社会组织已经通过年检的基础信息类评估指标进行汇总，建立健全社会组织工作档案，强化信息共享和成果运用。

作者：南京市民政局课题组[①]

① 执笔人：李义波、汪源。

治理探索篇

适应老城人口变化的基层社会治理现状与对策

人口发展演变的基本趋势与空间分布规律，是社会治理创新、公共政策优化的根本依据和逻辑前提，对人口数据信息的有效、高效治理与充分挖掘应用，既是社会公共治理和服务的基础，也是制定与实施政策和指导实践工作的重要依据。近年来，我市老龄化等人口问题变得更加突出，尤其老城人口规模和结构变化更加明显，对基层社会治理提出更大挑战。

一、老城人口规模结构深度变化

从第七次人口普查及抽样调查数据、移动通信运营数据及实地调研发现，2010年第六次人口普查以来我市老城（玄武、秦淮、鼓楼三区）人口总量持续下降，结构变化明显，整体上呈现变“少”、变“老”、变“杂”的特点。

（一）人口“变少”

从常住人口规模来看，10年间全市人口增长131万，增长了16.37%；而老城区10年间减少了71.2万人，下降了24.29%，一增一降，逆势明显。老城三区占全市人口的比重，由2010年的36.62%，下降到2020年的23.82%，下降了12.8个百分点（见图1）。从各区的情况来看，鼓楼区下降得更快，玄武区下降得稍慢。从整体来看，六普以来，全市人口加速向新区新城集聚，人口空间分布日趋均衡（见图2）。老城人口疏散成效十分显著，玄武、秦淮和鼓楼三区向外平均疏散率达1/4，但老城人口密度仍然高达约 16800 人/km²，高品质等公共服务供给仍然较为紧张，高密度的人口给社会治理造成一定影响。

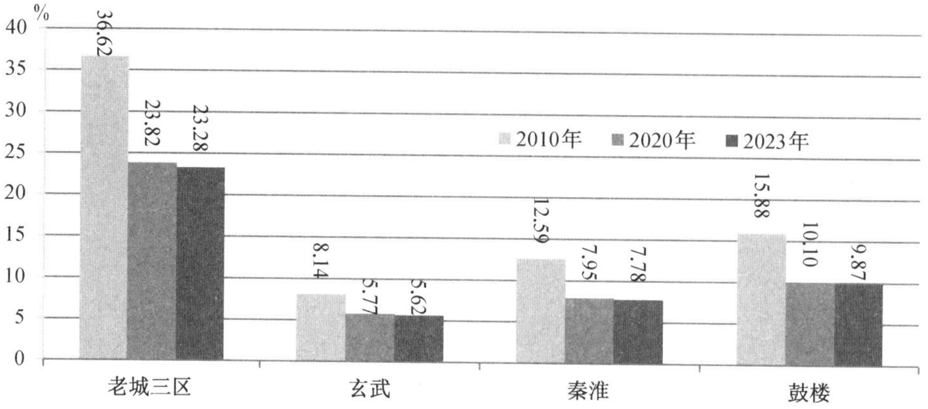

图 1　老城三区人口占全市比重变化

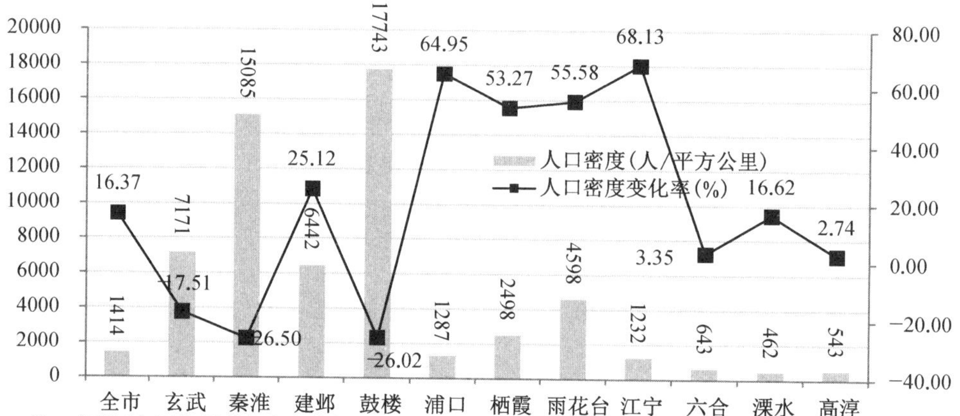

注：玄武区如不包括紫金山玄武湖面积人口密度将达到13446人/km²

图 2　我市各区七普人口密度及其变化图

（二）人口"变老"

"六普"到"七普"这十年，南京人口老年化加速演进，60 岁及以上人口占全市人口比重由 2010 年 13.75%上升到 2020 年的 19.98%，10 年上升了 6.23 个百分点，并且近年呈快速上升趋势，如到 2023 年我市常住人口中 60 岁及以上人口占比达 21.97%(见图 3)。老城三区的老龄化程度更加突出，六普到七普十年间，老城三区 60 岁及以上人口占比由 2010 年 11.68%上升到 2020 年 23.73%，上升了 12.05 年百分点，较全市平均水平高出 6 个百分点，而且老龄程度比全市更快，2023 年达 32.30%，比全市高出 10 个百分点。从全市老龄化趋势来看，到 2035 年前全市老龄化增速都将处在较高水平(见图 4)。从老城各区的情况来看,秦淮区和鼓楼区老龄化程度更加突出,2023 年秦淮和鼓楼两区人口老龄化均超过 30%,即将从“深度老龄化”走向“超级老龄化”①,区域“消失风险指数”②为 0.887,低于正常范围。劳动人口比重下降明显,老龄化加速快,超老比重高,在社会福利标准刚性要求下,社会负担持续加重。从特殊形态上看,失独老人、独居老人、子女出国(境)等特殊情况的老年人口比重在不断增加,对社区服务的频次、水平提出更高要求。

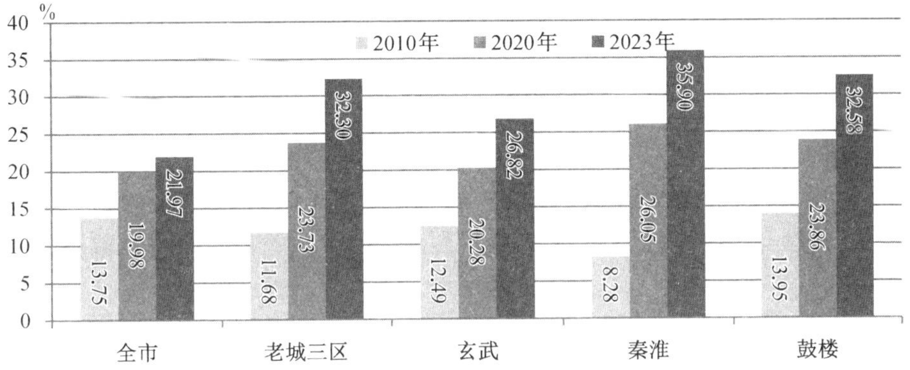

图 3　老城三区人口老龄化趋势图

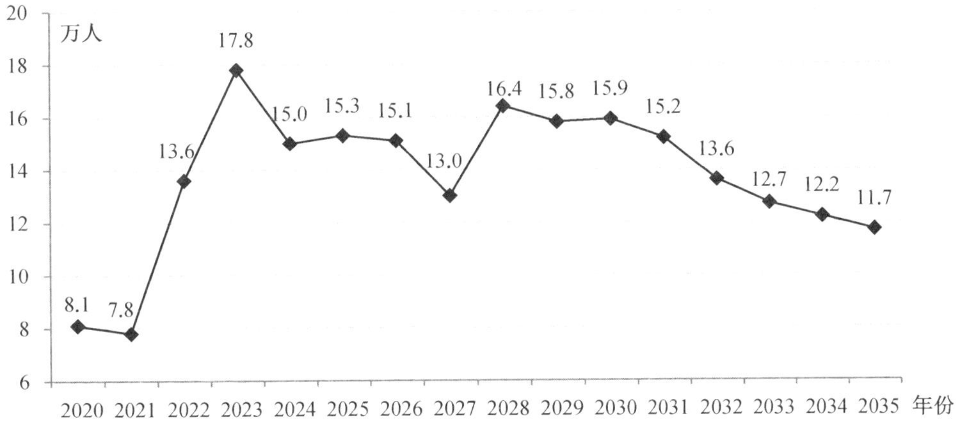

图 4　2020—2035 年南京将到退休年龄的人数

(三)人口“变杂”

虽然老城常住人口规模减小,但由于交通更加便利、就业机会相对较多、优质

① 按照联合国相关标准,65 岁及以上人口占比超过 14%进入老龄社会,超过 20%为超老龄社会。

② 城市“消失风险指数”,指把 20 岁至 39 岁女性人口总数除以 65 岁及以上人口的得数。这一指数大于 1.5 为低风险,1.0 至 1.5 为正常情况,0.2 至 0.5 视为进入消失阶段,0.2 以下为消失风险高。

教育资源更丰富，租住、上学等短期居住人口多，人口常住时间缩短，户籍户比重降低，人口结构变得更加复杂。一方面，老城人口流动性持续走高，人户分离普遍存在。全市人户分离占比约为47%，老城三区的人户分离占比更高，如秦淮区人户分离[①]占比达一半以上、约53%，2010年以来增长14个百分点。受帮忙照看孙辈、外地老人看望子女等因素，外地随迁老人数量也在持续增长。另一方面，常住居民职业分化明显。老城三区的第三产业占比超过90%，商贸、金融、文旅等行业高度发达，高校及科研院所林立，使社区常住人口更加复杂。在老城区大量服务业从业人员，如外卖员、服务员、保洁员等新就业群体，其居住方式多为短租、合租、群租，流动性强，增加了违规用电、杂物堆积等安全隐患。

二、基层社会治理面临“三难”挑战

人口是社会治理的核心要素，人口发展演变的基本趋势与空间分布规律，是社会治理创新、公共政策优化的根本依据和逻辑前提。“摸准家底”“搞清人数”为进一步完善优化国家施政方略提供了科学依据、创造了改革条件。社会治理作为国家治理体系和治理能力现代化的重要组成部分，要根据最新的人口发展特点，深化改革，构筑与大国人口数量、结构、分布特点相适应的高质量社会治理新格局，为推动经济高质量发展、创造高品质生活，让全体人民过上幸福美好生活提供强有力的制度保障。

（一）人口频繁流动使社区新老居民融合难

改革开放以来，社会经济快速发展，工业化和城镇化也快速推进，人口流动频繁，形成了大规模异地生活就业的新居民群体。而新居民集聚地也成为伴随我国城乡基层社会结构变化、生产方式变迁而呈现的一种“新形态”。新居民绝大多数都没有取得居住地户籍，其与居住地户籍人口之间在就业、医疗、子女教育等公共服务权益方面存在差异。同时，在社区公共事务参与、居民自治等政治权利表达渠道、意愿和相关的制度保障方面也在一定程度上处于边缘地带。尽管他们长期居住和生活在本地居民周围，却因为身份不同，事实上存在着与本地人难以跨越的社会文化区隔，无法真正融入居住地。在此背景下，这些新居民聚集社区因公共服务供给不足、本地外地居民杂居、矛盾与冲突集中而导致了一系列问题，成为社区治理亟待突破的瓶颈。在老城三区，由于大量人员的频繁入驻撤离，导致社区居民分散性强、异质性高，学区房居民、外地来宁人员、租户、单身青年等“新居民”抱着短

① 居住地与户口登记地所在的乡镇街道不一致且离开户口登记地半年以上的人口。

时间暂住的“过客”心态，对社区缺乏归属感和认同感，对社区事务也往往选择冷漠旁观或者“搭便车”，既加深了社区邻里间的陌生程度，也增加了动员新居民融入社区的难度。

（二）新生力量参与社会治理事务意愿提升难

老城三区原住民多以退休职工、空巢老人为主，参与社区事务的以老年人为多，老面孔居多，街区内居民代表、楼栋长和社区内参与社区治理的热心人士和志愿者等年龄日趋老化、居民骨干数量日益紧缩，培养参与社区治理的新生力量迫在眉睫。虽然南京近年来致力于培养培育社区自治，但随着时间的推移，自治力量老化愈发明显，新生力量中的年轻人可能更倾向于追求个人发展和成长，在社区治理中，自治意识不够强烈，参与度不高，参与率和参与热情有待提高，缺乏对社区自治的投入和参与的意愿，难以形成自治的力量，培养新生力量也越来越困难，这使得社区自治发展受到了一定的限制。社区自治力量老化和新生力量的培养是一个互相依存、互相作用的过程，已有力量有经验无激情，需要社区的提能升级及新鲜血液的刺激，新生力量有活力缺实践，需要社区的培育赋能及已有力量的带动，这需要社区和居民共同努力，协同推进。

（三）居民多元需求使社区服务供需匹配难

近年来，随着我国人口老龄化问题的加剧和二孩政策全面放开，对“一老一小”服务需求向着更加多元化方向发展。在南京老城三区，一方面老龄人口多，另一方面优质教育资源又集聚大量幼儿等人口。再加上，独居、空巢、同居、单亲等特殊形态的家庭比重不断上升，年轻人尤其是年轻女性“一人户”逐渐增多，导致居民社区服务需求更加多元，社区负担进一步加重，社会治理难度加大。从需求侧看，人口变化对社区服务内容、形式、频率的差异性要求增加，适老化改造、老年友好型及儿童友好型公共空间、环境绿化、亲子活动服务等方面需求缺口很大。从供给侧来看，现有的社区服务多针对内部的原居民，覆盖面有限，而且由于空间有限，难以有效供给并满足特殊形态家庭人口的需要。

三、优化基层社会治理的对策建议

基层治理是国家治理的基石，近年来我市相继出台实施加强基层治理体系和治理能力现代化“1＋2”文件，放大仙林街道新时代“枫桥经验”城市版示范效应。在老城人口规模结构深度变化背景下，需要从推进社区新老居民融合、提升居民参与度、畅通社区居民诉求通道、完善社区功能等方面综合发力，构建上下联动、整体推进的基层治理格局。

（一）打造新型“熟人社区”

打破物理隔阂、弥合新老居民间的心理疏离，推动社区从地理场域、行政载体转变为具有高凝聚力、强向心力的社会治理共同体。可以先以“新南京人”构建共同的价值观和心理认同，再逐步培育社区共同体意识。一是巩固“已有的熟人”。对老城社区中有一些回迁房社区、单位家属院等特殊的小区，可以梳理其建设史，挖掘社区内特有的邻里熟人集体记忆元素，举办如“南汽记忆”“老厂焕青春”等活动，将老居民凝聚起来，进一步巩固“已有的熟人”。二是发挥“公共的熟人”作用。可以通过社工、物业、业委会等“公共的熟人”，把深受群众认可的“老书记工作室”打造为能够代际相传的党建品牌，定期组织活动增进邻里交往频次，扩大“公共的熟人”影响力和凝聚力。三是培育“网上的熟人”。善用楼宇网格群、小区业主群、在职党员群、社区活动群等网络平台，统一信息发布的范围、频次，通过社区公共事务、紧急事项提醒、闲置物品交换等信息，吸引中青年居民，加快培育“网上的熟人”。

（二）提升新老居民参与度

重点关注“一老一幼”，以老人和小孩为纽带提升居民参与社区治理的水平。一方面，将老年人口从治理对象拓展为治理主体，发挥 75 岁以下“老年人”经验丰富、熟悉社区的优势，尤其是老党员、文艺骨干、退役军人等担任文明观察员、平安志愿者、兼职网格员。针对随迁老人迫切需要从精神上实现社会融入的现状，在家庭、社会寻求更多的心理慰藉和制度支持，可采用积分兑换生活用品、评选年度“志愿星”等方式，激励外地来宁的老年人参与社区事务。另一方面，针对年轻父母对儿童的成长预期、关注焦点和情绪焦虑，会转化为对儿童良好成长环境、友好社区公共空间的要求，可以从社区学习教育的模式设计和安排上寻找突破口。加强校社联动，市区评选一批社区青少年活动品牌典型，探索将社区活动纳入中小学生综合素质评价体系，鼓励社会组织利用社区场地开设晚间作业托管和夜间家庭关系提升活动，借用“时间银行”概念，发动家长轮流照管，将孩子—父母—祖辈联动吸纳成以公共空间为联系纽带的人情关系网，激活社区内生资源，达到自助互助的状态。

（三）畅通居民诉求渠道

一方面，让矛盾化解前置。建议街道牵头，联动人大代表、政协委员、统战委员等，定期举办社区服务需求征集座谈会，设置固定“建议征询日”，每月或每季度征集意见建议，全面梳理老城社区居民各类诉求，将矛盾化解在爆发前。另一方面，以数字化赋能社区治理。推动“一网统管”在社区层面运用，将辖区人、房、地、物、事、组织等纳入社区治理要素之中，搭建起多维度的“虚拟社区”，基于 GIS 地图实现对社区人口可视化管理，让有限的社工力量发挥最大效能。

（四）改善社区功能及空间品质

围绕提升居民对老城社区的认同感、归属感，以老城更新改造为牵引，完善社会服务设施，提升老城空间品质，推动社区从“大而全”向“环境精致化、功能聚合化”转变。一方面，塑造老城社区特色形象。可借鉴 Soho 街区发展经验，挖掘有关古籍、传说、诗句、道路名等文化要素，如“台城柳”“夫子庙”“大马路”等，增加记忆点，并由文旅部门发布多主题“city walk”路线，打造“美好生活圈”等。另一方面，采用公共空间更新＋点状更新等微更新方式，统筹推进文体场馆、亲子托育、公园绿地、商超等建设与社区更新，打造统一社区标识、精致社区景观。此外，适时开展旧房收购，改造为人才公寓、女性公寓、“青教”公寓等，吸引更多年轻人才入住，改善老城人口结构，助力产业发展。

总的来看，2010 年以来，南京人口规模和结构加快演变，尤其老城人口“变少、变老、变杂”的趋势十分明显，对其基层社会治理提出更高要求、造成更大挑战。针对当前老城人口变化的趋势，围绕提升居民对老城社区的认同感、归属感，结合老城更新改造，打造新型“熟人社区”，鼓励新老居民参与社区治理，畅通社区居民诉求渠道，提升社区功能及空间品质，有效提高基层社会治理效能。

作者：曹段冉（河海大学）、王欣宇（中共南京市玄武区委党校）

新时代“枫桥经验”国企篇助推基层社会治理提质增效

党的二十届三中全会指出，坚持和发展新时代“枫桥经验”，健全党组织领导的自治、法治、德治相结合的城乡基层治理体系，完善共建共治共享的社会治理制度。在中国特色社会主义市场经济中，源自现代企业的力量是国家治理体系建设尤其是基层社会治理不可或缺的组成部分，是不断提升国家治理能力的重要基础，是实现中国式现代化的重要力量。作为市场主体的一分子，2023 年以来，南京扬子国资投资集团（以下简称“扬子国投”）党委坚持以主题教育和党纪学习教育为契机，以法治国企建设为目标，创造性地将新时代“枫桥经验”应用于国企治理领域，做到矛盾不上交不激化、风险不转移不外溢，探索运用法治思维和法治方式，阶段性化解了 20 多项历史遗留和民生诉求难题，初步总结提炼出一套可量化、可复制、可推广的国有企业“枫桥式工作法”指标体系，提升了企业依法预防化解矛盾纠纷的能力，相关经验做法被誉为新时代“枫桥经验”国企篇，被《法治日报》《新华网》《央广网》等主流媒体公开报道，在《群众》杂志刊发，入选长三角基层依法治理十大优秀案例，并获得省市委主要领导的批示，在全市范围内形成良好示范效应。

一、背景与源起

扬子国投成立于 2014 年 4 月，注册资本 130 亿元，是江苏省南京市大型市属国有企业，以服务国家级南京江北新区实体经济为主责，聚焦新区“金融投资、新城发展、商旅运营”三大主业，持续助力新区发展。在市委、市政府和新区党工委、管委会的关心支持下，集团经过十年的奋力耕耘，总资产超 2800 亿元，位于全省前列。

扬子国投作为江北新区发展建设的主力军，在发展过程中因为各类因素叠加，背上了一定的“历史包袱”，无形中累积了经营、债务、安全、舆情、法律等方面的风险：

市场主体多元，协调沟通“众口难调”。作为国有企业，扬子国投面对的市场主体复杂、多元，不同市场主体的诉求点往往与企业发展战略“南辕北辙”，导致集团在面对各类主体时应对的思路和策略千差万别，容易“挂一漏万”。

规模大行业多，风险矛盾“千头万绪”。扬子国投业务领域覆盖金融投资、开发建设、文旅会展、公用民生、数字科技等十余个行业门类，是一家综合性国有企业，尤其是集团承担了大量民生保障类、社会公益类项目，存在的各类风险隐患呈现散点、多类型的特点。

投资周期逆转，市场经营“血脉不畅”。扬子国投自成立以来，一直注重重点项目投资、扩大产业规模，但由于市场环境由宽松转向紧缩，集团的管理由粗放走向精细，在企业“成长”过程中，前期积累的市场经营风险隐患逐步显现，部分矛盾困难一定程度上制约了企业高质量发展。

治理要求提升，体系建设“融合不足”。在生产经营过程中，扬子国投注重于对相关行业的“深耕”，以及挖掘产业链的价值，但随着集团由前期投资利益导向转向兼顾企业经营与社会责任的双重属性，集团治理体系建设呈现出社会责任、企业职能、服务群众、内部管理等方面融合不够顺畅的现象，需要进一步明确社会价值和提升企业治理体系建设水平，增强企业竞争力和影响力。

面对严峻的市场经营环境，扬子国投党委坚持问题导向，将新时代“枫桥经验”精神内涵融入企业经营全领域，成功将悬置多年的历史遗留难题圆满解决，让新时代“枫桥经验”在国有企业落地开花。

二、做法与成效

（一）主动担当作为，化解一批难题矛盾

1. 彰显法治思维，矛盾纠纷专班攻坚

全面推进法治国企建设，是落实全面依法治国战略的必然要求。国有企业作为国民经济的压舱石，在各项工作，尤其是矛盾纠纷化解工作中，更要严格依法合规，起到带头示范作用。扬子国投党委在处置历史遗留难题和民生领域矛盾过程

中，全面彰显法治思维，建立矛盾纠纷专班攻坚、专题研判工作机制，将依法治企的要求真正落到了实处。

2015 年，为推动区域发展，扬子国投与某民营企业合作开发某房地产项目，并为此先后投入大量资金。受近年来市场变化等多因素影响，该民营企业在经营困难的情况下，对扬子国投提出无钱缴税、免除违约责任等不合理要求，致使该项目长期未能按协议约定办理资产过户等手续。2023 年以来，该民营企业的经营风险持续增大，资金链岌岌可危，资产长期未过户将造成国有资产被查封扣押等灭失风险，尽快化解历史问题迫在眉睫。

扬子国投党委高度重视历史问题处置，以新时代"枫桥经验"为指引，成立由集团主要领导担任组长的领导小组和工作专班，法律、财务、工程等专业一体化专班队伍集中办公、脱产专责，建立"专题调度＋专班研究＋专家论证"的处置机制，主要领导每天调度复盘，确定了诉仲并举、以打促谈、分别配合、情法并重的谈判策略，一方面做好证据收集、法院沟通、诉讼模拟等各项斗争准备，另一方面集团两位领导分别带领诉讼团队和仲裁团队高频次、交替式与该民营企业负责人进行谈判，与其谈法、讲理、明纪、晓情，最后该民营企业负责人放弃了不合理要求，全面配合办理各项过户手续。通过依法处置、专题研判，扬子国投最终取得了该项目的不动产权证，共计约 17.5 万平方米资产正式办证确权，成功将这个近 10 年未能解决的历史遗留难题圆满化解，维护了国有资产安全。

站在新的历史起点，面对更加复杂多变的外部环境，扬子国投党委切实将专班攻坚、专题研判工作前置于每一个复杂矛盾纠纷的处置化解过程当中，坚持法治引领，把握市场动态，提前识别潜在风险，力求化解矛盾纠纷于无形之中，为企业制定科学合理的战略规划和经营决策提供有力支撑。

2. 强调多元化解，诉讼案件提级管理

新时代"枫桥经验"的内涵强调了矛盾纠纷的多元化解，扬子国投党委在践行新时代"枫桥经验"过程中，通过"一把手挂帅"专班强推、集团党委会前置研究、集团审计合规部全程参与等有效举措，将下属子公司诉讼案件全部提级至集团本部管理，改变过去子公司"一诉了之"的简单做法，坚持以不诉、少诉、和诉为优先化解路径，积极通过协商、调解、和解等"非对抗性"方式化解矛盾，探索构建多元解纷机制。

扬子国投下属扬子租赁公司与合作方联合开展了一笔本息上亿元的融租业务。在合同履行过程中，承租人以程序瑕疵为由停止支付租金，形成事实违约，合作方一纸诉状将承租人告上法庭，扬子租赁公司被迫卷入诉讼。若采取"对抗式"讼，不仅可能激化矛盾，导致国有资产损失，甚至将会对区域金融环境造成不利影响。

面对首次出现的融租诉讼，扬子国投党委见微知著，强化风险意识，明确"和诉"原则，将案件提级至集团本部管理。在律师专业研判的基础上，集团主要领导带队与承租方多轮交流，晓之以法、动之以理、感之以情。最终，通过正和博弈，承租人根据法院判决，主动签订终止协议并归还全部本息，金融业务风险成功化解。

通过提级管理，各子公司如需提起诉讼，必须将诉讼的必要性向集团党委会阐释清楚，在未依法穷尽各种非诉手段解决问题前，不得轻启诉讼，在坚守国资安全底线的前提下，鼓励各子公司与纠纷相对方积极开展对话，寻求"和谈"解决之道，不仅避免了纠纷的进一步升级，更为双方未来的合作打下了坚实的基础，实现了共赢的目标。目前通过非诉化解路径，已成功挽回损失约 9600 万元，多元化解机制取得显著成效。

3. 坚持以人为本，矛盾纠纷共情化解

新时代"枫桥经验"的核心内涵之一在于坚持以人民为中心。在法治社会中，法理与人情并非水火不容，而是相辅相成的关系。扬子国投下属企业负责建设的某建筑垃圾资源化处置项目设计招标公告发布后，因个别自媒体不实言论误导，造成周边小区居民恐慌，密集通过 12345 进行投诉。平衡好居民因不了解而产生的恐慌和抵制情绪，与建筑垃圾无害化处理的正当需求产生的矛盾，是平稳化解该民生纠纷的关键所在。扬子国投党委坚持以人为本，一方面组织召开内部交流会和居民见面会，围绕项目选址、环境污染、生产工艺、交通运输等问题，从专业角度"一对一"释疑解惑，另一方面组织居民参观建筑垃圾资源中心，让其直观了解工艺流程，消除误解疑虑。同时，正向引导，对接协同社区、公安、媒体等一体联动，核清事实，消除投诉人不合理预期，通过社区人民调解委员会成功实现调解，加强与电视台等媒体的沟通联系，积极反馈正向信息，避免产生社会负面报道。

在顺利化解此项矛盾后，扬子国投坚持举一反三，以案促治，将类似的工作规范化，通过健全规章制度，制定《12345 政务热线管理办法》和《舆情工作管理办法》，规范应急处置方法路径，落实安全文明施工要求，逐条逐项编制文明施工标准化细则，做到工作开展安全规范、有理有据。

通过以人为本、将心比心、共情化解，2023 年以来，扬子国投共受理 12345 工单超 8500 件，签收率、办结率 100%，解决率和满意率均位于全市前列。

4. 履行社会责任，民工工资倾力保障

扬子国投建设领域新工程项目较多，面临务工民工数量多、工程资金需求大的现状，民工工资保障与欠薪治理工作存在范围广、链条长、个体多、诉求杂等困难点，若治理欠薪不到位、矛盾处理不及时，极易引发舆情风险，对社会造成不利影响。

为落实化解欠薪矛盾，保障农民工切身利益，维护社会稳定，扬子国投党委主动扛起社会责任，抓纲举目、突出重点，分析研判民工工资支付管理重点环节，抓责任落实、抓源头治理、抓问题处置同步走，确保清欠工作质效提升：一是“组织”走在工作前。建立集团党委领导的建设领域治欠工作专班，落实集团专班—集团部室—成员企业—工程项目四级责任体系，强化组织领导、压实工作责任、提级监督管理，实施定期专班调度机制，在春节假期和秋季开学两个治欠关键期前置开展集中整治，打出治欠组合拳。二是“预防”走在处置前。坚持强化源头治理，分析问题漏洞根源，落实关键管控措施，用好“监管户”与“实名制”工具箱：某项目针对木工班组 12 人撤场结算工资诉求，即时通过实名制系统核算当月应结工资并签署结清协议，“民工专户”次月按时将 3 万余元工资款足额发放至各民工账户中，切实化解民工撤场时争议多、矛盾多的舆情隐患；某项目针对装修施工人工费占比高特征，提前分析核算工程造价中人工费构成比例，将人工费支付比例由 20%提高至 30%，确保“钱袋子”额度充足。三是“处置”走在激化前。加强讨薪应急处置机制，舆情发生第一时间介入处理，倾听民工“心声”，以民工权益为本制定合规高效的解决方案，穿透监督欠薪支付链条，确保到账工资不“缺斤少两”。某项目在已及时支付人工费情况下，紧盯下游分包单位零星用工讨薪矛盾化解，时刻跟踪分包单位结算支付，通过多次协调督促，1.4 万元欠薪最终获得支付，圆满化解民工投诉矛盾。

通过上述举措，扬子国投为工程项目农民工工资发放建立了坚实的保障，农民工讨薪矛盾大幅减少，秋季开学季投诉工单数量相较于春季开学季降低 66%，欠薪治理与民工权益保障取得宝贵成效。同时，通过总结矛盾化解与欠薪治理经验，制定扬子国投《建设领域清欠工作管理办法》，进一步完善民工工资保障举措，切实维护民工权益。

（二）认真提炼总结，形成一种工作方法

在啃下一个个“硬骨头”的基础上，集团党委带领全体员工边实践、边总结，做好调查研究“后半篇文章”，提炼形成新时代“枫桥经验”的扬子实践“四三三”工作法，即把握四项原则，锻造三种能力，做好三组保障。

1. 把握四项原则

一是践行“枫桥经验”，完善国企治理体系。进入新时代，“枫桥经验”被赋予了更多时代内涵，实现了从预防化解矛盾向基层社会治理的转变。在国企实践中，要准确理解和创新应用“枫桥经验”，贯彻落实好党的群众路线，充分调动广大干部职工的主观能动性，规范化解问题矛盾的处置方式，构建新时代国有企业现代化公司治理体系。

二是强化大局意识，维护社会群众利益。科学界定目标，制定一揽子解决方案和策略方法，站在社会总体角度来评估和管控风险，综合平衡各利益相对方的合法权益，主动承担社会责任，为困难民企渡过难关创造条件，从而实现谈判的最大公约数，避免产生次生灾害。

三是实现保值增值，坚守国资安全底线。与各利益相关主体谈判解决矛盾问题，首先要亮明身份，阐明国企立场，把握底线原则，促使各方合规执行协议约定，放弃不切实际的利益诉求，防止在问题化解过程中造成国有资产流失。

四是全程依法合规，树牢法治思维意识。坚持在法治轨道和法理范围内谈判协商、找寻路径，法务合规部门、第三方法律服务机构全程在线、实时论证，内外结合，提供专业法律意见和合规解决方案。针对重大决策和疑难问题，积极向主管部门政策问询，请行业法律专家论证，寻求指导意见和判例案例，确保依法合规。

2. 锻造三种能力

一是打牢“调查研究”基本功。发扬一线工作法，多拿“图纸”下“工地”，先后走访各类现场达200余次，与各利益相关方拜访、座谈、会谈400多次，调阅资料2500多份，通过应用时间轴分析、到规划所调档原始图册、多渠道寻访沟通离退休人员等方式，使出“绣花”功夫“解剖麻雀”，全面还原历史、厘清合作本源，力求察实情、出实招。

二是练就“敢斗争善斗争”本领。面对历史遗留问题时间久、矛盾多、头绪杂等重重困难，在集团党委领导下，干部职工不畏难、不惧责、不怕苦，在重点项目手续办理协调和与民营企业等主体谈判过程中，学会倾听对方诉求，始终关注各方利益，正确认知风险根源，通过换位思考化解矛盾，进一步提升协调谈判能力，力争达到利益平衡。

三是提升统筹运用“第三方”水平。综合引入法律、财务、评估等第三方“智力”机构，在处置遗留问题时，常常采用一个事项多家方案做比较、一个问题多方会诊提意见的竞争方式，建立赛马比拼机制，比价格控成本，以方案评优劣，用效果论输赢。

3. 做好三组保障

一是“一把手挂帅”专班强推。成立由集团主要领导任组长的化解历史遗留问题工作领导小组，按问题类型组成不同工作专班，构建“专班推进＋专家支持＋成效比拼”工作机制，明确分管领导、责任单位和问题清单，统一选聘优质第三方机构。通过常态化、定期化专题调度和考核张榜，充分激发各责任单位的主体担当。

二是“一张图机制”直抓堵点。不把历史问题丢给历史，加强责任意识和效率意识，画出“规划图”，确立工作目标，明确解决路径；拿出“施工图”，定好质量标准，做好计划安排；亮出“横道图”，确定责任主体，控好流程节点，环环相扣打通问题堵点。优化形成倒排工期、挂图作战、压茬推进、限时销号、赛榜亮相的问题处置“扬子新范式”。

三是“一站式培养”锤炼队伍。创新实施“墩苗计划”，精选年轻干部到急难险重工作一线锻炼提升，为每个专班配备一名 90 后干部，全程参与历史问题处置工作，系统提升干部队伍思考问题、化解难题的能力水平，在历次攻坚中遴选出 2 名表现突出的 90 后干部，提拔成处级干部后再次送到攻坚一线发挥作用，让精准识别和有效化解历史遗留问题成为检验、锻炼干部队伍的“试金石”和“练兵场”。

（三）强化系统思维，创建一套指标体系

践行新时代“枫桥经验”是一项长期、复杂、系统的工作，需要持之以恒、久久为功；需要统筹考虑各方主体的利益诉求、建立完善各种类型的配套规章制度、借助方方面面的力量；还需要不断反省、总结提炼，形成常态化、系统化的工作模式。在这方面，扬子国投没有故步自封，而是把新时代“枫桥经验”的实践进一步向纵深推进。

2023 年 6 月，扬子国投党委敏锐地捕捉到国务院国资委关于“全面推行 ESG 体系建设”的新一轮重要改革要求，第一时间启动了扬子国投 ESG 体系建设、指标研究等工作。扬子国投在研究中发现，ESG 核心要义正是体现了国企担当、社会责任，这与新时代“枫桥经验”扬子实践高度契合，因此，集团发挥自身智库力量——南咨公司（节能评审中心），结合 ESG 体系建设，将新时代“枫桥经验”的扬子实践成果与 ESG 指标体系深度融合，并经专家论证，初步探索形成了新时代“枫桥经验”的国企实践结晶——《新时代“枫桥经验”扬子版指标体系》。该指标体系包含了党建引领、规范治理、预防管控、多元化解和成效巩固等 5 个维度，17 个二级指标，62 个三级指标，突出系统性、规范性和可操作性，进一步提升了新时代“枫桥经验”法治化、国际化、数字化水平，使“扬子实践”做法更加可量化、可复制、可推广，推动国有资本和国有企业做强做优做大，增强企业核心功能，提升核心竞争力。

三、启示与思考

在探索实践过程中，扬子国投深刻感受到新时代“枫桥经验”在社会治理中散发的时代活力，更加强调党的领导、更加注重以人民为中心，更加聚焦基层一线，更加彰显法治思维，承担社会责任，形成新的启示和思考。

（一）坚持党的领导是核心关键

扬子国投运用新时代“枫桥经验”开展企业治理，最大的启示就是牢固树立国有企业“根”和“魂”的核心导向，将党的领导贯穿企业改革创新、经营治理全过程，发挥党员干部关键作用。坚持集团党委统一领导，理顺党委会、董事会、总经理办公会权责边界，全面优化修订《集团“三重一大”决策事项清单》，形成各司其职、各负其责、协调运转、有效制衡的公司治理机制。配齐配强基层党组织书记，切实把“爱党、忧党、护党、兴党”的理念落实到经营管理各项工作中，由各级党组织书记“挂帅”，按照“专班推进＋专家支持＋成效比拼”工作机制，主动“接棒”各项历史遗留问题。开展党员干部大比武，将年轻干部放在问题最复杂、矛盾最尖锐的“枫桥经验”实践一线“墩苗壮骨”，真正将党员干部队伍打造成为“团结群众的核心、教育党员的学校、攻坚克难的堡垒”。

（二）坚持群众路线是精髓要义

习近平总书记在枫桥镇考察时指出，要坚持好、发展好新时代“枫桥经验”，正确处理人民内部矛盾，紧紧依靠人民群众，把问题解决在基层、化解在萌芽状态。扬子国投在践行新时代“枫桥经验”中，始终将人民群众装在心里，针对市场中的多类主体、多种诉求、多方利益，深入一线调查研究，实事求是、守正创新地化解融资纠纷、片区民生供水等难题矛盾 15 项，最终实现共治多赢、共享成果的有利局面。

（三）坚持法治思维是保障支撑

在积极践行新时代“枫桥经验”的过程中，扬子国投深刻认识到法治思维与法治保障对于实现社会治理现代化的重要性，主动将法治精神融入企业运营的每一个环节，展现出了高度的法治自觉与坚定立场。在应对民营资产回购、金融投资纠纷等各类矛盾冲突时，扬子国投始终坚持依法依规办事的原则，将法治思维作为化解矛盾的首要武器，摒弃简单粗暴的处理方式，转而采用更加理性、平和的法治手段，通过法律途径明确权责关系，寻求双方都能接受的解决方案。这种做法不仅有效避免了矛盾的激化升级，还增强了群众对法治的信仰与依赖，促进了社会的和谐稳定。

（四）坚持平安国企是目标导向

在新时代“枫桥经验”国企实践中，扬子国投以“总体国家安全观”为指引，以强化“一把手”平安国企意识为核心，以“一站式”锤炼队伍为基础，以“敢斗争、善斗争”硬本领为支撑，以守正创新为目标，秉承“敢为、敢闯、敢干、敢首创”的“四敢”精神，通过党委高位调度和专题部署，风险隐患及时排查化解，预警防控机制有效设立，实现自成立以来生产安全“零”事故的工作成效，展现国企在经营管理和安全生产领域的创新实力和责任担当，确保企业治理行稳致远。

（五）坚持社会责任是国企担当

“问题不上交、矛盾不激化、风险不外溢”是扬子国投践行新时代“枫桥经验”的核心理念。作为国有企业，经济责任和社会责任是不可或缺的一体两面，在不断强化经营绩效的同时，也要践行社会责任。扬子国投运用新时代“枫桥经验”就地化解历史遗留问题和矛盾纠纷，不回避问题，不“甩锅”政府，注意避免引发群体性诉讼或矛盾，实现问题不出企，风险不外溢，践行了国有企业的社会责任，树立了社会担当精神。

作者：王伟（南京扬子国资投资集团）

以建设平安韧性小区推动基层治理现代化的实践与探索

一、浦口区基层治理的现状分析

基层治理是国家治理的基石。浦口区委区政府始终将基层治理现代化作为高质量发展的重要支撑，紧扣中国式现代化总体要求，聚焦社会结构复杂、人口流动性强、利益诉求多元等省际毗邻区域特点，着力拓展治理体系、强化治理能力、提升治理质效，完善共建共治共享的社会治理制度，不断探索基层治理现代化浦口新实践。2023年，群众安全感指数达99.5%，全市领先，治安问题解决率全年均值72.75%，全市第一。

（一）基层治理举措与成效

1. 政策体系不断完善

出台《浦口区强化社会治理和民生保障行动方案》，推动党建引领强基、三治融合善治、服务升级惠民、网格化治理提质、智慧治理赋能、平安建设护航等6大行动21项任务措施落地，形成了统分结合、上下联动的工作格局。

2. 党建引领持续强化

贯彻落实持续推进整治形式主义为基层减负工作的针对性措施，并将其列入党建综合考核"党建引领基层治理质效"指标。对经济薄弱社区（村）、乡村振兴任务重的社区（村）、党组织软弱后进社区（村）全覆盖选派驻社区（村）第一书记。深化"党旗飘在一线、堡垒筑在一线、党员冲在一线"行动，引导党员在加强基层治理、维护安全稳定、推进乡村振兴等方面发挥作用。

3. 网格治理更加精细

深入实施“精网微格”提升工程，组织开展综合网格规范调整，全区现划分网格554个，其中综合网格525个(新增47个)、专属网格29个(新增5个)。全区网格员共采集信息25万余条，排查化解矛盾纠纷7855条，网格合格达标率100%，网格工作知晓率75%。

4. 基层服务逐步优化

采取“街道、社区”两级对接和“街道＋公共服务队”两种模式，实现公共服务网格与社区综合网格精准匹配、覆盖融合，构建“网格＋公共服务”融合治理工作体系，推动资源下沉在网格、服务聚集在网格、问题解决在网格。围绕“用户一个诉求，问题一次派单，网格联动解决”的要求，建立问题处置机制，依托大联勤、小浦拍、浦e通等平台，联动响应快速处置涉水、电、气、讯各类问题隐患，落实问题发现—扭转—处置闭环管理。

5. 人才培养稳步推进

推动社工和网格员队伍一体建设、一体管理，82名网格员经考核转聘为社工，全区社工身份网格员267人、占比50.86%，持有社工证网格员158人、占比30.1%。区财政按每个网格每年2万元标准，将网格绩效考核奖励资金纳入区级年度预算，由街场结合实际制定考核办法，落实考核，兑现奖惩。

6. 数字治理全面提质

整体推进“一网统管”体系建设，完善市、区、街三级城市数字化治理平台，融合各部门数字信息终端，优化群众诉求、工单流转、不见面审批、大数据分析等模块，构建“1＋12＋N”指挥调度体系，实现城市运行跨部门跨层级协同作战。推广应用“小浦拍”，采取上报问题奖励积分获取话费的方式，鼓励引导群众参与社会治理。

（二）存在的问题与不足

1. 党建引领仍需加强

一是基层党建和常规工作脱节。少数社区(村)存在轻党建、重业务现象，党建工作只停留在表面、落实在纸面上，“两委”党建引领不够有力，基层治理能力上不能发挥党建引领作用，党建工作没有融入实际工作中去。二是组织建设不健全。部分社区(村)干部队伍党建意识不强，组织能力弱，社区(村)以下的党组织不健全、不运转，支部建在网格上不实，群众身边的党小组不全，党员志愿队伍作用不显。三是社会面党员管理难。全区近1.1万名社会面党员，存在管理不到位、组织动员不到位、示范引领不到位、作用发挥不到位等情况，部分社会面党员甚至被区纪检监察组织立案查处。

2. 专业水平有待提高

一是群众对美好生活的需求逐步提高。面对群众的多元需求和“全科网格员”的标准要求，基层治理工作的穿透力还不强，发现问题还不够精准，服务群众还不够及时到位，工作队伍的整体素养还需持续提升。二是基层减负工作还需继续发力。基层的权利有限、责任无限情况以及“小马拉大车”情况依然客观存在，“吹哨报到”两级响应机制建设运行与构建“权责明晰、协同有序、简约高效”的基层治理体制机制的目标要求还有差距。三是网格队伍建设水平参差不齐。例如政法网格员深入社区、网格一线开展工作较少，政法网格长、政法网格员与群众的供需衔接还不够顺畅，政法网格员组团服务的效能还不够明显。

3. 干群关系亟须改善

一是少数部门宗旨意识淡化。从 12345 热线工单的分析发现，少数部门过多强调属地责任推诿扯皮，造成工单回流、循环、无解，既影响政府在群众心目中的公信力，也伤害基层工作人员的积极性。二是缺乏制度化诉求表达机制。基层群众的民主评议和意见建议缺乏制度化表达机制，基层干部的行为激励主要依赖上级，缺乏与群众的紧密联系，这也导致群众实施自治的意识和水平均不高。三是基层治理队伍下沉不到位。许多治理工作停留在社区(村)的层面，并没有深入居民小区、居民身边，居民群众对基层治理队伍的身份认知还不清晰，工作内容也不清楚、不了解、不认可，与打造“熟人社会”的理想状态还有较大差距。

二、基层治理现代化的功能定位

(一) 中央部署精神

1. 加强党的领导

《中共中央 国务院关于加强基层治理体系和治理能力现代化建设的意见》指出，要坚持党对基层治理的全面领导，把党的领导贯穿基层治理全过程、各方面。一方面，要完善党全面领导基层治理制度，把抓基层、打基础作为长远之计和固本之举，把基层党组织建设成为领导基层治理的坚强战斗堡垒，使党建引领基层治理的作用得到强化和巩固。另一方面，要加强基层政权治理能力建设，增强乡镇(街道)、社区(村)党组织的行政执行能力、为民服务能力、议事协商能力、应急管理能力、平安建设能力，融洽党群、干群关系。

2. 完善治理体系

2023 年 7 月，习近平总书记在江苏考察时赋予江苏“四个新”的重大任务，希望江苏“在推进社会治理现代化上实现新提升”，强调要完善社会治理体系，健全城乡基层治理体系和乡村治理协同推进机制，推进社会治理数字化。党的二十届三中全会强调，要“健全党组织领导的自治、法治、德治相结合的城乡基层治理体系，完善共建共治共享的社会治理制度”，为进一步推进基层治理现代化提供了科学指引。

3. 坚持以人为本

党的十九届四中全会要求“坚持共建共治共享，建设人人有责、人人尽责、人人享有的社会治理共同体”，社会治理共同体理念深刻回答了由谁治理、怎么治理、治理成果由谁享有的重大问题，彰显着浓厚的人民性特质。习近平总书记强调，“坚持人民性，就是要把实现好、维护好、发展好最广大人民根本利益作为出发点和落脚点，坚持以民为本、以人为本”，“要坚持和完善基层群众自治制度，发展基层民主，保障人民依法直接行使民主权利，切实防止出现人民形式上有权、实际上无权的现象”。

4. 突出韧性安全

党的十九届五中全会首次提出建设“韧性城市”。党的二十大报告指出：实施城市更新行动，加强城市基础设施建设，打造宜居、韧性、智慧城市。2023 年 11 月 28 日至 12 月 2 日，习近平总书记在上海考察调研时提出要“全面推进韧性安全城市建设”，努力走出一条中国特色超大城市治理现代化的新路。“韧性安全城市”是在“韧性城市”的基础上，进一步强调了城市的安全属性，它不仅要求城市在非常态扰动冲击下能够从充分适应到快速恢复，更要求在常态运行中就具备对潜在风险的识别、评估、监测和预警，以及对安全威胁的有效应对等能力，突出了安全理念在社会治理中的核心价值。

（二）地方探索实践

2022 年 8 月，南京市委召开加强基层治理体系和治理能力建设暨社区工作会议，出台《关于加强基层治理体系和治理能力现代化建设的实施意见》等基层治理“1+2”文件，明确党建引领基层治理总体目标、政策路径和保障机制。2023 年 3 月，南京市委市政府召开全市城市建设和精细化管理工作会议，要求立足特大城市发展方式转变和省会城市功能完善的需要，加快建设和谐宜居、富有活力、安全韧性、特色鲜明的现代化城市。市委将“‘一网统管’与安全韧性城市建设探究”列为全市 6 个重点调研课题之一。

（三）公安改革导向

近年来，南京公安大力推进“市县主战、派出所主防”实战化职能体系建设，深入布局现代警务战略。浦口公安分局坚持和发展新时代“枫桥经验”，将社区警务作为公安工作现代化的重要一环，持续推进基础工作攻坚提升行动、深化“警格＋网格”融合治理、打造“1＋3＋N”社区警务团队，推动工作思路从“控事稳局”向“深耕善治”转型，工作方式从被动警务向主动警务转变，工作格局从条块分割向融合贯通转变。

三、以建设平安韧性小区推动基层治理现代化的实践探索

推进改革发展稳定的大量任务在基层，推进国家治理体系和治理能力现代化的基础性工作在基层。社区(村)是行政力量主导基层治理的最远触角，但居民小区才是基层治理的最小单元，如何打通这“最后一公里”，成为摆在基层治理面前的现实问题。浦口公安分局主动跨前，探索从基层治理、韧性安全城市的最小单元、最小细胞入手，创新打造“平安韧性小区”，坚持党建引领、文化涵养、法治润泽、环境提升、多元共治、科技赋能六个维度系统推进，构建线上“数据汇聚、赋能实战”的平安防线和线下“多元参与、融合共治”的功能矩阵，探路共建共治共享社会治理新范式。

(一) 精心谋划启动

居民小区主要包括高端住宅、普通商品房、公寓楼、经济适用房、保障房等，这当中又以保障房小区的治理最为困难。浦口公安分局坚持做“难而正确的事情”，2023 年 8 月，选取浦口区桥林街道最大的保障房兰桥雅居小区作为试点，谋划建设“有牢固安全屏障、有美丽居住环境、有和谐邻里氛围、有多元联动共治，无突出矛盾、无安全事故、无人员滋事、无入室盗窃”的“四有四无”平安韧性小区。

兰桥雅居小区位于桥林街道兰花塘社区，由浦口开发区托管，2013 年建成使用，占地 0.15 平方公里，分一期、二期，共有 28 栋楼宇、54 个单元，共 2032 户、常住居民 4750 人。因基础设施差、物业管理差、环境卫生差，是浦口区有名的“问题小区”，主要存在六个方面的问题：一是技防设施建设不完善。视频监控正常运行率不足 70%，超过 10 个路口无监控覆盖；因设施老化、厂商倒闭，电梯故障率常态化超过 20%，得不到及时维修。二是纠纷化解渠道不通畅。小区年均接警约 510 起，日均 1.4 起，超过 60%为纠纷类警情，该项指标远超浦口居民小区均值；3 名居民因矛盾纠纷问题反复投诉，多次赴省进京信访。三是守护居民平安不周全。小区内年均发案 120 余起，类型集中在电诈和盗窃，居民自我防范意识、法治观念较弱；小区 60 岁以上老人占 35%，其中近三成为独居状态，发生意外后较长时间难以被感知；曾发生多起高空抛物警情，均因无法溯源未能有效查处。四是风险隐患排查

不见底。居民安全意识淡漠，集中充电桩使用率不高，将电动自行车、电瓶带回家中充电成为常态；小区内开设 10 家商铺，楼道、天井处堆放大量货物及纸箱，消防隐患大。五是环境卫生维护不到位。部分居民不适应从村居平房到小区高楼的生活模式转变，认同感与归属感缺失，车辆乱停乱放、堵塞消防通道；争相开垦绿化带私自种植蔬菜、在树间拉绳晾晒；居民不交物业费，物业管理及费用由政府被动兜底。六是干部群众联系不紧密。缺乏统一高效的组织领导，居民缺乏有效反映诉求的渠道，2023 年 12345 热线投诉工单 277 件。

浦口公安分局主动对接南京市公安局警种条线、浦口区级部门、企业院校等单位 35 家，组织现场调研 21 轮次、专家论证会 2 场、协调推进会 17 场，在小区内发放调查问卷 2 轮次、4300 余份，系统梳理基层治理中存在突出问题，因地制宜设计建设方案、任务清单，有序推进。

（二）聚焦三大“引领”，把准治理攻坚方向

1. 聚焦党建引领

习近平总书记指出，把党的领导贯穿改革各方面全过程，确保改革始终沿着正确政治方向前进。浦口公安分局在创建过程中，注重发挥基层党支部战斗堡垒作用，以社区党群服务中心为载体，社区党支部为基础，吸收整合公安、社区、网格、业主、物业党员力量，形成“警网业”党建联合体，实现党的领导与多元社会主体参与相统一、党建平台与多种社会治理资源相融合，健全党组织领导的自治、法治、德治相结合的基层治理体系。在小区内打造党建长廊，成立党员先锋队，由社区书记、社区民警负责，物业公司全力配合，共同开展垃圾分类、清洁家园、反诈宣传、平安巡逻、公益捐赠等志愿服务活动，不仅打造了生态宜居的生活环境，还丰富了居民文化生活，得到了小区居民的广泛认可、快速响应和积极参与，催生了“兰桥”“双山”“泰来”等一批基层党建品牌，真正把党的理论优势、政治优势、组织优势、制度优势、密切联系群众优势转化为社会治理的强大效能。

2. 聚焦文化引领

在建设过程中，注重塑造文化认同和共同价值理念，因地制宜地挖掘小区历史文化，通过讲好当地故事，引发居民共鸣，坚定文化自信。兰桥雅居小区大门悬挂的一副楹联“簪落许多情，兰花桥下绕塘开，氤氲九畹生民舞；人和殷善政，雅苑居中当户坐，康乐万家福泽长”，讲的是兰花塘的由来与当下。相传楚汉相争时，项羽兵败垓下，途经此处时，虞姬头上一支兰花图案的发簪掉落在村落的池塘边，从此每年这里的山脚下、道路旁、田间地头，都会盛开美丽的兰花。而在小区广场设置的“平安”筷筒雕塑，则来源于一件明朝末年用兰花塘山泥烧制的“筷筒”，现为南京

历史博物馆馆藏，上面刻有“人口平安”字样。小区以优秀传统历史文化为纽带，唤醒居民对于平安的共同期许和责任，引导居民清醒认识自身追求的价值目标需要亲自参与，并与其他主体形成紧密共同体关系。

3. 聚焦法治引领

法治是社会治理的最有效方式，是社会治理现代化的重要标志。向全体小区居民发放《致兰桥雅居居民一封信》，倡导公平公正公开的法治精神，推动小区物业费用使用情况每月公示，促进物业与业主之间相互理解、互信互利。实施公民法治素养提升行动，在小区内共同打造法治长廊，将法治宣传与道德滋养相结合，用好法治课堂、道德讲堂、邻里中心等基层民主宣传阵地，提升居民守护平安的思想共识和行动自觉，形成办事依法、遇事找法、解决问题用法、化解矛盾靠法的良好氛围，营造了“崇德、守法、孝亲、睦邻”的风尚。推进社区矛盾纠纷“四方”调处站建设，吸收老生产队长、“五老”人员组建“乡贤调解员”队伍，滚动排查家庭、婚恋、邻里、债务纠纷，及时解决在萌芽状态、化解在小区。结合信访工作法治化，创新重复警情治理“一二三”工作法，梳理底数、分析成因、评估风险，实行分局领导、派出所领导、社区民警分级包案机制，成功化解小区内 3 个反复信访矛盾。

（三）选准三个“切口”，践行以人民为中心

1. 以环境整治为切口舒民心

保障房小区给大众的最直观印象往往是环境脏乱差，保障房小区业主自身体感最差的也正是居住环境问题。在创建平安韧性小区之初，联动区城管局、房产局、通管办、桥林街道、小区物业，开展小区里的“四清四拆四整治”，用一个月时间对小区进行了一次彻头彻尾的“大扫除”，养护草坪 2300 平方米，铲除菜地 27 处，更换旧损公共设施 300 余件，清理“僵尸车”200 余辆，规范调整车位划线 40 处，集中整理空中管线，铲除小广告牛皮癣，短时间内迅速扭转了环境脏乱差的顽疾，居民群众体验感很强、拍手叫好。在垃圾分类方面，建设高标准投放点 6 座，配有分类指导员、宣传员、巡查员 10 名，给居民按照垃圾种类分发不同颜色的垃圾袋，施行积分奖罚，小区居民自觉意识明显增强，小区被评为全市“回收服务点示范小区”。

2. 以居民议事为切口顺民心

以居民的根本利益为根本坐标，系统分析涉小区的 110 报警、12345 热线等多维度数据，明确小区居民的难点、堵点问题，坚持人民有所呼、改革有所应，由公安分局牵头召开居民议事会，针对性地组织党政职能部门，组团式的主动与居民面对面、共话平安。自 12 月 26 日在兰桥雅居召开第一场居民议事会以来，通过严格落实“现场办、联合办、提级办”机制，帮助小区居民高效解决电梯损坏、房屋漏水、毁绿种菜等实际困难，省去了12345投诉、交办、反馈的冗长流转环节。目前，兰桥雅居小区固定每月26号召开议事会，通过13场会议解决居民急难愁盼问题64件。同时，浦口公安分局牵头、多部门主动参与的居民议事会已在浦口区其他30多个小区累计举办93场次，参与群众超3000人，解决群众诉求320余件，真正做到了社会治理过程人民参与、成效人民评判、成果人民共享，极大地改善了干群关系、警民关系。

3. 以消险除患为切口安民心

在创建初期，小区电动自行车乱停乱放问题严重，进楼入户、飞线充电情况屡禁不止。浦口公安分局主动牵头，会同市局、区政府多部门以及相关充电桩企业联合研办，一是在企业降价基础上，协调属地街道跟进补贴，将居民集中充电成本从"1元充5小时"降低至"5毛充6小时"，远低于入户充电费用。二是督促企业出资给全部充电桩进行巡检、投保，加强安全保障，消除居民安全顾虑。三是邀请区国有平台现场办公，规划增建充电桩，推动充电设施扩容，缓解充电难问题。充电降费入险举措解决了"电动车上楼充电"这个困扰全国的难题，迅速作为政法惠民实事在浦口32个小区推广，以前小区是"楼上满、楼下空"，现在是"楼上空、楼下满"，违规充电现象大幅降低，实现了隐患被压降、管理有秩序、群众得实惠的三重收益，惠及6万余居民。

（四）创新三项"机制"，治理效能迭代升级

1. 多元共治机制

浦口公安分局在平安韧性小区建设过程中，充分发挥自身综合优势和各相关部门的专业优势，建立起协同高效的组织体系和清晰严密的责任体系，打造了以社区工作团队为班底的基层治理共同体，开展精细化治理探索。在政务服务、疑难会办、行政执法等过程中，坚持"部门联合、事项整合、数据耦合、优准结合"，最大限度实现跨部门"综研联检"。发动协管员、网格员、楼栋长、物业共同参与小区管理，网格服务管理中心与社区警务室、智慧可视微中心合署办公，培训人民调解员、小区保安等平安力量协助警力开展现场警情处置，联动警力按需到场处置。组建小区"浦安联盟"队伍，设置必巡打卡点，做到警民合力、内外协同、交叉互补。对独居老人等落实看护关照，创新建立"老伙伴联盟"，形成睦邻互助良好氛围。建立"兰心润空间"，联合"陶老师热线"和南京审计大学专业团队，为小区未成年人提供心理健康关爱服务。

2. 科技赋能机制

风险防控是实现安全治理关口前移、从被动应对到主动防御转变的基本策略。

浦口公安分局建设平安韧性小区时,注重对风险全过程的智能感知、精准研判、实时预警和有效管控,切实做到抓早、抓小、抓苗头。紧扣线上“数据汇聚、赋能实战”目标,对接区主管部门,开源汇聚13类、1.2亿条数据,建立基础、生活、感知3类数据池,完成90处智能监控补盲、智能门禁建设,建立居民生活无感守护、重点人员多维管治、一老一小隐形呵护、风险隐患动态清零、社会环境净化掌控五类实战场景应用,真正做到了实时掌握“什么人在小区”“在干什么”“在想什么”,异动异入情况第一时间自动推送社区工作团队主动处置。

3. 韧性评价机制

对数据信息的深度采集和动态把握,是平安韧性小区试点推进的另一亮点。浦口公安分局创新设立百分制的“平安韧性指数”评价体系,实时抓取、分析硬件建设、机制建设、数据建设、队伍建设、运行质态等5类30项数据。如小区发生案件、安全事故等负面问题,将自动触发扣分机制,并及时将扣分项目和原因推送社区与主责部门,待问题事项解决后,分数将再次补回。30项指标在加权计算后,得出小区平安指数得分,并以此区分安全、较安全、基本安全、不安全四个等级实时反映小区安全水平,小区治理由此具备“智慧”与“韧性”。建设实践生动形象地表明,数字治理能极大提高基层治理的精准性、时效性和规范性,是推动治理效能提升的强大动力。目前,浦口公安分局已将“平安指数”评价体系运用到全区街道、社区的安全水平评价。

(五)平安韧性小区治理成效

经过一年多的持续推进,兰桥雅居从“问题小区”质变为“美丽家园”,基层治理工作也经历了四大转变。

一是从“质疑不解”到“广泛参与”的转变。建设初期,居民们有疑惑、有好奇,也有质疑作秀,甚至反对的声音。但从召开第一次兰桥议事会开始,浦口公安分局牵头各部门组成的治理共同体风雨无阻,与小区居民相约在居民议事厅,倾听意见和建议,解决诉求和困难,实实在在的为民排忧解忧。小区居民渐渐地从基层治理的旁观者,成为参与者、主导者,为小区的改善提升建言献策。

二是从“观望等待”到“同心同行”的转变。客观上,政府部门各司其职、各有分工,但在社会治理的最基层,许多无法细分的工作,往往是公安机关和属地街道社区被动兜底。但在平安韧性小区建设过程中,城管、司法、民政、房产、数治、政务、街道等各部门主动跨前,互相补台补位,进行了基层治理的生动实践,为小区居民带来了最前沿的资源和最坚实的保障。

三是从“事后处置”到“事前预防”的转变。通过线上智能建设和线下队伍组建，实现了风险隐患可感、可观、可控、可清，矛盾不出小区，甚至不出楼栋。小区实现入室盗窃、毒品案件、个人极端案事件、火灾事故、高空抛物的“零发生”，电信诈骗案件下降 80%，各类违法犯罪类警情和 12345 投诉工单前期锐减后保持低位。

四是从“破窗效应”到“共同家园”的转变。倡导的“公平公正公开”成为小区共同价值导向，居民的主人翁意识更加强烈，更加注重守护全小区的公共利益不被损害，共同维护幸福家园。居民与物业双向奔赴，原来一户都不交物业费，从 2024 年 5 月 1 日起，1200 余户居民主动缴费，缴费率达到 60%。有了资金输入，小区服务品质也在不断提升，进入良性循环。

相关建设经验被《新华社高管信息》《江苏法治报》《南京日报》刊载，南京电视台专题报道。《平安韧性小区建设指南》被南京市市场监督管理局批准立项，申报地方标准。目前，浦口区已在 5 个街道的 8 个保障房小区、1 个老旧小区和 1 个商住楼小区推广建设平安韧性小区，将改革试“点”延伸至“线”。2025 年，将进一步推广至全区 82 个保障房小区、16 个老旧小区和 5 个商住楼小区，进一步提升全区基层治理现代化能力和韧性安全水平。

作者：李祥（南京市公安局浦口分局）

“一网统管”提升基层治理现代化水平的江宁改革与实践

基层强则国家强，基层安则天下安。党的二十届三中全会通过的《决定》从推进国家安全体系和能力现代化的战略高度提出了健全社会治理体系的重大任务，明确要求要健全“高效办成一件事”重点事项清单管理机制和常态化推进机制。近年来，江宁区以“一网统管”工作为重要抓手，激活数字化治理改革力量，紧紧围绕“高效处置一件事”，促进数智赋能向社会治理各领域延伸覆盖，不断提升基层治理现代化水平。

一、基本情况

作为全市区域面积最广、经济体量最大的行政区，江宁辖区流动人口、工厂企业、高校园区众多，对数字化治理的需求尤为迫切。按照省、市对全面提升城市现代化治理能力和加快推进城市运行“一网统管”的工作要求，江宁区聚焦“实战中管用、基层干部爱用、群众感到受用”的目标，2022 年底全面启动“一网统管”工作三年行动计划，聚力构建符合地方发展实际的“一网统管”运行体系。依托数字政府基础支撑能力，通过技术创新、机制创新和组织创新，优化城市运行管理体系和流程，实现“一网整合数据、一屏能观全局、一体应急联动、一线解决问题”；通过网络技术将各种分散的系统、平台或数据集成到统一的管理平台下，实现对这些资源的统一调度和管理；通过打造实战管用的“一网统管”联动指挥调度系统，整合共享全区指挥管理信息资源，构建“区、街道、社区、网格”四级联动指挥调度体系，实现城市数字资源高度整合、信息系统高度集成、联勤联动高度协同、指挥体系高度统一，确保“管得着”，有效实现“一网统管”目标。

一是创新“一网统管”组织架构。成立区、街道两级城市数字治理中心，实体化运作，充实人员力量，分工协作，上下联动，平战结合，统筹各自治理事务。区级中心为全区工作牵头抓总部门，统筹全区“一网统管”和城市数字化治理工作，组建城市运行感知中心、分析研判中心、综合指挥调度中心和轻应用开发中心，负责区域内城市数字治理中心建设、赋能、运行监测和分析研判，负责区域内重要城市预警和重大事件处置；街道城市数治中心主要负责区域内城市运行“一网统管”具体工作的推进落实，健全完善日常管理和应急管理机制，完善网格管理责任体系。

二是完善“一网统管”技术平台。结合各部门现有信息化建设成果，全区统一架构，整体设计，打通条块业务系统和街道自建系统，形成横向到边、纵向到底、互联互通的矩阵结构。建设全区“一网统管”共性技术平台，支撑“一网统管”应用敏捷上线，满足区级、街道、社区各层级实战应用场景开发，形成应用场景快速孵化、全区复制的良性循环。

三是创新“一网统管”建设模式。探索市场化推进方式，通过政府集中购买服务，利用社会资本在技术和运营模式等方面的优势，共同参与“一网统管”建设，实现可持续运营。通过“一网统管”应用场景建设，培育“一网统管”产业生态，带动相关数字产业经济发展。成立“一网统管”建设专家库，积极邀请政府外脑参与咨询决策，发挥领域专家、高端学者、科研院所、行业协会等在政策制定、项目评审、经验交流中的重要作用。

二、特色做法

（一）聚焦体制建设，突出“统”的能力，决策部署更科学

一是完成组织架构优化。以机构改革为契机，优化完善区数治中心组织架构、职能配置、人员配置，为后续扎实做好信息归集、数据赋能、趋势研判、指挥调度、监督考核奠定坚实基础。推进街道指挥中心规范化运作，建成 1 个区级指挥中心和 10 个街道指挥中心，并将指挥调度力量延伸到网格。整合全区的政务数据资源和指挥资源，建设一体化的“一网统管”综合管理平台，平台完成 98 个部门、10 个街道、3 个园区的组织架构和 1.5 万余条人员信息建档，确保指令快速下达、高效处置。

二是完善指挥调度体系。推进构建“2＋4＋N”指挥调度体系，联动两级城运中心、四级城运力量、N 个职能部门及社会力量，形成纵向全穿透、横向全联动、区

域全统筹的指挥调度体系；研究谋划《南京市江宁区“一网统管”指挥调度能力提升方案》，加强跨部门、跨层级、跨区域业务协同，建立上下联动和平战结合的工作机制，进一步提升“一网统管”指挥调度能力，打造实战管用的“一网统管”联动指挥调度体系；制定《区城运中心值班值守工作规范》，规范重大事件流转、工单派发、消防警情指挥调度、特殊天气指挥调度、消防警情日报等事项流程。

三是推进部门协作联动。推进数字城管指挥中心、应急指挥中心、森林防火指挥中心、城市防汛指挥中心等整体入驻及实体化办公；推动区委政法委、城建局、城管局、应急管理局、水务局、消防大队等多部门及区政府总值班室入驻区数治中心，在中心进行统一集中办公，实行 7×24 小时值班值守制度，加强信息互联互通，有效提升城运事件处置效率；相关部门科学整合利用现有的微型消防站、网格工作站、点位工作站、应急广播系统、医疗机构、监控系统等关键应急资源，并将 1051 个小区总控室、消控室、值班室电话接入“一网统管”平台，构建全域化立体化应急救援工作体系。

（二）强化数据管理，保证“网”的安全，数据基础更牢固

一是加强政务网络建设。全面做好全区电子政务外网运维管理和网络安全运维工作，与省、市主管部门及区内各部门进行网络数据对接，对全区政务外网的新建和使用进行审核、监督，并指导各网络运营商的建设、运维工作；完成业务专网与政务外网的整合并网，目前已完成原有水利专网与政务外网互联互通，财政专网和调查专网的并网工作正按计划分步实施；对数治中心机房、区政府机房、云计算中心机房、电信机房等重要点位进行双路由部署，保证政务外网的稳定支撑；完成“十街道一中心”网络割接，逐步构建以市级城运中心为核心，纵向直接连通市、区和街道三级城运中心，市级统一管理的政务网络架构体系；扎实做好全国两会、南京市“网安 2024”和江苏省网络攻防演练等重要活动期间的网络安全保障工作，确保区政务外网、政务云和各业务系统的安全稳定运行。

二是不断优化云端资源。持续做好全区原建、新建业务信息系统的服务器资源分配、端口映射等日常保障工作；根据南京市《关于区级政务云平台对接市级政务云平台的通知》要求，按时完成对接工作，目前区政务云资源、虚拟机 CPU、内存和硬盘的利用率等情况均已实时对接，实现了市区两级政务云一体化管理；对全区现有在用云资源进行梳理评估，对过度申请和实际利用率低的系统资源进行优化，累计释放云资源占比约 13%，极大节约资源成本。

三是开展数据安全体检。对电子政务外网、“一网统管”平台及“我的江宁”App 等十余项重要信息系统通过集约化采购，统一推进等保测评和备案工作；在区内政务外网公用网络区和互联网络区各部署 3000 套终端杀毒软件，改善政务外网用网环境；对“一网统管”体系开展风险评估自查，针对政务云和政务网运行中存在的实际问题制定解决和提升方案，不断优化完善安全策略和安全架构；实时监测全区单位“两网通联”等违规用网行为，并对相关单位的整改工作进行现场指导；扎实开展不规范使用扫描软件、聊天工具、电子邮箱，以及弱口令等专项整治工作；对区政府负一楼核心机房进行整治，解决 UPS 电源故障和设施设备老化等问题，调整灯光、电源、线路、设备架等，将视频监控、温感等接入统一纳管平台。

（三）聚力多元融合，整合“数”的力量，社会治理更精准

一是打通数据共享路径，做强数智底座平台。健全数据共享交换机制，加强与市数据共享交换平台互联互通，整合归集区内政务数据和社会面数据，打造以城市基础要素融合平台为支撑的全域数字底座。2024 年，从市政务数据共享交换平台完成涉及市场监管、工程项目、水务防汛、网格工单、应急管理、危化品、森林防火、房产测绘、人口管理等领域共 53 项数据目录的申请对接。目前，“一网统管”平台已集成全区 38 个业务系统，汇聚 63 家单位 1065 项约 19 亿条数据；有序完善“四标四实”数据成果，按照《南京市城市运行“一网统管”——“四标四实”工作实施方案》，时序开展实有人口、房屋、单位、设施等基础存量数据的采集录入、清洗分析和核实校正等工作。目前已汇聚形成覆盖江宁区的初版标准地址和实体院落数据 99 万余条（包括 9019 条 AOI 地址、54466 条门牌号地址、225569 条楼栋地址、701940 条户室地址）；对汇聚的 27 项政务数据清洗汇聚，抽取形成约 806 万条业务地址，并完成业务地址标准化与坐标挖掘；完成约 219.28 万实有人口、38.1 万实有单位、69.38 万实有房屋、34.03 万实有设施数据的归集融合，基于地址服务能力实现“四实”业务数据与标准地址的关联，完成人口、企业、房屋数据上图；完善江宁区六大数据库建设，归集接入市场主体基本信息、视频卡口、危化品通行证、商业网点、旅馆入住、应急管理、城市要素等 82 项数据目录；大力推进视频联网汇聚云平台建设，完成对接公安、应急、禁渔、雪亮、文旅、交通、卫健、重大项目监管、电信等条口领域 8 万余路视频监控。

二是激活数据要素潜能，做深数智支撑平台。发挥大数据特性优势，推进数据“大体量”汇聚、“多样性”处理、“时效性”流动、“高质量”治理、“高价值”转化等环节协同联动发展，突出数据源头治理和系统治理，构建数据标准 491 项，数据质量检查 6.23 亿余条，对政法委、应急管理局、交通运输局、民政局、公安局、生态环境局等 40 个部门 343 项数据资源进行治理，治理数据量达 2.22 亿余条，数据的准确性和规范性不断提升；通过数据深度融合，构建企业信息、安全、联动指挥、城市管理、环境保护、民政服务、城建住房、医疗卫生八大主题库，为江宁区的智慧城市建设和社会治理提供支持，促进数据资源的融合应用和决策科学。“江宁区城市基础要素数据融合及应用”在南京市2024年数据要素应用大赛中被评为“南京市数据要素应用大赛二十大优秀案例”。

三是构建数据资源体系，做广数智开放平台。配合市数据局进行数据有序规范开放，协作市数治中心打造市区人口共建库，在“南京市政务数据开放平台”上已累计向公众开放了100条数据资源目录，共计28.3万条数据；审批处理宣传部、社会工作部、农业农村局、科技局、应急管理局、信访局、人社局、华润燃气、房产局及各街道园区等23个部门34次数据申请，累计共享53条数据目录和11914路监控视频；为“一网统管”综合管理平台、“领导驾驶舱”、经济运行分析一体化平台、城市基础要素融合平台、防汛系统、燃气监管平台、物联感知平台等累计提供约660条数据目录，共计约5.7亿条数据，向全区统建信息化项目提供有力数据支撑。

（四）依托场景驱动，实现“快”的响应，统筹调度更高效

一是数字赋能事件处置。赋能文旅，实时汇聚全区38个重要景点和热门商圈的客流量、交通路况、舆情分析等相关数据，实现周边各类现场画面实时共享，准确评估各景点的实时旅游“舒适度”，当客流量达到阈值、周边道路较为拥堵或者发生安全生产相关事故时，及时触发预警机制，积极应对和有效化解游客拥堵现象，保障游客出行安全。赋能消防，创新构建“1＋3＋5”消防应急救援联动处置机制，消防事件处置场景运用已初显成效。2024年来，共处置警情火警扑救1326条，抢险救援469条。社会联动力量共出动了1693次，占比94.32％；社会力量早于消防到场1281次，占比71.36％；每周组织开展模拟火情大演练，实现社区全覆盖、时间全覆盖、场景全覆盖，全面提升指挥调度效能。江宁区“城市消防运行安全数字化指挥调度平台”在南京市2024年数据要素应用大赛中被评为“南京市数据要素应用大赛十大经典案例”。赋能防汛，开发防汛突发事件作战小程序，联动区、街道、社区三级城运力量，实现10分钟到场、15分钟处置、1小时归档。2024年汛期期间共处置防汛类突发事件257条，其中110非警务警情73条、12345快处179条、网络舆情5条。

二是搭建应用场景平台。完成“吹哨报到”系统前期建设，包括分级吹哨、预警吹哨以及“大中小”屏全覆盖，实现基层社区随时随地发起吹哨，区、街两级全面掌握总体状况，职能部门高效办理业务，各级应哨人员随时随地处置问题；增设“中高考护航”模块，有效整合各考点周边摄像头资源，全面收集考点公安、交警、城管、卫健委以及教育局等相关部门驻点人员信息，累计办结78件中高考护航工单，为中高考的顺利进行保驾护航；深化“12345”工单办理系统与“一网统管”平台融合，赋能“12345”工单调度能力，提升工单办理效能，目前，已融合汛情相关、消防隐患、舆情及上访隐患、大客流相关、中高考护航、燃气安全隐患7大类事件；区数治中心联合区应急局、气象局共同开展极端天气突发事件作战小程序建设，有效提升全区防范应对各类极端天气风险的能力和水平，最大程度减少极端天气灾害的损失和影响；完成一体化工单平台建设并正式上线，汇聚随手拍、我对书记有话说、吹哨报到、12345快处、消防安全大起底、消防警情、文明城市创建等多个渠道的工单，实现多个渠道发现问题、一个平台处置问题的工作目标，2024年共汇聚、处置各类工单2万余件。

三是做好事件分析研判。完善安全风险隐患分析研判机制，每日会同区公安分局、区应急局、区卫健委、区消防大队召开分析研判会，对全区24小时内发生的重点突发事件进行汇总和分析研判，编写针对各紧急突发事件的工作提示，派发工作提示单到相关单位和园街，并收集汇总落实情况；每日汇总全区24小时内发生的消防警情，编写火情快报，包括时间地点、过火面积、社会力量处置情况、火情起因等信息；撰写《南京市江宁区城市运行简报》共179期，总结全区每日的交通、医疗、教育、政务服务等数据并进行分析，为区委区政府决策提供精准数据支撑。

（五）深化平台赋能，释放“治”的效能，公共服务更便捷

一是打造数字政府门户。不断优化“我的江宁”App服务水平，丰富应用场景，以“互联网＋城市服务”为理念，为市民和企业提供一站式在线公共服务。2024年，“我的江宁”App共上线了政务服务、江宁农交安、消防大起底、养老机构管理、缴纳水费5个新功能，为政务服务、基层治理及民生需求提供了更为丰富的应用场景。目前，“我的江宁”App已涵盖医疗、教育、文旅、民政、交通、政务、企业在内的七大板块263项应用功能，收获江宁区120万的实名认证用户，平均日活动用户超1万人，应用累计访问量已超490万。

二是完善重点领域功能。构建由209个社区、210个正职干部、2090名挂包网格干部组成的“宁帮手”体系，2024年来，入户走访58411户，排查收集各类诉求、意见建议、问题隐患等56858条，群众满意率达96.87%；扩展“消防安全随手拍”功能，邀请市民参与消防隐患发现治理，2024年，共收到2069件随手拍工单，其中市民类型1702件，政务类型367件；智慧江宁统一支付管理平台项目有序推进，支撑能力已完成80%；“我的江宁”微信小程序正式上线，打造了V1.0基础版本，包含教育、交通、文旅、民生等主题应用服务，同时上线“智慧巡检”功能，对全区所有小区物业巡检工作进行全过程“巡检行为监管”，目前共有89个小区已开通巡更系统账号，81个小区设置巡更点位，76个小区进行巡更打卡。

三是统筹智慧应用建设。持续推进江宁区分析研判中心、江宁区无人机智慧应用项目建设；区数治中心与区农业农村局、水务局合作推进江宁区森林火情智能监测预警项目、区智慧水务项目的建设；按照区信息化管理办法的相关要求，上半年共审核论证了34个使用财政资金开展的政务信息化项目（其中新建类17个、升级改造类6个、运维类11个）；完成全区“应审未审”“应结未结”公共投资项目结算审计计划；新建全区信息化项目管理系统建设项目，完善项目质量管理，持续跟踪项目建设全过程；及时归档项目不同阶段的文档，提升项目文档的完整性、清晰性、实时性；协调各建设单位积极整改系统中可能存在的漏洞，完成风险评估和安全服务，提升业务系统抗风险能力。

三、几点思考

“一网统管”是全面推动城市数字化转型、提升治理现代化水平的重要举措。按照三年行动目标，到2025年江宁区“大数据＋网格化”治理模式基本形成，城市运行更加稳健、社会治理更多元、应急管理更敏捷、城市管理更精细、民意响应更高效。为充分发挥数字化改革力量，更好地支撑决策、服务治理、赋能基层，真正体现“智慧、韧性、高效、精细”，需要不断加强“一网统管”平台的统筹力、贯通力、调度力，努力实现五个提升。

一是在打通数据“孤岛壁垒”上实现新提升。深化数据资源主题库建设，优化数据应用模型，促进数据资源的融合应用，提升数据治理效能；强化市区数据资源互联互通，协作配合做好数据共建共治共享，对数据资源调查摸排、目录编制、共享开放，并按照“苏在线”数据直达系统技术对接规范逐步打通市区两级数据交换平台，完成数据直达基层的相关工作；完善城市基础要素融合平台建设与推广，拓展数据指标维度，提升数据资源丰度，持续进行“四实”数据的更新和治理；进一步探索城市基础要素应用场景，开发重点主题数据服务，优化并推广城市基础要素数据融合系统在基层社区治理的应用模式，提升社会治理效能。

二是在项目建设“立建管用”上实现新提升。持续推进各类项目建设，区各相关部门之间要充分沟通，严格把关各单位项目需求，审慎推进各部门“一网统管”创新应用场景建设；对新建项目建设流程进行梳理排查，对不符合相关工作要求的流程进行纠正、补充；完善项目质量管理，持续跟踪项目建设全过程，督促建设单位按照招标文件要求和相关单位使用需求保质保量完成工作任务；对信息化项目安全保障（网络安全、登陆鉴权、密码保护、最高权限等）及国产化替代等工作进行检查并督促各相关单位进行整改。

三是在解决人民“急难愁盼”上实现新提升。优化“我的江宁”App服务水平，提供更好的使用体感，通过优化技术架构，加强安全体系和运营机制建设，保障“我的江宁”App高效、稳定运行，为市民和企业提供更优质一站式在线公共服务；借鉴消防社会化救援工作模式成功经验，推动独居老人关护、违规用气隐患预警、道路违停分级处置等应用场景实战化，提升城市管理的智能化、精细化水平；推进城市生命线安全工程建设，实现交通、能源供应和公共安全等重点领域的监测预警；围绕数字江宁建设，在智慧政务、智慧教育、智慧养老等领域挖掘新场景，提供高效便捷的数字社会服务；围绕数字治理，在交通、应急、生态治理等领域挖掘场景机会，推进社会治理和城市管理水平提升。

四是在指挥调度“精准高效”上实现新提升。建立“社会力量资源一张图”，收集各园街、部门办公场所位置、人员信息，进一步提升“一网统管”组织架构能力；持续构建“资源一张图”和“装备清单库”，实现摄像头、执法记录仪、单兵设备、业务数据等资源的统一管理和共享，提高资源利用效率；以现有消防作战小程序为基础，建成组件化、模块化、通用化的区应急突发事件指挥系统，实现各职能部门下发各类突发事件作战指令，调度全区各层级人员、设备、资源投入应急突发事件处置；全面梳理一体化处置平台汇聚的各类城运事件，对各类城运事件进行分级分类，明确各类事件的处置职能部门，将各类事件处置的主体责任部门标准化，推进实现事件规则化，规则数字化，数字智能化；研究谋划一套针对园区、街道、部门的考核规范，确保“一网统管”各项工作处置效率和服务质量符合标准；加强与人工智能相关技术公司的对接，利用6G技术、视频AI分析、算力分析、无人机巡检、城市治理大模型等多种智能化手段，推动城市运行态势感知和监测预警场景建设，促进人工智能前置分析判断与事件处置深度融合，建立自动化、智能化的数据大模型，提升对事件的挖掘分析与及时处置能力。

五是在克服队伍“本领恐慌”上实现新提升。实时关注干部培训需求，妥善解决好工学矛盾，对区数治中心全体人员、区各单位首席数据官、数据专员及街道指挥中心人员开展系列培训活动，积极探索系统化业务培训、实战化以练代训、专业化岗位练兵，推进“小班化”“定制化”教学模式，并融入考核手段，让干部在学习中提升、实践中摔打、磨炼中成长，不断增强业务能力和实战素养；进一步加强与属地高校、企业合作，用好“东大”“南航”实习实践基地，引入“技术工匠”“学术导师”纳入城市治理体系，推动科研成果转化运用。

作者：宋琳琳（江宁区委党校、江宁区改革发展研究中心）
苏荣康、倪雯（江宁区城市数字治理中心）

民生发展篇

南京市重点群体就业帮扶工作现状、挑战与对策

劳动创造财富，是美好生活之源。就业是现代社会化大生产条件下人们参与社会劳动的具体表现和实现形式，也是人们得以参与初次分配获得劳动收入的主要手段。确保每个人都有高质量的就业机会，是社会公平的重要体现，也是构筑实现社会稳定的坚实基础。加强重点群体就业帮扶，是市委深入学习贯彻习近平总书记关于江苏重要讲话重要指示精神系列行动确定的重要内容。将重点群体就业帮扶工作纳入今年年度重点监督议题，既是市人大常委会贯彻落实习近平总书记重要讲话重要指示精神和市委决策部署的具体行动，又是推动重点群体就业帮扶工作落地落实重要举措。为确保议题审议质量，7 月份以来，我们专门成立调研组，在听取政府相关部门专题汇报的同时，先后赴部分区、街道、社区、就业服务站、零工市场、大学生创业基地、用工企业等 18 个单位，采取座谈交流、实地访谈、跟踪观察、市区联动调研等形式，对我市重点群体就业帮扶工作情况进行了深入研究分析。

一、基本情况

近年来，南京市坚持把促进重点群体就业作为就业工作的重中之重，坚持分类帮扶、因人施策，全面落实稳就业、促创业、防失业各项政策举措，加大攻坚力度，全力以赴做好重点群体就业工作。2023 年全市就业类资金投入 25.2 亿元，2024 年

全市就业类资金预算安排30亿元，增幅达19%。全市近年城镇新增就业规模年均保持在20万人以上，连续4年获省政府督查激励并获“中国最佳促进就业城市”称号，成功入选人社部2023年公共就业服务能力提升示范项目和示范城市创建，连续6年获省对市保障农民工工资支付工作考核A级等次。

“宁聚”政策服务体系不断优化。积极支持促进高校毕业生在宁就业创业，不断优化升级“宁聚”政策服务体系和服务方式，开展微信小程序就业意向调查并自动匹配推荐就业岗位，密集举办“一校一主题”定制化校园招聘，在宁高校毕业生去向落实率稳定在94%以上。今年以来，通过对接我市“4266”产业体系，筹集开发就业岗位18.8万个次，推介对口岗位累计25.13万次，在宁高校毕业生去向落实率持续稳定在94%以上。

农村劳动力转移就业多措并举。坚持外出务工和就近就业双向发力，积极推动农村劳动力转移就业。打造农民就业增收的重要抓手，建成“雨花码农”“南京龙袍装卸工”等31个省、市级劳务品牌和9个就业富民乡村振兴基地。持续深化“春风行动”，今年已举办线上线下招聘活动632场，筹集发布岗位信息16.47万个，达成就业意向2.62万人。截止2023年底，原建档立卡低收入农户由建档立卡时的3.9万户7.7万人减少至3.25万户6.13万人，家庭年人均可支配收入22376元，较上年增长6.3%。

退役军人就业创业服务不断优化。积极适应军队退出人员类型、方式、频次变化，在全国范围内率先探索形成四类优先安置对象的特殊优待安置办法，在全省率先开展退役军人创业普查，成立南京市退役军人就业创业促进会，建成覆盖全市1331个退役军人服务中心（站），成功打造“戎创金陵”退役军人创业创新品牌，探索“军创集市”退役军人创业产品展销模式，持续将帮扶退役军人就业创业列为市政府重点工作和全市民生实事项目，全方位帮扶退役军人就业创业。转业军官、政府安排工作军士年报到率保持100%。今年以来，全市共举办12场退役军人家门口就业专场招聘活动，开展21期“每周精选”岗位推介，累计帮扶退役军人就业创业617人次，“进企业解难题”服务企业92家。

困难群体就业底线进一步兜牢。强化就业困难人员、零就业家庭、登记失业残疾人员、农村低收入劳动力、长江退捕渔民等“一对一”帮扶，开展政策宣讲、职业指导、岗位推介等服务。今年以来，积极开发公益性岗位兜底安置困难人员，确保零就业家庭动态清零，劳动年龄段退捕渔民100%转产就业、符合条件的100%参保，累计援助就业困难人员实现就业1.01万人。完成残疾人职业技能培训1113人，全市就业年龄段内5.9万残疾人中3.66万人实现就业，净增残疾人就业2464名，就业率提升至62%,较去年底提升近6个百分点。

二、主要做法

坚持以习近平新时代中国特色社会主义思想和习近平总书记关于江苏重要讲话重要指示为指导,锚定"在保障和改善民生、推进社会治理现代化上走在前列"重大任务,聚焦实现更加充分更高质量就业目标,突出重点群体就业帮扶,加强组织领导,强化工作统筹,优化服务保障,多措并举做好稳劳动关系、稳人才队伍、保基本民生等各项工作,积极推动重点群体就业规模持续扩大、技能水平不断提升、合法权益充分保障,不断兜牢民生底线,为全市经济社会发展作出积极贡献。

(一)完善体系机制,着力夯实就业工作基础

高度重视重点群体就业促进和帮扶工作,将重点群体就业置于经济社会发展的全局中统筹谋划推进。一是强化组织领导。建立健全党政统一领导、部门协同推进、社会各界广泛参与、劳资双方共建共享的就业工作协调推进机制。完善市政府牵头抓总、多部门协同参与的稳就业保用工部门联席会议制度,市区人社部门建立运行稳就业与解决企业用工问题工作专班,构建齐抓共管、统筹调度、协同联动的工作格局,加强协同会商,一体推进稳促就业工作。二是健全政策体系。全面落实国家和省相关政策措施,积极适应形势发展,结合南京实际持续强化政策供给,不断优化重点群体就业帮扶举措,先后制定出台稳岗、创业、培训、困难援助等一系列政策文件,构建形成援企稳岗促发展、重点群体全覆盖、就业创业全链条、同城待遇无差别的具有南京特色的就业促进政策体系。三是统筹谋划推进。将就业工作纳入国民经济和社会发展总体规划,编制发布就业促进专项发展规划、促进残疾人就业三年行动方案、养老服务人才"十百千万"计划等规划计划方案,每年制定出台就业创业工作要点,持续将促进重点群体就创业工作列为民生实事重要内容,列入高质量发展考核内容,明晰任务,压实责任,积极推进落实。

(二)积极稳企扩岗,切实筑牢就业基本盘

密切关注形势发展变化,围绕企业纾困稳岗,打出减负、稳岗、扩就业组合拳,全面实施稳企稳岗行动,筑起稳就业保就业坚固防线。一是助企纾困解难。支持企业稳定就业岗位,采取社保降费缓缴、稳岗返还、用人单位吸纳就业补贴、留工补助、扩岗补助、职业培训补贴、"苏岗贷"等一系列援企稳岗政策,并运用大数据技术推行"免申即享""一键申领",促进各项政策惠企直达快享。2023年,失业保险稳岗返还、技能提升补贴7.1亿元。今年以来,落实社保降费、稳岗返还等各项惠企政策助企减负18.1亿元,为3787家企业发放"苏岗贷"逾115亿元,为吸纳高校毕

业生、就业困难人员、失业人员等重点群体就业的企业发放岗位补贴、社保补贴、扩岗补助等1.21亿元。二是加强用工监测。健全完善企业用工监测机制和用工快速调查机制，实施“三全行动”（用工全监测、走访全覆盖、服务全对接），分类建立运行147个服务企业群与3.5万余家企业实时对接，采取清单式管理，“一对一”“点对点”跟进解决企业用工需求，灵活开展劳动力余缺调剂，缓解企业短期劳动力供需矛盾。加强企业岗位资源筹集和人力资源储备，定制化举办“专精特新企业”“新质生产力企业”“服务业企业”等专场招聘会，今年以来走访企业6400余家、帮助缺工企业解决用工5.1万余人次。三是拓展就业空间。围绕激发市场活力扩岗，采取多渠道灵活就业支持措施，满足灵活用工意愿和“即时快招”需求，促进个体经营、非全日制就业、新就业形态等多渠道灵活就业，有效发挥灵活就业对拓宽就业渠道、培育增长新动能的积极作用。开发托幼助残、保洁保安等公益性岗位兜底安置困难人员。现已建成1个省市区共建示范性零工市场、8个区级零工市场，今年以来发放灵活就业社保补贴3.98亿元、16.23万人次。

（三）加强技能培训，全面提升就业能力

坚持以市场需求、就业需求为导向，以职业技能培训为稳就业促发展重要抓手，强化政策引导贴近市场需求施训，在全省率先实施阶梯性补贴政策，开展大规模多层次精准化职业技能培训，今年以来开展政府补贴性职业技能培训6.24万人次、发放补贴6831.75万元。紧密服务在宁高校毕业生，组织开展“就业指导服务季”“职业生涯规划月”系列主题活动，创新开展“启航南京”线上线下就业指导培训，开发2.2万个高质量就业见习岗位。选树70家“关爱·圆梦”就业实践基地，为困难职工家庭子女提供勤工俭学、社会实践、毕业见习等机会，着力增强求职应聘能力。适应产业转型升级、企业发展和职工技能提升需要，全面推行企业新型学徒制培训，打造“宁工课堂”培训品牌，开展“宁工微课”活动，分层分类开展企业岗前培训、岗位技能提升培训、项目制培训等，发布涵盖73家企业109个工种职工培训补贴职业（工种）目录清单，今年以来共完成学徒制培训1470人。全面实施农业农村“头雁种苗”培育、高素质农民培育、青年大学生“新农人”引进、农技人员素质提升、农技推广人员队伍拓展等五项工程，培育了一批懂农业、爱农村、爱农民的“三农”人才队伍，每年完成高素质农民培训7000人次、基层农技人员素质提升培训1000人次。开办退役军人创业训练营，邀请企业高管、高校教授、机构专家就新质生产力、法律法规、市场营销、融资规划等内容进行专题指导，让退役军人在学习交流中明确方向、提升就业创业能力。针对残疾人自身意愿以及市场用工需求，有针对性组织开展无人机操作、全媒体运营、短视频制作、农村种养殖、非遗手工类等形式多样的培训。深入企业、街道、社区开展“送培训、送政策、送服务”活动，推动“宁姐月嫂”、金陵盐水鸭、陪诊服务等培训项目推广实施，提升失业人员等群体职业素养质和再就业能力。

（四）助力创业带动就业，有效释放就业倍增效应

聚焦青年大学生、退役军人、科研人员、农村劳动力等重点群体，积极落实创业扶持政策，着力营造良好创新创业生态。一是强化政策扶持。完善“宁聚”政策服务体系，构建“落户安居—项目资助—场地扶持—创业贷款—创业补贴—融资配套”政策链条，形成具有南京特色的创业成功“有奖励”、带动就业“有补贴”、助力做强“有扶持”、创业失败“有托底”的全要素支持体系。对在宁创业的大学生，落实开业补贴、带动就业补贴、优秀项目资助、创业担保贷款等政策，持续为创业创新赋能。推出了“金陵惠农贷”“金陵农担贷”等系列金融产品，支持农村初始创业主体、优秀创业主体、农村创业示范基地建设等，累计扶持农村创业主体 1217 个，补助资金 2139.8 万元；扶持市级农村创业示范基地 46 个，补助资金 1160 万元。今年以来，发放创业担保贷款及各类创业奖补 5950 万元，遴选优秀大创项目 72 个、资助 1160 万元（含股权投资），培育自主创业者 1.38 万人，带动就业 7.07 万人，其中扶持大学生创业 3971 人、全省领先。二是强化载体建设。积极推进创业孵化示范基地、大学生创业园、农创示范基地、退役军人创业孵化基地等创业载体建设，建成各类创业孵化载体 193 家，加强分类管理动态评估着力打造优质高效的创新创业载体矩阵。构建“产业＋园区”“专业＋园区”模式，成立“青创佳”“留宁佳”等创业园区联盟，在高校、经济开发区、总部企业、特色乡村等地布局建设了一批具有人工智能、软件信息、数字经济、高效农业等发展方向的创业载体，全市动态保障约 600 个“0 元铺位”，持续开展创业咨询辅导、成果转化、跟踪扶持等“一站式”服务，不断提升资源集成和孵化能力，营造浓厚的创业就业氛围。三是强化赛事引领。精心打造青创大赛、海创大赛等赛事品牌，连续举办十二届“赢在南京”青年大学生创业大赛，参赛选手覆盖全国近 300 个城市、近千所高校，累计吸引 2.3 万个项目报名，已累计投入扶持资金超 2 亿元，众多项目留宁落地发展。连续 5 年举办“戎创金陵”退役军人创业创新大赛，培育挖掘军创项目，新兴产业组连续三年蝉联江苏省第一名。每年举办创业指导培训、投融资对接、“军创小集市”等系列活动逾百场，持续营造浓厚双创氛围。近年来，年均培育自主创业者 4.83 万人，孵育出包括 3 家培育独角兽企业、12 家专精特新企业在内共 357 家科技型企业和高新技术企业，700 余个省级优秀项目。

（五）完善服务保障，兜牢兜实民生底线

织牢织密重点群体就业援助网络，推进就业服务端口前置、重心下沉，实现就业服务"就近办"、便民直通"家门口"。一是健全服务网络。以全国公共就业服务能力示范项目为抓手，坚持"站点靠着困难群众建，服务跟着群众需求走"，打造"15分钟人社服务圈"，推动公共就业服务四级贯通、多方参与、均等可及，实现就业服务"就近办"、便民直通"家门口"。目前，全市培育集聚人力资源服务机构超1200家，建成5个国家级充分就业社区、130个省级充分就业社区、102个街道人社保障所及1268个社区保障站，建成91个标准化"家门口"就业服务站，拓展"社银合作"至13家合作银行千余家网点，可就近提供招聘查询、就业登记等近30项人社服务。二是提升服务质效。深入开展"就业援助月"专项活动，常态化提供"1311"服务（提供1次政策宣讲、3次免费推荐就业、1次免费职业指导、1次免费职业培训），实施"一人一档""一人一策"精准帮扶。推进智慧就业服务，将就业登记、参保登记、社保卡申领等政务服务项纳入就业"一件事"，深化就业服务事项"打包办""提速办""简便办""一窗办"，完善预约服务、上门服务、集中服务、代理服务、远程服务等便民措施，年服务就业超380万人次。开展了"百校千企万岗"大学生就业帮扶"送岗直通车"直播荐岗、"职等你来直播招聘专场"等线上招聘，部门联动举办退役军人、随军家属、"巾帼风采"女性专场招聘等，提升相关群体求职成功率。三是强化兜底保障。面向就业困难群体常态化开展就业援助服务，完善低保等低收入人口认定与动态管理，加强就业与急难社会救助衔接，兜底保障困难人员就业需求和基本生活。将受疫情等影响暂未就业或失业、基本生活面临困难的，纳入临时救助范围。对在宁就业生活的大学生落实房租补贴等政策，对毕业两年内未就业和离毕业不足半年的大学生按最低工资标准的80%发放见习生活补贴。实施全民参保计划，积极推动灵活就业人员、农民工、新就业群体参保，全市社会保险覆盖面保持在98%以上，对灵活就业参保的按其缴纳保费的1/2～2/3予以补贴，困难群体参加居民养老保险费政府代缴率100%，今年以来发放失业保险金52.5万人次、10.84亿元。

三、面临的形势与挑战

进入新发展阶段，经济社会发展进入新常态，面对纷繁复杂的国际国内形势，面对新一轮科技革命和产业变革，劳动力供求关系和就业形势呈现新的特点，不确定、不稳定的因素仍然较多，多种因素交织叠加，使得重点群体就业空间受到多重挤压，就业形势依然比较复杂。

（一）就业需求总量依然较大

从2012年开始，我国16～59岁劳动年龄人口持续减少，年均减少300万以上，且2020年后减幅加快。人力资源和社会保障部预计，“十四五”期间，我国劳动年龄人口还将减少3500万人。即便如此，到2025年，我国劳动年龄人口仍将维持在8.45亿的高位。未来一个时期，我国每年需要在城镇就业的高校毕业生等新成长劳动力预计超千万人。同时在工业化、城镇化进程中，仍然会有相当数量的农村剩余劳动力需要转移就业，就业压力巨大。从南京的情况看，全市就业重点群体基数大、需求多样，52所在宁高校现拥有在校大学生逾100万，今年应届毕业生达29.5万人再创新高；农村劳动力和外来务工人员超160万人；每年接收安置退役军人约1700人；还有5.9万残疾人、4.19万低保人口及相当数量的大龄失业人员等需跟进帮扶就业。

（二）就业岗位新增趋势放缓

根据经济学相关理论以及国际经验，经济增速与失业率变动之间呈负相关关系。对城镇就业增长的影响而言，投资增长对就业增长的贡献最大，消费次之，出口再次之。“十四五”规划和2035年远景目标纲要未设定具体经济增长目标，但从整体情况看，近年来国内经济恢复的基础尚不牢固、整体信心不足、增长压力较大，一些行业经营受阻、活力不足、资金断滞、矛盾交织，投资、消费和出口面临着增长乏力、动能不足的困境，未来一个时期国内经济年均增速预计将保持在4.5%左右，下行压力仍将持续存在，对新增就业岗位的拉动也随之同步放缓。从南京上半年的情况看，全市经济运行呈现出“总量稳定但增速不快，趋势向好但基础不牢”的特点，消费领域虽有小幅回升但整体呈现消费降级现象，投资、外贸仍持续下行，全市固定资产投资同比下降13.6%、降幅较一季度扩大5.5个百分点，三季度回正存在较大缺口；外贸进出口同比下降7.7%，降幅较1—5月扩大0.3个百分点。因此，当前和今后一段时间，劳动力需求将会出现一定程度的负增长，尤其是在制造业、建筑业等劳动力密集型行业的工作岗位，将会呈现出新增乏力甚至持续流失的态势。

（三）就业结构性失衡依然突出

面临总体就业压力大和结构性劳动力短缺、人才匮乏的突出矛盾，“招工难”与“就业难”并存。一方面劳动年龄人口减少，就业总量矛盾有所缓解；另一方面，结构性就业矛盾进一步凸显，“抢人”大战与“被失业”并存，企业面临技能人才招引难题，尤其是企业转型升级急需的高技能人才。从国家层面看，技能人才求人倍率（岗位空缺与求职人数的比率）长期保持在1.5以上，高技能人才甚至达到2以上；

全国技能人才总量占比不足30%，而德国、日本等制造业强国的技能人才总量占比在70%到80%。从南京的情况看，软件信息服务业、生物医药、集成电路、新能源汽车、智能制造等岗位需求的高技术技能人才较为紧缺、需求量大，而近年来在宁"双一流"高校毕业生留宁率则低于总体留宁率约5个百分点，存在人才外流现象；制造业、服务业一线的普通工人和服务员常年短缺，而又由于每年新成长劳动力中高校毕业生超过一半，他们一方面缺乏相应的技术技能，另一方面又热衷于体制内就业、不甘于从事相对低端的新增就业岗位，"有业难就"与"有业不就"并存。不仅如此，新生代农民工群体也面临岗位供需错位的问题。

（四）转型发展对就业的挤出效应不容忽视

在加快发展新质生产力的背景下，受经济结构调整、新旧动能加速转换的影响，高投资高就业的规律也将有所变化。由于企业转型升级步伐加快，高技术、高附加值和新产业比重明显提高，成套设备、自动化、机器人的使用，使得就业岗位的数量、质量、结构也在发生结构性变化，高新技术产业创造单位GDP所用人力减少较快，单位经济增长对就业的贡献边际下降，稳定和扩大就业将面临较大压力。从总量看，数字化、智能化生产方式将减少劳动的总需求，促使就业市场竞争更加激烈。与此同时，劳动者还将出现显著分化倾向，传统劳动者、底层低技能重复劳动者更加没有优势，越来越失去竞争力，日益被"边缘化"，使得作为重点群体就业帮扶主要渠道传统行业的用工需求明显减少，由此也加剧就业困难群体的失业风险。统计数据已有所体现，截至7月中旬，我市在领失业金人数达8.78万人，占全市用工登记总数342.58万人的2.6%，领失业金人员中45周岁以下人员比重接近一半，呈现年轻化趋势。

四、进一步加强重点群体就业帮扶工作的对策建议

促进高质量充分就业，是新时代新征程就业工作的新定位、新使命。完善就业优先政策，实现更加充分、更高质量就业，仍然是完善社会保障、优化收入分配、扩大中等收入群体乃至推动共同富裕的基础，这个基本逻辑依然没有变。面对新的形势和任务，要坚持以党的二十届三中全会精神和习近平总书记关于就业创业的重要论述为指导，将促进就业摆在经济社会发展的优先位置、作为经济社会发展的优先目标，切实压紧压实促进就业主体责任，提质加力就业优先政策，扎实抓好重点群体就业帮扶，持续促进就业质的有效提升和量的合理增长，不断增强广大劳动者的获得感幸福感安全感，为确保南京在推进中国式现代化中走在前做示范提供有力支撑。

（一）要进一步强化就业优先的政策导向

全面贯彻劳动者自主就业、市场调节就业、政府促进就业和鼓励创业的方针，坚持把稳定和扩大就业作为经济社会发展的优先目标，统筹解决短期与长期的关键性就业矛盾，更加注重选择有利于扩大就业的发展战略。健全就业优先的综合施策机制，构建齐抓共管、协同作战、上下联动工作格局，有效发挥企业吸纳就业的主体作用、人力资源机构服务就业的市场调节作用、各类院校输出人力资源的基础作用，加强就业政策和教育、产业、投资、财政、金融、消费、社保等政策的协同联动，凝聚确保就业优先的强大合力。强化政策协调执行，建立健全就业影响评估、就业质量综合评价、失业监测预警等制度机制，努力实现高质量与高质量就业良性互动。

（二）要着力促进经济发展与就业增长良性循环

坚持把推动高质量发展作为促进就业的根本途径，着力构建经济增长和促进就业的良性循环。围绕构建“4266”产业体系，统筹发展资本密集型、技术密集型、知识密集型和劳动密集型产业，加速产业结构调整升级，推进产业融合，扩大产业吸纳就业能力。坚持产业强市、制造强市不动摇，持续巩固传统产业领先地位，加快发展新质生产力，着力打造具有国际竞争力的战略性新兴产业集群，积极布局未来产业，做大做强生产性服务业，增强南京产业发展的先导优势、特色优势和综合竞争优势，通过培育和壮大新经济、发展新动能，强化传统产业、新兴产业和第一、第三产业之间的有机关联，形成各产业间的良性互动，增加新就业形态，进而带动新就业空间的持续拓展。

（三）要有效发挥创业带动就业的倍增效应

持续推进简政放权、放管结合、优化服务改革，不断完善以创业带动就业相关政策，降低市场准入门槛，进一步放大品牌赛事影响，营造良好的创业氛围，激发创新创业活力。加强创业服务市场建设，健全创业带动就业政策，加强创业资金支持，完善政府创业引导基金、市场风投资金、政策扶持小额融资、创业补贴、场租补贴等多渠道创业资金投入机制，进一步加大创业担保贷款的支持力度，打造全生态、专业化、多层次的创业服务体系，持续提升重点群体创业效益。进一步提高创业孵化载体和创业园区建设质量，鼓励兴办符合现代创业发展特征的新型服务机构、咨询服务机构，切实增强双创基地、孵化基地和创业园区、众创空间等载体的就业带动作用。引导鼓励有创业意愿和创业能力的高校毕业生、农民工、退役军人等创新创业。支持和发展新就业形态，强化对灵活就业人员就业服务、劳动权益和基本生活保障，持续推动多渠道灵活就业。

（四）要着力破解就业结构性难题

围绕解决就业结构性失衡问题，从劳动力市场供需两端发力，加强政策梳理总结，及时发现和解决政策实施中存在的问题和制约因素，着力解决好人力资源供需不匹配这一突出矛盾。积极推动教育供给侧改革，加大对职业技术院校的投入和政策引导，着眼产业发展需求对高校进行与社会对接的职业化、专业化改造，结合学科专业开展教学，提升毕业生就业能力。大力弘扬劳模精神、劳动精神、工匠精神，强化劳动观教育，改变就业观念，进一步引导和鼓励高校毕业生到基层到一线工作。深化产教融合发展，健全以企业为主体、职业院校为基础，学校教育与企业培养紧密联系、政府推动与社会支持相互结合的高技能人才培训体系和终身职业技能培训体系，全面开展校企合作，大力支持产训结合，培养适应企业需求的技能人才。坚持企业用工需求导向，根据就业岗位需求和重点群体的个人意愿，安排专项资金，分层分类、分期分批开展好全员免费培训，确保有培训意愿的劳动者“人人至少掌握一项职业技能”。

（五）要不断完善公共就业服务体系

建立完善覆盖全民、贯穿全程、辐射全域、便捷高效的全方位公共就业服务体系，健全重点群体信息数据库，做到各类帮扶对象人员底数清、基本信息清、家庭情况清、技能特长清、求职意向清、援助情况清，掌握翔实的信息资料，为精准高效开展就业帮扶工作奠定坚实基础。充分运用信息与大数据技术，对用人单位的就业规模、劳动力缺口、技能要求、薪资水平及劳动力需求扩容转向等信息和劳动者的求职意愿、学历技能、流动轨迹等信息进行深度分析、充分整合，灵敏感知就业市场最新动向。加强供需协同，完善信息发布制度，丰富多元服务形态，广泛开展“访园区进企业”“送岗位进校园”“百人千企”人社专员联系服务企业等活动，及时提供个性化精细化服务，着力解决供需双方信息不对称问题。加强基层服务力量建设，妥善解决区级就管中心参公问题。

（六）要加强前瞻性应对策略研究

积极适应新质生产力发展演进和社会主要矛盾变化，认真贯彻落实三中全会关于“以促进社会公平正义、增进人民福祉为出发点和落脚点，更加注重系统集成，更加注重突出重点，更加注重改革实效，推动生产关系和生产力、上层建筑和经济基础、国家治理和社会发展更好相适应”的精神和市委关于服务构建新型生产关系的先行地的决策部署，着眼提高人民生活品质，完善收入分配和就业制度，健全社会保障体系，增强基本公共服务均衡性和可及性，推动人的全面发展、全体人民共同富裕取得更为明显的实质性进展目标任务，把握好科技创新、稳定就业和促进共同富裕的平衡点,围绕生产要素权属界定、普通劳动者能力培养、劳动者权利保护、新型分配关系重构等方面问题,加强研究预判和政策储备,不断优化包括劳动就业、收入分配、生产消费在内的经济关系,完善实现共同富裕的体制机制,在加快形成与新质生产力相适应的新型生产关系上走在前、做示范,让全体人民共享新质生产力发展带来的财富增长。

作者:南京市人大社会建设委员会课题组

南京市“网格＋公共服务”融合治理的实践与启示

2024 年，南京市继续深入实施“精网微格”提升工程，深化“网格＋”治理体系建设，创新“网格＋电力”实践应用，探索将行业性专业性力量资源融入网格化服务管理，在“网格＋电力”基础上将“网格＋”工作体系延伸至更多公共服务领域，强化安全隐患源头治理，深化主动服务理念，着力打造更贴近群众、更绿色经济、更高效协同的新型公共服务模式，推动实现民生保障和基层治理效能双提升。

一、工作背景概况

近年来，南京市坚持人向基层沉，围着群众转，真正把社区治理落到每个楼栋和家庭，实施“精网微格”工程。在原有城乡网格化服务管理全覆盖基础上，结合区域位置和人、地、物、事、组织等要素，按照 50 至 100 户左右为基本单位的标准，将网格细分为若干个微网格，每个微网格均设定规范化编码，构建起“街镇—社区(村)—网格—微网格—户”工作体系，截至 2024 年 10 月底，全市共有网格 10880 个，微网格 40977 个。网格和微网格在排查解决基层社会治安问题、公共安全隐患、家庭暴力和民间纠纷等方面日益发挥出重要的作用，但是也面临着一些挑战和不足：

（一）聚焦个性多样，网格治理专业度有待提升

随着网格内群众知识水平的提升和利益多样化等原因，群众服务需求日益多

样化和个性化，涵盖了多项民生服务，涉及不同专业领域的技术和专业知识，对网格化治理的专业性提出了更高要求。但对专职网格员而言，难以全面掌握各领域的专业知识和服务技能，亟需专业力量资源的融入。

（二）聚焦及时便捷，民生保障畅通度有待提升

目前，公共服务部门服务与群众实际需求仍然存在内容不够精准、流转不够顺畅、服务不够到位等问题。具体体现在，群众通过传统的公共服务热线、“12345”热线等方式反馈诉求，需要经过多层级的工单流转，诉求反馈的及时性得不到很好保证，同时，公共服务部门在发布相关信息时，缺乏可以直达居民群众的绿色通道。

（三）聚焦绿色经济，治理资源融合度有待提升

多元主体的资源共享是网格化治理题中应有之义，目前，虽然各类参与主体均将多类资源下沉到网格，但对于如何充分激发各类主体的积极性，形成政府主导、市场行动、社会参与的共建共治共享格局还有待进一步深化。

二、探索实践情况

面对这一情况，南京市委政法委锚定“在强化基层治理和民生保障上走在前”“在推进社会治理现代化上实现新提升”重大任务，坚持和加强党的全面领导，坚持以人民为中心，坚持和发展新时代“枫桥经验”，以实现“资源在网格共享、服务在网格协同、问题在网格解决”为目标，在“网格＋电力”工作基础上，依托现有综合网格，结合地区实际以及公共服务部门服务半径和人力资源等因素，在全市一体推进“网格＋公共服务”融合治理体系，实现工作领域不断拓宽，资源整合程度、智慧支撑能力、协同共治水平持续提升，赋能民生服务高质量发展。

（一）高位统筹，试点先行，聚焦重点强部署

一是坚持高位推动，明确“设计图”。将“网格＋公共服务”融合治理工作纳入市委常委会年度工作要点、市政府年度主要工作目标任务、年度国民经济和社会发展计划任务等高位统筹推进，作为全市强化社会治理“网格化治理提质行动”、社区嵌入式服务设施建设工程重点项目等融合推进。制定全市《关于深入实施“精网微格”提升工程 推进“网格＋公共服务”融合治理工作的指导意见》，明确做实基础工作、构建协同机制、建强工作阵地、明确职责任务、务求实际效果等重点任务。二是坚持多样发展，画好“路径图”。坚持“市级指导、区级统筹、街道（镇）落实、社区（村）支撑”的原则，按照试点先行，纵向深化，横向拓展的工作思路，鼓励各板块以网格与水、电、气、讯等基础公共服务融合治理为基础，结合区域特点和人群结构，因地制宜，打造“一区一品”示范典型，全市建设融合治理点位 468 个，以点带面、逐步推进，将“网格＋”工作向更广范围、更多公共服务领域拓展。三是坚持职责明晰，绘制“施工图”。按照“规模适度、界限清晰、无缝覆盖”的原则，由一个或多个综合网格合成一个公共服务网格，实现公共服务网格与综合网格空间精准匹配、覆盖融合。由公共服务部门选派“业务能力强、群众基础好、工作作风硬”的业务骨干进网入格担任公共服务网格员，确保“一格一员”或“多格一员”。出台“网格＋公共服务”融合治理工作事项清单，同时综合考量区域特色、群众需求等因素，打造“共性清单＋个性清单”模式，为群众提供更有针对性、更有特色的服务。

（二）大胆创新，彰显特色，打造亮点优举措

一是党建引领统筹“一盘棋”。充分发挥党建凝心聚力和统筹协调作用，通过街道（镇）、社区（村）基层党组织与公共服务部门开展结对共建，切实推动网格内资源共享、阵地共用、活动共办、品牌共创，形成网格资源共建共享“一盘棋”。通过组建社区“党建服务联盟”“社区志愿服务队”等形式，推动公共服务力量下沉网格，定期为网格居民提供“组团式”服务。二是深度融合织好“一张网”。加强资源整合，充分利用社区网格服务站、“能量立方”智慧绿能驿站、“宁小蜂”驿站、公共服务营业厅等阵地资源，加强功能整合、统筹利用，推动实现“一厅多能”。强化功能聚合，通过公共安全联查、公共设施联建、公益集市联办、公共服务联宣等方式，凝聚工作合力，提升协作效能。注重机制融合，构建沟通联络、数据共享、联席会议、事项准入等融合治理工作机制，为实现双赢共赢提供有力机制支撑。三是数字赋能服务“一站式”。通过将网格内“一格多员”信息链接嵌入“网格二维码”，实现“码内信息一点知”，通过将公共服务领域咨询、保修、预约等业务模块嵌入小程序，确保“群众需求一点办”。通过“网络直播间”专题宣讲最新便民惠民政策，通过直播互动，实时回应群众诉求。依托网格微信群、“浦 e 通”等线上平台，植入微信机器人，为群众提供政策咨询、信息推送、诉求办理等高效便捷服务，实现群众需求第一时间反馈至实际承办人，缩短工单流转时间，确保“群众一个诉求，问题一次派单，网格一站式解决”。

（三）聚焦民生，双向赋能，打通堵点优服务

一是注重管理与服务相结合着力增加“深度”。坚持“服务及治理”的理念，以“压降服务时间、公共服务成本”为主线，联合开展水、电、气、讯等安全隐患排查整治工作，推进公共服务设施升级改造，着力打造一批民生服务项目。结合平安韧性小区建设，将“吸氧高危”“独居老人”等困难群体纳入电力系统“银发关怀”对象，安装智能水表、毫米波雷达、天翼看家等智能设备，实时守护重点群体安全。二是注重规定与自选相结合着力拓展“广度”。按照“规定动作到位、自选动作出彩”的目标，各板块结合辖区实际，不断拓宽公共服务边界。通过“网格＋医疗”，打造完善“医院＋街道＋社区＋网格”四方融合医疗联合共同体，将优质的医疗与患者的需求“邻”距离对接；通过“网格＋物业”，建立“社区＋物业”双网格员模式，物业企业落实好物业服务项目的网格责任，建立专业化志愿服务队，协助做好社区网格的走访、巡查、管理、服务等工作。三是注重日常与集中相结合着力提升“温度”。在日常工作中，专职网格员和专业网格员紧密协作，常态化联合对居民群众公共服务“问诊号脉”，做好采集数据、入户走访、解决群众诉求、排查风险隐患等工作，实现居民生活安全与公共行业服务协同共赢。同时，依托公共服务部门、爱心商家企业、志愿者等公益资源，定期举办“公共服务进网格”“网格＋公共服务公益市集”等活动，集中见面、组团服务，从解决一件小事、帮上一个小忙入手，以接地气的方式，让人民群众在“网格＋公共服务”融合治理工作中持续增强获得感、幸福感和安全感。

面上齐头并进，点上精彩纷呈。基层涌现出大量优秀案例，如：

案例一：建邺区扎实推进“网格＋公共服务”融合治理工作，逐步建立起“联络互动建群、公益服务办集、便民惠民设站”工作机制，推动多网多格、工作力量、服务内容相融合，打造贴近群众、经济高效、广泛协同的服务新模式，形成“一集一站一群一品牌”的生动局面。一是着眼党建引领“系统化”布局。区委政法委联合区委组织部、区卫健委等职能部门，协同“水电气讯”及基本公共卫生等公共服务部门，统筹政府、市场、社会等多方力量，将社会治理资源进一步下沉到网格，定期举办“网格＋公共服务”公益市集，提供“水电气讯”业务咨询与办理，健康义诊、家庭医生签约、家电维修以及免费理发、织补、修伞等生活服务。街道、社区基层党组织与公共服务部门结对共建，充分发挥社区党员与公共服务部门共产党员服务队、青年志愿服务队在社会治理中的作用，将党组织的政治优势和组织优势充分体现在基层社会治理的最末梢，更好地转化为服务群众的动能和质效。二是搭建群众身边“一站式”平台。集聚各类服务资源，强化多部门协同合作，拓展公共服务领域，充分利用社区网格驿站、“宁小蜂”驿站等阵地资源，按照“就近、灵活、小型”的原则，建造“一站式”公共服务平台，推动实现“一厅多能”，在群众家门口打造公共服务特色阵地。全区建有莫愁湖街道茶亭社区“居此莫愁”、兴隆街道正达社区“兴隆泰暖心”、南苑街道泰山路社区“幸福南苑”、沙洲街道中奥社区“宁好沙洲”、双闸街道江湾社区“乐享双闸”、江心洲街道洲岛家园社区“江岛红舟”等 6 个“网格＋公共服务”工作驿站。各驿站分别建立“网格＋公共服务”服务清单，配备各类服务设施，设置有图书阅览、幼儿托管、家政联系、欣城快修等服务区域。三是提供高效协同

"订单式"服务。公共服务部门选派业务骨干,进网入格担任公共服务网格员,并确定区域负责人,确保"一格一员"或"多格一员"。区、街道、社区完善网格三级微信矩阵,公共服务网格区域负责人、网格员加入微信群,开展公共服务政策宣传、服务信息推送,收集、反馈、处理居民公共服务诉求,为群众提供便捷多样的"订单式"服务。四是打造因地制宜"特色化"品牌。莫愁湖街道茶亭社区引进"欣城快修"服务站点,提供家电安装维修、墙体修补、疏通治漏等服务,方便快捷、价格亲民,解决老旧小区中"小问题"带来的"大麻烦";北圩路社区建立"未成年人保护社区强制报告制度",形成"宣传(预防)、报告、评估、处置、服务"的工作体系。沙洲街道中奥社区常态化组织涵盖医疗保健、金融房产、亲子教育、传统手艺等内容的"年会"式公益市集。江心洲街道洲岛家园社区制定"享老家园 银发无忧"服务清单,对辖区独居空巢、行动不便的60岁以上老人实行"一对一"定点帮扶、建档入册,定期开展免费专项检查,提供"一站式"车辆接送和专人陪护。

案例二:鼓楼区构建"多方信息共享、服务合作共建"的常态化工作机制,最大化释放资源加成效能,以精准、高效、便民、优质的"网格+公共服务"组团服务,积极回应居民新需求新期盼。一是"定制化"服务更精准。建立"小事网格即办,大事街道调度,难事区级统筹"三级联动协同机制,推动公共服务从"柜台服务"到"现场服务"、从"单一服务"到"融合服务"的转变。区级层面成立"水电气讯律医"联合党总支,区委政法委分管领导任党总支书记,统筹推进各项事宜;街道成立"盟管家"行动党支部,街道政法委员任党支部书记,街企合作提升服务质效;社区组织"盟管家"进网入格,让居民和公共服务单位"连上线、对上话"。通过入户走访、居民微信网格群、召开居民议事会等形式征集居民需求,形成8大类43项需求清单。先后召开需求对接会412场,明确"开门接桩"、燃气管道改造、智能门禁更换等各类合作项目153个,实现供需精准匹配,切实办好民生实事。二是"组团化"服务更高效。建立"1+X+N"服务体系,即1名网格员负责网格内资源力量联动调配,政法网格员、水电气讯等公共服务部门、驻街医疗单位、社会组织等组团入格,开展公共安全联查、公共设施联建、公共服务联宣等。联合公共服务单位,开展消防安全除患攻坚"1+4"专项整治行动,排查小区消防水源及部分小区楼顶消防水箱498处,加装更换充电桩4213组,改造地下停充场所169处,完成瓶改管、瓶改气3215户;开展"云守护"行动,为4300余户老年人安装智能水表、智能电表、毫米波雷达等智能监测设备;开展老人手机课堂专属服务,通讯部门每季度到社区为老人讲解培训;与电力公司合作,针对老旧小区涉电痛点问题,在网格内累计加装电梯接电366次,开展集中电动自行车充电棚接电3421次,完成"开门接桩"小区建设98个,惠及9000余户居民。三是“零距离”服务更便民。打造“1+13+N”零距离服务矩阵，线下依托全区13个街道党群服务中心、政务服务大厅等阵地，增设公共服务窗口，公共服务部门现场轮值、驻点服务，群众问题“前台”统一受理，对口问题现场答复，非对口问题“后台”协调专员，分级分类流转处理。线上利用科技赋能，在网格微信群内植入“鼓小微”微信群机器人，开展公共服务政策宣传、服务信息推送，在线处理居民公共服务诉求等服务。在居民小区广泛开展“网格+公共服务”公益集市，提供“水电气讯”业务咨询办理、小家电维修、智能手机使用培训、健康义诊、免费理发、修伞等便民服务，解决水电气讯等公共服务突发事件332起，让居民在“家门口”享受优质服务。四是“特色化”服务更优质。建成“宁向网”区级能量立方服务驿站，全国先进基层党组织“石城共产党员服务队”领衔入驻，提供“30分钟便民服务圈”24小时应急抢报修服务。建设街道层级“能量立方”暖心微光驿站，开设“挹江安全学校”、医律大讲堂、反诈宣传讲座等，多角度、多层次共筑关爱保护体系。涌现出下关街道“协同发力、三单服务”、小市街道“网格服务123”、建宁路街道“聚客厅”、宁海路街道“红意家”全要素融合治理共同体等“网格+公共服务”治理新模式。

案例三：江宁区坚持以民生兜底保障和基层社会治理工作为出发点，积极探索“网格+公共服务”融合的治理体系，打造专业服务“聚合磁场”，通过整合各方资源、提供专业服务等方面的特殊优势，将服务基层群众的措施办实，将增进百姓福祉的成果办好，赢得群众的一致认可与支持，助力基层社会治理提质增效。一是搭建服务体系，扩展“网格+”内涵。通过水、电、气等社会公共资源共建共融，不断强化便民服务，推动公共服务从“柜台服务”到“现场服务”、从“单一服务”到“融合服务”的转变。如联合南京华润燃气按照网格化管理的部署，将全区划分为62个网格片区，每个片区配备1名燃气管家，主要负责抄表、安检、用户咨询解释、用户诉求反馈等服务工作。各街道由网格工作牵头，街道安委办、消委办、综合行政执法局、区水务集团、区供电公司、华润燃气、江宁电信、江宁移动、江宁联通等相关单位为成员单位共同助力，创新打造“网格+气电水讯”等多个网格融合新体，织密政企融合网格服务，实现业务网格对社区网格覆盖率100%，为辖区网格管理全面赋能，将群众各类民生需求“一揽子”解决在网格中，最大限度统筹各类服务资源，用心用情用力解决基层的困难事、群众的烦心事，助力推动共建、共治、共享的社区治理服务“全域一张网”。二是联动助力隐患排查，筑牢应急快处“安全网”。依托网格化服务平台优势，统筹公共服务行业资源，通过“线上+线下”相结合的方式进网入格开展各类公共服务，线上通过江小格微信群将公共服务网格员纳入社区网格家庭，向居民普及春季用电用气常识、电路隐患排查处理等安全知识。线下向居民征集消防安全突出隐患信息，公共服务网格员发挥自身专业力量，及时处置工单。三是凝聚网格合力，织密贴心便民“幸福网”。江宁区坚持问题在网格解决，对于群众反映的问题，要吸附在网格，解决在网格。群众可直接通过网格微信群或是专职网格员反映问题，相关问题及时推送至相应片区包干的公共服务网格员，做到群众需求第一时间反馈，并联动解决，持续提升群众对公共服务的满意度。

三、价值与启示

（一）做实“网格＋”融合治理，必须着眼强化工作统筹，坚持高位推动

地方党委政府重视是做实“网格＋”融合治理的重要前提。“网格＋”融合治理需要政府、市场、社会三端共同发力，涉及方方面面。需要从党委政府的高度加强工作统筹，明确工作路径，厘清各方职责，才能确保工作“一盘棋”统筹推进。

（二）做实“网格＋”融合治理，必须着眼整合各方资源，坚持多元共治

相互借力、配合有力、协同发力，坚持党建引领，凝聚发展合力，迸发网格动能，线上与线下相结合，在群众家门口、基层社会治理最前沿打造更为精细、更加优化的公共服务特色阵地，通过“组团式”服务更好满足群众多层次、多样化的公共服务需求。

（三）做实“网格＋”融合治理，必须着眼增进民生福祉，坚持以民为本

人民群众满意不满意是评判工作成效的根本标准，必须立足服务，始终坚持从“群众角度、群众思维”出发，把服务群众作为第一追求，积极推行精准化服务、零距离服务、高效率服务，让人群群众的获得感、幸福感、安全感更加充实、更有保障、更可持续。

四、进一步提升的路径

（一）协调各方聚合力，提升工作实效

一是调动部门“能动力”。协调督促公共服务部门为网格化治理提供更多的服务资源支持和专业力量支撑，将行业性、专业性力量下沉网格，对相关领域重点管理对象巡查走访和重难点问题牵头办理。二是搭好网格“连心桥”。发挥好网格服务群众的纽带作用，为公共服务部门工作开展提供群众工作平台，给予工作组织帮助，发挥专职网格员“人熟、地熟、情况熟”的优势，为公共服务网格员走访重点客户、广泛收集服务意见提供便利，更好地将服务落到实处。三是共绘治理“同心圆”。以“网格＋公共服务”融合治理为载体，组织动员平安志愿者、社会组织、广大

群众等各方面力量参与网格化治理，着力构建“党建引领，专业下沉，平台赋能，网格联动”的长效治理体系，激发共建共治共享的内生动力。

（二）加强宣传树品牌，扩大工作影响

一是注重品牌选树。鼓励基层“网格＋公共服务”融合治理示范点积极探索新方法，开辟新途径，建立新机制，加强对示范点建设的跟踪指导，深入挖掘特色亮点，总结提炼好的做法和运行机制，着力培育一批有特色、有亮点、“叫得响”的示范品牌，形成示范带动效应。二是拓展服务边界。巩固扩大“网格＋公共服务”融合治理示范点建设成果，以群众需求为中心，将更多公共服务与综合网格、微网格精准匹配，将更多与群众生活密切相关的服务事项融入网格，打造综合服务矩阵。三是加强宣传引导。把“网格＋公共服务”融合治理工作与提升网格工作知晓率和满意度相结合，通过“组团式”服务落实好网格为民办实事，让便民服务更加人性化、便捷化，多渠道、多方式加大“网格＋公共服务”治理经验成效宣传力度，有效提升社会各界对网格化治理工作的关注度和美誉度。

（三）完善机制强保障，打牢工作根基

一是明确各方职责边界。对于“网格服务管理事项清单”之外的工作，由相关公共服务部门按照“人随事走、费随事转”的原则，落实工作经费和必要工作条件。根据工作实际动态调整融合治理事项清单，确保可操作性、可持续性。二是优化融合治理机制。按照边运行边优化、边拓展的思路，加强网格信息与公共服务信息的资源共享、信息互融、常态收集和快速响应，固化问题发现处置闭环工作流程，推动构建“运行体系互融、服务保障互补、信息资源共享”的常态化融合治理工作机制。三是探索服务评价体系。通过构建科学的服务评价体系，督促公共服务部门结合工作实际，积极创新工作举措、量化工作目标、细化工作措施，努力形成职责明确、管理精细、服务有效的工作模式。

作者：潘慧敏（中共南京市委政法委员会）

公共服务进社区融合治理的鼓楼实践与探索

党的二十届三中全会指出"要完善基本公共服务制度体系,加强普惠性、基础性、兜底性民生建设,解决好人民最关心最直接最现实的利益问题,不断满足人民对美好生活的向往"。今年以来,南京市鼓楼区贯彻落实"同城共筑"行动要求,充分发挥各类主体作用,以融合治理体系建设为抓手,推进"电水气讯"、医疗健康、法律服务等公共服务资源下基层、进社区,实现"资源在社区共享、服务在社区协同、问题在社区解决",把治理重心沉下去、治理效能提上来,积极回应居民新需求新期盼,不断写好"首善之区、幸福鼓楼"民生篇。

一、推进公共服务融合治理是现实迫切之需

鼓楼区作为南京市中心城区核心片区,区位优势明显,公共服务资源丰富,教育、医疗等综合配套完善,具备先行先试的良好条件。然而,随着城市化进程的加速和社会结构的深刻变化,公共服务融入基层治理面临着一系列新的挑战与机遇。

(一)社区与公共服务单位尚有合作空间

社区与公共服务单位在服务群众方面各有所长,但存在着广泛合作空间,其源于双方对提升群众生活质量、满足群众多样化及个性化服务需求的共同工作追求。公共服务单位借助社区这一平台,深入社区一线,通过实地调研和互动交流,能够更加精准地把握群众的实际需求,从而提供更加贴合民意的定制化服务。而社区

则通过有效整合各类公共服务资源，优化服务流程，强化服务管理，能够为居民提供更加便捷、高效、全面的服务，让居民在家门口就能享受到贴心的服务。这种相互依存、相互促进的合作模式，不仅能提升服务质量和效率，也为构建和谐社区、促进社会发展注入了新的动力，构成了开展合作的坚实基础。

（二）群众期待与社区资源整合存在一定差距

人民群众对公共服务的需求日益呈现多样化、差异化的趋势，“幼有所育、学有所教、劳有所得、病有所医、老有所养、住有所居、弱有所扶”作为改善民生与公共服务的主要目标和基本方向，是满足人民美好生活需要的重要抓手，与群众幸福感、归属感息息相关。作为中心城区，鼓楼汇集了90%以上的省级机关，还有18所高等院校和120家科研机构，驻区单位行政层级多、居民高素质群体多、党组织隶属关系复杂，街道社区在整合辖区资源、动员党员群众上还存在短板，一定程度存在“虽有资源、调度困难”的问题，公共服务资源优势转化还不够充分，不能完全满足人民群众的服务需求。

（三）社区职能与服务治理效能存在不相匹配

社区是基层治理的最小单元，承载着居民的生活、娱乐、教育等多重功能，是党联系基层群众的“神经末梢”。作为基层群众性自治组织，社区在动员群众、矛盾调处、困难救助等方面的工作积累了大量经验，但面对群众的专业服务需求经常陷入“有心无力”的困境。一方面由于基层“无权办事”“无钱办事”的问题凸现，政府职能部门、街道、社区之间的职责分工不够清晰，往往出现职责交叉、职责重叠的情况，社区层面承担了大量超职能、超权限的行政事项，导致本身应承担的服务职能难以发挥；另一方面，做好公共服务需要跨领域、跨行业的复合型人才参与，但当前社会工作者的选育管用仍存在不足，社区队伍建设存在人手力量不足、能力有待提高、专业力量薄弱等，在推进城市更新、提供专业养老等方面，“想服务，但服务难”的现象仍然存在。

（四）服务响应与协同机制存在衔接不畅

传统的公共服务机制往往存在响应滞后、协同脱节等问题，各公共服务单位之间各自为政、各管一块，缺乏必要的协调和共享，缺乏整体的统筹规划和顶层设计，难以达到“1+1>2”的效果。同时，单位之间的人力、资金、项目资源整合不到位，共建共享水平不高，人力物力浪费较大，难以形成合力，满足人民群众对高效、便捷公共服务的需求。特别是面对突发事件和需要跨部门协调的复杂问题时，街道、社区往往缺乏足够的权限和资源来快速响应和有效处置。除此之外，社区与社会组织、企业等社会力量的合作不够深入，社会力量参与社区治理和公共服务的渠道不畅，影响了公共服务供给的多样性和创新性。

二、推动公共服务进社区融合治理的鼓楼实践

（一）“组团化”服务更高效

突出“条块结合”，打造党建引领下的扁平化公共服务，辖区内资源力量统筹联动调配，社区网格员、电水气讯等公共服务部门、医疗单位、社会组织等沉入一线，开展公共安全联查、公共设施联建、公共服务联宣等。一是完善组织架构。坚持党建引领，不断夯实“街道大工委”“社区大党委”运行机制，一体建强“1＋13＋N”零距离服务组织体系，区级层面联合电水气讯等公共服务单位，组建“盟管家”联合党总支；13个街道工委联合服务单位片区党员骨干，成立“盟管家”行动党支部，由各服务单位片区负责人担任支委，通过定期召开党建联席会，协调推进解决片区难事；各社区党委联合“盟管家”和社区网格员组建联络群，吸纳党员、志愿者7400余人，成立党员志愿服务队211支。二是强化法治保障。推动“三官一律”下社区，聚焦妇女儿童关爱帮扶、家事邻里纠纷，重点打造“辛果工作室”特色议事平台，聚力构建以区法律服务中心为核心、街道法律援助工作站为支撑、社区援助联系点为补充的“1＋N”三级法律援助服务网络，构建法律惠民公共服务圈，办理相关法律援助案件350余件、化解各类矛盾纠纷3000余件。江苏致邦律师事务所创新打造“致邦红”党建品牌，在街道设立党员律师示范岗，组织党员律师固定时间“社区坐诊”、不定时间“按需出诊”，荣获“全国公共法律服务工作先进集体”。三是拓展联建共育。深化医联体建设，开展人才双向培养，3年内与省人民医院联合培养100名以上社区医生，解决基层“开药医生”人才难题。建立家庭医生网格联动机制，成立38家社区家庭医生工作室，提供健康指导、慢病管理等个性化医疗服务，让群众有“医靠”。

（二）“定制化”服务更精准

释放“盟管家 服务＋”品牌示范效应，依托党建联席会，夯实街道“大工委”社区“大党委”运行机制，聚力融合“治理网”与“服务网”，分层分类开展供需论证、资源对接，常态化立体联动解决群众“急难愁盼”问题。一是扎实办好民生实事。依托党建联席会、地区两会等载体，召开居民议事会、需求对接会953场，梳理形成8大类43项供需清单，与公共服务单位明确“开门接桩”、燃气管道改造、智能门禁更换等各类合作项目295个。开办“公共服务进社区”公益市集活动660余场，开展志愿活动1736次，常态化开展公共安全联查、公用设施联建、公益集市联办、公共服务联宣，聚焦群众急难愁盼，将服务送到群众“家门口”。二是关心关爱特殊群

体。聚焦“一老一小”，网格员与“盟管家”联合走访慰问困境儿童 884 人次；开展“探访关爱先锋行”，与国网南京、南京水务、南京移动等合作，为 80 岁以上及重点独居、困难、空巢老人等重点群体加装智能电水表、毫米波雷达等智能监测设备 4267 台，出现异常及时预警，提供 24 小时全天候守护。与社区卫生服务中心共同开展“爱心代取药”活动，让社区高龄、独居、空巢老人开药取药不再难。三是筑牢安全生产防线。开展消防安全除患攻坚“1＋4”“清瓶行动”等专项整治行动，为老旧小区安装更换充电桩 5727 组，改造地下停充场所 169 处，完成“开门接桩”小区建设 95 个，让老百姓实现“开门接桩”。完成沿街商户“瓶改电”“瓶改管”2928 户，防患于未“燃”。对全区老旧小区 1700 多个单元水管进行了防冻核查和维修，排查 401 处小区消防水源。探索“先解决问题再说”机制，创新“应急包”模式，对群众上报的安全隐患问题，2 小时内完成现场勘查、方案确定、进场消险全过程，营造“马上就办”“事不过夜”的公共服务氛围。

（三）“阵地化”服务更便捷

深化公共服务阵地功能体系建设，统筹网格阵地资源，持续提升阵地服务能级，打造“前沿化、一体化、精细化”的公共服务特色阵地，满足群众多样化需求。一是服务矩阵“一网揽”。依托党群服务中心、政务服务大厅等阵地，建成集网格化管理、精细化服务、信息化支撑一体的示范阵地。区、街、社三级联动，区级重点打造“宁向网”区级能量立方服务驿站，全国先进基层党组织“石城共产党员服务队”领衔入驻，提供“30 分钟便民服务圈”24 小时应急抢报修服务，13 个街道利用党群服务中心、政务服务大厅等阵地，开设公共服务窗口，120 个社区统筹网格阵地、“宁小蜂”驿站等资源，升级打造“N”个开放式阵地，建成“能量立方”暖心微光驿站，集成电动充电桩、储能系统等功能，融入新就业群体服务内容，不断拓展服务范围。二是服务窗口“一网办”。在服务驿站、窗口公示“盟管家”服务事项、轮值频次和联系方式，破解行政壁垒、层级阻隔难题，即诉即办、未诉先办，解决居民诉求 8885 件。打造以供电、供水、供气、电讯、养老服务等为主要内容的公共服务站点，引入业务办理一体机终端，通过联合共建单位、电水气讯服务人员、社会组织等力量，安排电水气讯“盟管家”定期轮值，驻点提供业务咨询、故障报修等服务，实现开户、缴费、报修等“一站式”受理、“一条龙”服务、“一揽子”解决。三是数字赋能“一网通”。开拓线上阵地，线上联络互动建群，建立信息共享、服务共建的常态化工作机制，推动水务、电力、燃气、通讯、医疗等公共服务区域负责人、客户经理、家庭医生等加入社区大网格微信群，畅通信息传递渠道，居民可线上咨询预约电水气修理等服务。同时，植入“鼓小微”智能机器人，24 小时实时智能回复服务事项、办事指引等群众咨询，通过后台推送至“盟管家”处理，让居民和公共服务单位沟通“不掉线”。试点智水社区建设，通过开发跨平板手机移动平台的用水服务应用，低成本实现远程人机连线、全业务办理的便捷服务。

（四）“常态化”服务更贴心

建立“小事网格即办，大事街道调度，难事区级统筹”三级联动协同机制，推动公共服务从“柜台服务”到“现场服务”、从“被动服务”到“主动服务”的转变。一是分级领办。探索建立“小事社区即办，大事街道调度，难事区级统筹”三级联动快速响应机制，对于小修小补，由“盟管家”接诉即办；对需要协同解决的，街道牵头召开多方联动议事会，开展座谈磋商，共同持续推进；对于综合性强、涉及面广、情况复杂的事项，由区级统筹解决。二是协同联办。按照“横到边、纵到底、全覆盖”的原则，实行“居民点单—社区派单—盟管家接单”运转模式，网格员常态化收集摸排居民诉求和安全隐患，统计汇总、分类梳理，交由“盟管家”处理，实现群众问题“前台”统一受理，对口问题现场答复，非对口问题“后台”分级分类流转处理，“一口对外”最大程度方便群众。三是响应速办。社区建立“1＋X＋N”服务体系，1名网格员负责网格内资源力量联动调配，红色楼栋长、法律明白人、区街下沉干部等组团入格，电水气讯专业人员直接入户服务，实现“诉求—服务”面对面。嫁接国家电网“石城鹰眼”智慧指挥平台、南京水务“南水110”的联动机制，通过故障抢修精准定位、停电停水事件实时监测、24小时抢报修服务，故障处置时长缩减至分钟级，抢修15分钟到达。

三、提升公共服务进社区融合治理效能的对策建议

当前，在公共服务均衡性与可及性不断提高的背景下，新时期公共服务领域面临要求更高、内容更多、责任更重的新要求新任务。锚定“在强化基层治理和民生保障上走在前”“在推进社会治理现代化上实现新提升”重大任务，要创新机制路径，打造更贴近群众、更高效协同的新型公共服务模式，推动实现民生保障和治理效能的双提升。

（一）系统整合，拓展公共服务吸纳广度

公共服务资源的整合是提高服务效能的重要途径，通过整合各类资源，可以形成合力，提高服务的覆盖面和受益面，让更多的社区居民享受到优质便捷的服务。一是深化区域化党建，整合政府资源。创新党建共同体建设，充分发挥党组织政治优势、组织优势，引导激励多元力量参与公共服务和公共决策过程，从文化教育、医疗卫生、社会保障等多方面促进资源共享、推动共同发展。建立社区公共服务联席

会议制度，由社区党组织牵头，定期召开协商议事会，协调解决公共服务相关问题。积极发挥政府职能部门的引导作用和专业优势，通过优化职能配置、加强部门协同，实现资源共享、信息互通、业务联动。要推动公共服务事项下沉，将更多的公共服务事项下放到社区，让社区居民在家门口就能享受到便捷的服务。二是引入合作机制，整合社会资源。社会组织、志愿者等社会力量是公共服务的重要参与者。按照互惠互利、资源共享原则，通过政府购买服务、项目合作、志愿服务等方式，积极引导和支持社会力量参与社区公共服务。具体而言，可以结合区域特色，建立社区公益服务项目库，鼓励社会组织等申报服务项目，为社区居民提供专业化、个性化的服务。同时，完善社区志愿服务体系，搭建志愿服务平台，吸引更多的志愿者参与社区服务。三是激发市场活力，整合市场资源。要通过政策引导、资金支持，鼓励和支持企业、社会组织等市场主体参与社区公共服务。一方面，可以通过政策引导和财政补贴等方式，鼓励社会资本投入社区公共服务领域。如探索建立社区公共服务项目的市场化运作机制，设立社区公共服务投资基金，吸引社会资本参与社区养老、教育、医疗等公共服务项目的建设和运营。另一方面，要建立健全准入和退出机制，加强对市场主体的监管和管理。确保进入社区公共服务领域的社会资本具备一定的资质和能力。对于服务质量差、效率低下、存在安全隐患等问题的市场主体，要及时进行整改或退出，保障社区公共服务的稳定性和可持续性。

（二）开放协同，挖掘公共服务合作深度

社区公共服务的开放协同是提高服务效能的重要手段。通过开放合作，可以引入更多的资源和力量，提高服务的质量和水平，让社区居民享受到更加专业、更加多元的服务。一是深化合作模式。以组织联建带动协同发展、同向服务，完善街道“大工委”、社区“大党委”运行机制，通过供需对接、双向认领，推动辖区单位资源转化利用。要完善公共服务部门履职为主、街道社区协同配合的工作机制，社区发挥群众工作优势，做好入户走访、收集意见等“问诊”工作，公共服务单位发挥专业优势，开好化解风险、消除问题的“处方”，实现协同共赢。二是推动资源共享。建立大数据思维，加强服务资源开发，引导政府信息、市场信息和社会信息等数据资源整合，促进大数据跨地区、跨领域和跨部门开放共享，逐步建成各种信息交互融合的社区服务大数据平台，为社区治理和民生服务提供数据支撑。推进社区空间数字化，建立社区服务数据库，完善社区信息覆盖和数据服务能力，建设智慧社区配套的网络设施。三是始终依靠群众。充分发挥群众首创精神，激发“主人翁”意识，鼓励居民参与到社区治理和服务活动中，形成“人人参与、共同治理”的良好氛围。要完善红色楼栋长零距离联户工作机制，向网格、小区、楼栋延伸治理触角，有机联结网格党支部、红色楼栋长，充分挖掘物业企业、社区能人、业委会成员等力量融入基层治理，实现服务群众零距离。

（三）强基固本，提高公共服务运转效度

要通过加强基础设施建设、完善服务机制、提高服务人员素质，让居民群众享受到更加便捷、更加高效的服务。一是完善基础设施，打造服务矩阵。阵地是服务的基础，要用好党群服务中心、网格服务驿站、“宁小蜂”驿站等阵地资源，按照“就近、灵活、小型”的原则，在群众家门口、治理最前沿打造更为精细、更加优化的公共服务矩阵。同时，依托网格微信群等，开展系列政策宣传，及时收集、反馈、处理居民诉求，实现服务零距离。二是创新服务机制，优化服务流程。健全“一站式”服务机制，将涉及电水气讯等跨领域、跨部门的公共服务事项整合到一个窗口办理，实现“居民一个诉求、问题一次派单、社企联动解决”。推行“一站式”办结制度，通过“在线互动＋远程协助＋后台处理”形式强化服务咨询事项办理，对于疑难复杂事项，设置专人专岗对接，对办理情况进行智能外呼回访，尚未妥善解决的问题及时转人工处理。三是加强队伍建设，提升服务能力。一方面，要加强培训和教育，通过线上线下相结合的方式，开展定期培训活动，提高服务人员的专业知识和技能水平，培养一批业务能力强、群众基础好、工作作风硬的业务骨干。另一方面，要加强服务人员的激励和管理，建立健全绩效考核和奖励机制，激发服务人员的工作热情和创新动力。同时，要加强对服务人员的监督和约束，确保能够严格遵守服务规范和职业道德标准。

（四）提质增效，提升公共服务实施精度

社区公共服务的精准对接是提高服务效能的关键环节。通过精准识别需求、精细提供服务、精确评估效果，可以提高服务的针对性和有效性，让居民百姓享受到更加贴心、更加满意的服务。一是精准识别需求。统筹驻区单位建立资源、需求、项目“三个清单”，完善双向需求征集、双向提供服务、双向沟通协调、双向评价通报“四个双向”机制，把组织优势、组织活力激发出来。例如，开展社区居民需求调查，通过问卷调查、访谈等方式，收集居民的服务需求信息。同时，加强需求分析，通过数据挖掘、模型分析等方法，发现居民的潜在需求和偏好，为服务提供精准定位。二是精细提供服务。基于精准的需求画像，为不同群体、不同需求，提供差异化、个性化的服务，涵盖文化教育、健康医疗、养老服务、儿童关怀、环境保护、安全治理等多个领域，为老年人提供居家养老服务、为儿童提供课后托管服务、为残疾人提供康复训练服务等。同时，要加强服务管理，通过服务标准制定、服务流程优化等方式，提高服务的质量和水平。三是精确评估效果。完善服务评价机制，通过满意度调查、服务质量评估等方式，及时了解居民感受、服务实施效果，将公共服务进社区开展情况纳入街道社区年度考核。强化结果应用，对于百姓口碑好、业务素质硬的单位或个人，以街道、社区党组织名义及时向其所在单位党组织通报表扬。

四、推动公共服务进社区融合治理的经验启示

（一）坚持党建引领，强化组织保障

党的全面领导、党的全部工作要靠党的坚强组织体系去实现。必须加强基层组织建设，落实社区党组织政治功能和服务功能，充分发挥社区党组织领导核心作用和战斗堡垒作用，把社会各方力量真正凝聚起来，共同推动“小服务”撬动基层“大治理”，为居民提供优质服务。必须充分发挥党员先锋模范作用，走在前、干在先，团结带领居民做好兜底保障、隐患排查等各项事务。必须坚持以基层党建引领社区治理改革创新，在社会治理中加强党的建设工作，在党的建设工作中强化为民服务。

（二）坚持问题导向，精准施策解忧

强化问题导向，聚焦群众急难愁盼，深入开展“我为群众办实事”实践活动，用心用情用力解决好医疗、物业、环境等方面民生问题，在为民排忧解难中自觉践行初心使命，让群众有更多、更直接、更实在的获得感、幸福感、安全感。把好居民需求，找准服务方向，实现公共服务供给和需求的精准对接，形成公共服务精准供给的良性循环，变居民“痛点”为社会发展的“亮点”，变城市管理的“包袱”为基层治理的“财富”。

（三）坚持资源整合，协同治理增效

健全公众参与机制，充分调动各方资源要素，兼顾社会、环境、文化等多方效益，努力让老百姓的生活更方便、更舒心、更美好。依托党建载体，整合盘活辖区内各类单位和组织的信息、文化、服务等资源，组建党建联盟，搭建志愿服务、爱心公益、文明实践等有效平台载体，引导各主体主动承担社会责任，发挥各方资源的最大效用。善于借助外部社会力量，充分对接辖区资源，争取公共服务单位的支持与协助，不断优化完善各平台的功能，努力满足居民多样化、个性化的服务需求，形成规范化、常态化、制度化沟通合作机制。

（四）坚持科技支撑，强化智慧服务

要充分利用互联网扁平化、交互式、快捷性优势，畅通沟通渠道，不断提升公共服务的质量和效率。通过互联网、大数据、人工智能等现代信息技术为人民群众提

供更好的公共服务。深化“互联网＋”模式，推进信息管理平台建设，进一步畅通公共服务供需交流渠道，推动公共服务数据互联共享，完善公共服务资源调配机制，加强公共服务的质量控制和效果评价。利用大数据技术，挖掘相关信息、细分群众需求、探测需求热点，准确把握群众的公共服务需求。要以物联网技术为基础加强智慧社区建设，为群众提供更贴心的智能化公共服务。

作者：刘振华　刘剑辉（中共南京市鼓楼区委组织部）

南京市儿童友好社区建设路径及展望

2023年,南京成功入选建设国家儿童友好城市名单。社区是城市的基石,是除家庭、学校外与儿童关系最密切的社会环境。儿童友好社区建设,是儿童友好城市建设的基础工程。高质量推进儿童友好社区建设,是建设国家级儿童友好城市的必备条件,是提升儿童获得感幸福感安全感的务实举措。截至2024年,南京市指导建成市级儿童友好社区110个,为全市社区打造了政策友好、参与友好、服务友好、权利友好、空间友好、环境友好的市级样板,为儿童创设更高品质生活环境、发展条件,让更多儿童感受来自"儿童友好"的城市温度,全面提升基层服务儿童、关爱儿童、凝聚儿童的能力。

一、南京儿童友好社区建设的路径

(一)加强顶层设计,整体谋划南京儿童友好社区建设

1. 制定建设指引,明确建设方向

在《南京市"十四五"儿童发展规划》中明确提出建设儿童友好城市,到2025年南京儿童总体发展水平保持全省领先,更多指标达到发达国家水平。为加快推进儿童友好城市建设,南京市出台了《南京市儿童友好社区建设指引》和《南京市儿童友好社区建设指标体系》。体系分为十个指标并具体规定了创建儿童友好社区所需要的标准。指引从儿童安全、教育、健康、娱乐、参与、福利和环境保护等关键领

域入手，进一步细化为 10 个核心指标 54 项可操作的内容，注重了实践性和可操作性，为儿童友好社区的建设提供了清晰的方向和具体的路径。建设指引和指标体系构建了申报、评估、管理的长效机制，确保儿童友好社区建设的规范化，使每一项工作都有据可依，有章可循。

2. 加强部门协调，整合建设力量

健全发改委、妇儿委“双牵头”工作协调推进机制，成立儿童友好建设工作领导小组，21 个部委办局作为成员单位，定期协调解决建设中的重大问题。在社区层面，成立儿童友好社区建设领导小组，成员包括社区书记或主任、相关儿童工作社工、社会组织负责人和家长志愿者等多个不同类型的主体，整合更多社区建设力量，多渠道满足社区全方面需求，为有效发挥组织领导作用打下了坚实基础。江宁区东山街道泥塘社区借助本地高校社工专业力量建立服务基地，引进 12 家社会机构进驻社区，开展儿童服务；高淳区淳溪街道河滨社区充分发掘辖区内机关幼儿园，雅园幼儿园、实验小学、老街管委会、民进高淳支部、江苏省侨联等学校和单位力量参与建设；江北新区龙山社的“益点爱”志愿者和建邺区莫愁湖街道沿河社区居民的“沿小河”护童志愿服务队都参与到建设工作中。

3. 强调全面发展，满足多元需求

一是坚持资源倾斜薄弱地区。加大对薄弱地区的倾斜力度，保障性住房、老旧小区和涉农小区等区域，占儿童友好社区建设总数的 60%以上。通过改善基础设施、增加儿童活动设施、提升社区服务质量等方式，南京市努力为这些区域的儿童创造一个更加安全、健康、快乐的成长环境。二是坚持聚焦困境家庭儿童。建立困境儿童档案，定期走访、救助、服务困难儿童家庭，为困境儿童提供更加精准的帮助和支持，定向邀请困境家庭儿童参加社区的夏令营、研学等各类活动，让他们也能享受与其他儿童同等的待遇。三是坚持兼顾全类型儿童，鼓励社区提供免费的托育托幼服务、公共体育设施等；社区组织开展丰富多彩的文体活动和社会实践活动，让不同年龄、不同类型的儿童都能够在社区中找到属于自己的舞台和归属感。

4. 加强宣传推广，扩大社会影响

坚持“小切口、大主题、有温度”的原则，市妇联公众号开设专栏每周一篇，全方位持续性开展儿童友好城市系列主题宣传，总结优秀建设经验。建邺区新亭社区、栖霞区春晓园社区、雨花台区古雄社区等多个儿童友好社区建设被新华日报、人民网、央广网、学习强国等中央省级媒体报道，展示了南京市在儿童友好社区建设方面的成果和亮点，为其他社区提供了可借鉴的经验和模式，增强了南京市儿童友好社区建设的影响力。此外，社区自身也通过建设儿童友好社区相关品牌，利用官方微博、官方博客、官方微信公众号等自媒体渠道，以及第三方传播平台进行儿童友好社区建设的社区活动、教育理念和儿童成长故事等的宣传，增强儿童友好社区的吸引力和辐射力。

（二）加强示范引领，稳步推进儿童友好社区建设

1. 以点带面逐步推进建设工作

南京市按照“以点带面、示范引领，因地制宜、分步推进”的实施路径，有序推进儿童友好社区建设。2016 年，南京市承接了国务院妇儿工委“社区儿童保护”项目，以泥塘社区为出发点开始探索儿童友好社区建设。2017 至 2018 年，南京市结合城市更新，针对社区小微空间开展“微更新，微改造”，打造 19 个儿童友好空间示范点。2019 到 2021 年，南京市持续启动儿童友好社区试点与培训，形成泥塘社区、建邺区庐山路社区、秦淮区小西湖社区等一批儿童友好社区示范点，并支持江宁区中前社区、建邺区茶亭社区等一批社区开展儿童友好服务项目，致力于探索打造更加符合儿童需求、充满乐趣与创意的成长环境。2022 年，伴随南京全面启动儿童友好城市建设，儿童友好社区建设两次纳入全市民生实事。截至 2023 年，南京市分三年建成 110 个儿童友好社区，为儿童友好城市建设提供了坚实基础。

表 1　南京市儿童友好社区建设推进

时间	事件
2016 年	泥塘社区承接国务院妇儿办“儿童社区保护”项目，周期 3 年
2017—2018 年	结合南京都市更新，开展“微更新，微改造”，首次改造 19 个社区儿童友好空间
2018 年	举办全市儿童友好社区建设论坛
2019 年	在 3 个社区启动儿童友好社区试点建设
2020—2021 年	实施造访最美儿童空间，助力友好城市发展项目，建成 44 个社区友好空间
2022 年	印发《南京市儿童友好社区建设指引》《南京市儿童友好社区建设指标体系》，发布资源地图，建成 21 个市级儿童友好社区
2023 年	儿童友好社区建设纳入民生实事，建成 34 个市级儿童友好社区
2024 年	儿童友好社区建设纳入民生实事，建成 55 个市级儿童友好社区，启动 10 个南京市儿童友好街区建设

表 2　南京市儿童友好试点社区名单

地区	第一批(2022)	第二批(2023)	第三批(2024)	总计
江北新区	1	6	8	15
玄武区	1	1	2	4
秦淮区	4	1	3	8
建邺区	3	6	6	15
鼓楼区	0	2	2	4
雨花台区	2	3	6	11
栖霞区	2	2	7	14
江宁区	4	6	8	18
浦口区	1	3	5	9
六合区	1	1	2	4
溧水区	1	2	3	6
高淳区	1	1	3	5
合计	21	34	55	113

2. 探索完善南京特色的全流程建设道路

一是申报推荐。市妇儿办、市发改委联合发布关于申报市级儿童友好社区的通知，有建设意愿的社区自主报名，由各区妇儿办择优推荐，纳入全市儿童友好社区建设名单。

二是能力培训。市妇儿办每年组织培训会，对试点社区有关人员进行能力培训，帮助社区负责人和工作人员理解儿童友好建设的重要性和相关政策、知识，指导社区开展基线调研，帮助理清社区基本情况、辖区各项资源、评估社区儿童的基本需求、了解儿童友好社区建设政策落实情况、掌握儿童友好社区儿童服务的实际情况及社会组织参与建设情况，提升社区开展儿童友好社区建设能力。

三是评审优化。通过以评代训，由各申报社区汇报建设方案，市妇儿办组织评审组，根据建设指引，对建设方案提出优化意见，邀请儿童友好专家和规划观察员及时进行跟踪指导和意见反馈。

四是交流互访。各儿童友好建设社区按照优化方案开展建设，并在建设中组织走访参观，互评互访。不同社区通过现场参观、交流经验，促进跨社区的合作与支持，相互观察和借鉴其他地方的创新做法，寻找适合自己社区的儿童友好策略。

五是督导评估。各区妇儿办对本区试点社区进行日常指导，及时总结经验，完善区级建设管理机制。市妇儿办持续提供业务指导，组织专家团队开展督导、评估和交流活动，并最终对友好社区发文确认。

六是建立长效机制。市妇儿办牵头组建南京市儿童友好社区联盟，汇聚优势资源，横向联通、纵向延伸、联动发展，确保儿童友好社区“看得见、用得上、留得住”。围绕儿童友好社区建设要求，吸纳儿童友好社会组织、儿童友好空间设计团队，通过结对联建、队伍联合、活动联办、文化联创、质量联评五大措施，推进阵地、人才等优质资源的辐射推广和合成再造，形成自我发展、良性成长的长效机制。

市妇儿办编撰《南京市儿童友好社区空间建设案例》和《儿童友好社区建设优秀案例、优秀报告》，以优秀案例展示社区建设中的品牌化、特色化服务，推动社区对辖区内儿童服务的精准化、避免了社区建设的单一性；以研究视角分析每个儿童友好社区建设的问题、路径、效果，为儿童友好社区建设提供指导。

（三）加强资源整合，全面保障儿童友好社区建设

1. 多类型空间整合

积极推动学校、医院、体育设施等公共服务资源的共享。通过共享策略，有效提高了这些设施的利用率，降低了儿童及其家庭的使用成本；注重公园、博物馆等阵地的共享，积极推动单位与社区的共建与空间整合。通过示范单位的引领作用，鼓励更多的单位参与到儿童友好社区的建设中来，共同为儿童创造一个更加美好的成长环境。目前，南京市共有19家儿童友好试点单位，这些单位不仅为儿童提供了更多的活动空间和资源，还通过自身的专业知识和经验，为儿童友好社区的建设提供了有力的支持。

2. 多形式服务整合

一是整合暑托资源，丰富儿童生活。市儿童友好领导小组每年组织开展“宁育未来，童乐一夏”全市中小学暑期活动，通过夏令营、亲子游、研学等多种形式融合到儿童友好社区的建设中。市妇儿办每年为儿童友好社区提供暑期活动支持资金10余万元，支持引导儿童友好建设社区为儿童提供丰富多彩的活动。

二是开发研学线路，联办公益活动。市、区及社区三级充分利用了南京儿童友好社区的现有资源，共建了具有南京特色的“儿童友好”文化服务，打造“儿童友好”公益研学线路，2024年南京妇儿办以儿童友好社区为依托，研发10条公益研学路线，开展儿童友好与宁同行公益研学活动，引导全市1000名少年儿童走进儿童友好试点社区，围绕宁童心·红色诵读、宁童建·社区美化、宁童学·文化传承、宁童享·好物漂流活动、宁童乐·农耕体验五大主题开展活动。

表 3　基于儿童友好社区的研学路线

社区	路线
江北新区龙山社区	悠游友好公园，体验“一米”精彩
玄武区成贤街社区	寻访街巷故事，聆听文都历史
秦淮区小西湖社区	探秘老城微改造，留住城南童时光
建邺区洲岛家园社区	化身“小小网格员”，体验生态科技岛
鼓楼区世茂滨江社区	邂逅“微笑天使”，携手长江保护
栖霞区南炼新村社区	走进金陵石化，揭秘神奇石油
雨花台区古雄社区	探访古韵“雄”风，体验小鬼当家
江宁区阜庄社区	青草池塘夏天，稻花香里童年
浦口区青山村社区	漫步百年渔村，我是小小农人
高淳区河滨社区	品味老街历史，重温红色记忆

三是贴近居民需求，开展便民服务。各社区根据自身的特点和居民的实际需求，组织开展相关活动，提供有针对性的便民服务。玄武湖街道徐庄社区通过整合资源、关注特定教育需求（如隔代教育），覆盖不同年龄段的人群，提供全面、多元化的教育服务开展的“青苗学堂”；建邺区南苑街道在爱达花园小区内创办小爱育儿园，为居民提供“家门口”普惠制的早期教育及托育服务。

四是鼓励儿童参与，指导儿童议事。指导儿童友好社区组建观察团、打造儿童参与品牌，雨花台区邓府山社区的“小板凳”、浦口区老虎桥社区对“小虎当家”等议事品牌，将儿童参与作为建设儿童友好社区、提升儿童服务水平的重要途径。

3. 多领域人力整合

南京市政府相关部门与市属高校共建成立儿童友好发展中心，通过定期举办培训班、研讨会等活动，不断提升社区儿童工作者的专业素养和服务能力。遴选43名专家组建南京市儿童友好专家库，为全方位建设儿童友好社区提供智力保障。组建南京儿童友好社区联盟，实现了阵地、人才等优质资源的辐射推广和合成再造。

4. 多渠道资源整合

在市妇儿办提供引导资金的基础上，积极整合区、街道、社区三级配套建设资金，通过企业捐赠、民间众筹等形式吸引社会资金投入，为儿童友好社区建设提供支持。同时，积极将儿童友好社区建设融入老旧小区改造、城市更新、美丽乡村建设工作中，多渠道联动各方建设资源，实现儿童友好社区建设资源整合。

二、儿童友好社区建设存在的现实问题

（一）儿童友好建设理念需要进一步增强

目前，全社会对儿童友好建设的认识有待进一步提升，一些领域和区域在制定公共政策、编制空间规划、开展城市更新、配置社区资源的过程中，对儿童友好的系统性考量不够充分，儿童“一米高度”的视角尚未在社区建设中全方位呈现，一些社区中儿童户外游戏空间不足，少数社区儿童服务数量不足、专业化水平不高，儿童对美好生活的向往、儿童健康成长的需求尚未得到充分满足。

（二）儿童友好社区发展不够均衡

全市儿童友好社区从建设数量和质量上看，江宁、建邺、江北新区等近郊区总体较好，既能为儿童友好社区空间建设给予保障，又能获得优质资源配置和专业建设力量。而主城区和远郊区社区建设受限，主城社区由于公共空间狭窄、城市道路交通压力较大，普遍缺乏适合儿童户外游戏活动的友好空间、儿童安全上下学的通学路径；远郊社区儿童公共服务设施配置不足，同时缺乏专业化的社会组织，儿童友好服务相对欠缺，专业化程度有待提升。

（三）儿童友好社区建设水平需进一步提升

1. 社区儿童空间设计精细化不足

虽然我市已经涌现出一大批发展全面、特色鲜明、深受儿童喜爱的友好社区，如月安社区、盛江社区、龙山社区等，但仍然存在社区建设同质化程度较高，专业化水平不足的情况。现有的儿童友好社区在空间规划和设施设置上还存在较多的粗放型设计，性能上有所局限，多为基础游戏设施，年龄段细分不明显，难以满足不同年龄段儿童的需求。还需要细致考虑儿童的身心发展特点，在设施上增加互动性、趣味性和安全性，提升儿童空间质量。

2. 品牌化、特色化的服务数量有限

社区在规划设计儿童服务和引导儿童参与的方式方法上，灵活性与创新性稍显不足，同质化程度高、特色不够鲜明。社区儿童服务品牌认知度不高、活动影响力不足，品牌活动有待延续，品牌化建设还有待继续加强。家长、儿童和利益相关者对服务的参与度有待提升。

（四）儿童友好社区可持续发展需进一步保障

由于基层治理单元的经济基础、重视程度及实施绩效不同，已建成的儿童友好社区空间和设施的后期运营存在差异。一些经济相对薄弱的社区，运行经费不充足，一些偏远社区缺乏专业化的人员队伍，儿童服务质量难以保障。儿童友好社区建设与加强基层社会治理还需要进一步融合，儿童友好社区自我管理、自我发展的

内生动力还需要进一步激发。

（五）儿童友好社会宣传需进一步拓展

儿童友好社区建设的理念在更广泛的社会层面上，认知度不高，影响力有限。社会各界对儿童友好社区的关注和参与度偏低，宣传工作局限于社区或妇联等特定群体小范围“内循环”。这种模式制约了儿童友好理念的扩展，也使得许多非社区内的潜在支持者，例如企业、教育机构及社会公益组织等，不能有效参与其中，面向普通市民、社会大众的儿童友好宣传还要进一步加强。

三、加强儿童友好社区建设的对策建议

（一）普及理念，融入社区规划

逐步建立以儿童需求为导向的社区规划建设机制，使社区资源优先满足儿童成长需求，提升儿童生活的幸福感和获得感，真正实现儿童友好的社区环境。政府部门在制定公共政策、编制空间规划和配置资源时，应将儿童需求作为优先考虑因素之一，强化儿童优先的理念，确保儿童在社区中的各项权益，政策制定应从儿童“一米高度”的视角出发，注重儿童的安全性、便利性和舒适性。各相关部门在开展工作时应强化儿童友好意识，将工作与儿童友好社区建设更多整合，如乡村振兴与儿童友好、老旧小区改造与儿童友好等，保障儿童友好理念能渗透到社区和部门工作的方方面面。

（二）加大多元投入，均衡建设资源

推进市、区级联动机制，实现资源的有效共享和调配。市级层面协调全市的儿童服务资源，将资源重点向建设薄弱的区域倾斜，增加该地区的资源投入和专业服务保障，推动全市儿童友好社区的均衡发展，保障不同区域的儿童都能享有安全、丰富的社区服务。针对主城区社区应采取“微空间改造”策略，优化公共空间利用效率。在公共空间资源有限的情况下，可以通过将闲置空间改造成小型儿童游乐场、阅读角等，增加儿童活动区域。针对远郊区县应加强基础设施建设，扩大儿童公共服务覆盖面；还应积极引入和培育专业化的社会组织，提升儿童友好服务的专业化水平，弥补远郊区县专业服务资源不足的短板。主城区的专业社工、志愿者团队也可以定期赴远郊支援，提供短期的专业支持，或通过线上课程和咨询服务的方式，进一步丰富远郊儿童的活动选择，拓宽儿童友好服务的内容和覆盖范围。

（三）夯实专业基础，提升建设水平

1. 以需求为导向，建设分龄空间

社区儿童空间设计应根据不同年龄段儿童的具体需求、年龄特点、兴趣爱好以

及体能水平，设计差异化的游戏空间、活动场所及休憩设施，例如，为低幼儿童设置沙坑、水池，为年龄稍高的儿童设置跳格子、植物迷宫、健身器械，为青少年提供足球场、篮球场、跑步道等户外运动场地。在社区空间规划上，要充分考虑儿童的身心特点，设计或采用既安全又富有一定挑战性的游戏设施，以及能够激发儿童想象力和创造力的活动空间。同时，社区还应注重空间的多样性和包容性，确保不同年龄段的儿童都能与社区空间具有很好的互动性。

2. 以社区为依托，建设特色品牌

通过向社区家庭发放问卷，定期组织家长、教育专家和社区工作者的交流会，充分了解本社区儿童及家庭的需求，并根据已有的社区数据，如儿童的年龄分布、家庭类型、兴趣爱好等，提供符合本社区儿童实际情况的服务方案。同时，充分挖掘社区文化、自然、科教等方面的资源，打造本社区的儿童特色服务品牌，结合当地文化特点，让孩子们在活动中认识本土文化；结合社区自然资源，打造具备社区特色和环保教育意义的品牌性活动，让儿童在活动中增长知识、提升社会责任感。在打造品牌的过程中，通过建立品牌标识、加强宣传推广，使儿童友好社区的服务品牌深入人心，形成社会影响力。

（四）强化资源融合，推动持续建设

1. 构建多元资源建设平台，保障社区建设成果

上下联动，引导社区持续加大对儿童友好社区建设的投入，鼓励各类基金会、企事业单位、协会商会、公益团体等市场主体和社会组织参与社区建设，形成儿童友好社区建设合力。充分发挥社区“联”字优势，多渠道筹措各类资金和资源，完善社区建设保障制度。动员共建单位参与社区儿童友好建设捐款，争取社区老旧改造资金重新打造儿童游乐园等；探索建立社会资源共享平台，定期与社会组织、企业等沟通合作意向，实现资源的互补与共赢。实现儿童友好社区从“建设”到“持续服务”的跨越。

2. 整合多类型建设力量，节约管理与运行成本

加强与公益组织的合作，重视在地儿童服务类社会组织建设，引入社会组织的管理和专业服务，以多元社会资本参与儿童友好社区的运行、管理和服务工作，全面提升服务质量和管理水平。建立社区家长志愿者组织，如家长委员会、社区服务小组等，为家长提供组织化的支持和资源，促使父母从被动参与转向主动参与社区建设。通过专业培训提升儿童服务类社会组织的专业能力，为社会组织提供包括服务通识、社工专业、司法政策、慈善服务、志愿服务等多元视角的培训，帮助培养人才和积累专业力量。

（五）拓宽宣传口径，扩展社会影响

1. 增加宣传途径，深入影响社会理念

创新宣传载体，搭建立体宣传平台，开展儿童友好城市公益宣传，提高公众知晓度和参与度。通过全方位、多形式的宣传，大力推广儿童友好城市建设的经验和成效，营造良好的社会氛围。针对不同年龄层次和社会群体，设计有针对性的宣传内容，帮助公众理解儿童友好理念的重要性和实际意义，鼓励他们积极参与到儿童友好社区的建设中来。

2. 多渠道分享经验，扩展南京影响力

加强政策推广与经验分享，通过制定政策文件、编制地方标准、汇编典型案例、组织论坛分享等形式，提升南京儿童友好社区建设的社会影响力。利用各级各类媒体平台，对南京儿童友好社区建设的成功案例进行广泛报道，顺应深度媒介化趋势，利用社交媒体、短视频、虚拟现实等数字媒体形式，推广南京儿童友好城市建设的经验。用好儿童友好城市数字资源，提供儿童活动预约、安全提示等功能，同时在公共场所设置儿童智能引导系统，普及儿童友好建设成果知晓面。

作者：南京市妇女儿童工作办公室课题组

服务保障篇

人民法院服务保障新质生产力发展的现状、问题与路径

习近平总书记在参加十四届全国人大二次会议江苏代表团审议时强调："要牢牢把握高质量发展这个首要任务，因地制宜发展新质生产力"，并指出"新质生产力是创新起主导作用，摆脱传统经济增长方式、生产力发展路径，具有高科技、高效能、高质量特征，符合新发展理念的先进生产力质态"。发展新质生产力，推动高质量发展，必须坚持以法治为引领，更好地发挥法治"固根本、稳预期、利长远"的保障作用。人民法院作为党领导下的国家审判机关，是发展新质生产力的保障者、推动者、参与者。人民法院应当厉行法治，通过确立和实施稳定、公开、规范的制度机制和行为准则，进一步凝聚社会共识，规范和引导科技创新、成果转化以及产业升级和新兴战略产业发展，有效激发市场经营主体、科研机构及社会个体的创新活力，为新质生产力的形成和发展提供牢固基础、持久动力和广阔空间，为中国式现代化南京新实践贡献法治力量。

一、新质生产力发展的现状检视

当前，南京的经济增长保持了稳定的态势，GDP 持续稳步上升，这得益于其多元化的经济结构和不断优化的营商环境。在产业结构方面，服务业的比重逐年上升，特别是金融、信息、旅游和文化等现代服务业发展迅速，与此同时，高新技术产业如生物医药、电子信息、新材料等领域的创新活力不断释放，成为推动经济增长

的新引擎。作为江苏省会和长三角重要城市，南京积极制定实施人才强市战略，聚焦“4266”产业体系构建，加快打造优势产业集群，培育发展新质生产力。南京“4266”产业体系由四大支柱产业、两个国家级产业集群、六大新兴产业和六个未来产业新赛道组成。[①] 这一体系旨在通过发展关键产业，推动南京的经济增长和技术创新，同时也为人才提供了广阔的发展空间和机会，深刻反映了南京市对当前及未来产业趋势的精准把握和前瞻性规划。

一是重视传统产业换新。习近平总书记指出，发展新质生产力并不意味着忽视或放弃传统产业，而是应当运用新技术对传统产业进行改造和提升，积极引导产业向高端化、智能化、绿色化方向发展。南京作为中国近代工业的发祥地，同时也是全国重要的先进制造业基地，在其悠久的发展历程中孕育了电子信息、汽车、石化、钢铁这四大支柱产业。南京坚持先立后破、因地制宜的原则，聚焦于产业的高端化、智能化、绿色化发展路径，其四大支柱产业通过深入的转型升级，正快速形成新质生产力，进一步巩固了其作为经济发展的“压舱石”的地位。

二是聚焦新兴产业壮大。南京聚焦战略性新兴产业壮大，围绕新质生产力布局产业链，以科技创新为引领，积极布局人工智能、新能源、生物医药等前沿领域，出台了一系列扶持政策。在人工智能领域，南京依托高校和研究机构的科研力量，推动智能算法和大数据技术的突破，致力于打造智能产业的新高地。新能源方面，加速推进绿色能源的研发和应用，为城市的可持续发展注入了新的活力。生物医药产业同样蓬勃发展，南京的医药园区汇聚了众多创新药物和医疗器械的研发企业，正逐步成为国内外知名的生物医药创新中心。这些新兴产业的壮大，不仅为南京的经济注入了新的动力，也为城市的未来发展描绘了更加绚丽的蓝图。

三是推动未来产业培育。南京市致力于打造一个充满活力的未来产业培育环境，以科技创新为驱动力，积极布局和推动一系列新兴产业发展。通过重点发展人工智能、生物科技、新能源、新材料等前沿领域，为城市的长远发展注入新的动力。政府不仅在政策上给予支持，还通过资金投入、税收优惠等措施，吸引和培育了一批具有国际竞争力的高新技术企业，为城市带来了新的增长点和就业机会。通过未来产业的培育，南京正逐步构建起一个以创新为引领的现代产业体系，为实现经济高质量发展奠定了坚实的基础。

---

① 四大支柱产业包括钢铁、石化、汽车、电子。两个国家级产业集群分别是软件和信息服务、新型电力（智能电网）。六大新兴产业涵盖生物医药、新能源汽车、集成电路、智能制造装备、新型材料、航空航天。六个未来产业新赛道包括新一代人工智能、第三代半导体、基因与细胞、元宇宙、未来网络与先进通信、储能与氢能。

二、新质生产力发展重点领域的法律风险点分析

新质生产力发展重点领域的法治风险点，是当前社会发展中不可忽视的重要议题。这些风险点在技术革新和经济全球化的大背景下，显得尤为复杂和紧迫。

（一）保护技术创新领域

一是新型技术成果面临法律适用的风险。一方面，人工智能、元宇宙等潜藏颠覆性创新的领域迅猛发展，相关权利的界定及利益分配问题愈发紧迫且复杂，相关技术的迭代更新还将对独创性判定标准造成混乱，并可能压缩公共利益空间。[①]而创新性的商业模式，例如流量营销与直播销售，使法律主体确认及责任划分等复杂问题凸显。另一方面，知识产权体系历经长期发展，已构筑起以部门法为划分依据的、相对独立的保护对象与规范框架，然而，新技术的涌现常伴随颠覆性、融合性及跨学科特性，现行知识产权机制在应对新技术引发的法律争议时显得力不从心。

二是技术创新面临全球知识产权治理参与度不足的风险。当前，全球格局正经历深刻变革，单边主义和保护主义的倾向日益明显，产业链、供应链、价值链重组加速，[②]知识产权成为推动新质生产力发展的战略资源与国际竞争力的核心。随着全球知识经济的快速发展，知识产权纠纷日益增多，涉外知识产权保护纠纷数量亦不断增长。然而，在知识产权保护领域，我国在涉外审判方面的经验与能力尚显不足，缺乏有效的应对策略以抵御西方的“长臂管辖”及不合理裁决，在国际知识产权竞争的舞台上的话语权也尚未达到应有的影响力。

（二）优化营商环境领域

一是绿色破产与环保债权面临实施保障不足的风险。企业破产时面临生态环境如何保护的问题，将生态环境理念融入破产法，对破产制度作绿色化改造，从法理上契合了破产法时代发展要求。[③] 在当前破产审判的复杂环境中，绿色破产这一先进理念的实施面临着诸多挑战，其深层次内涵与要求可能并未得到充分的理解与贯彻。尤其是在处理环保债权的问题上，现有的保障措施显得捉襟见肘，这不仅影响了破产程序的公平性与效率，更在一定程度上制约了困境企业向绿色低碳、可持续发展道路的顺利转型，对整个社会的生态文明建设构成了不小的障碍。

二是企业破产面临制度性交易成本较高的风险。企业在破产过程中需要收集和处理大量信息，包括债权人信息、债务人财产状况等。然而，由于信息不对称的存在，企业可能需要付出高昂的成本来获取信息，增加企业的负担。企业破产过程

---

① 冯晓青、孙雪静：《新质生产力的知识产权法保障研究》，《知识产权》2024 年第 7 期。

② 余俊：《新质生产力的知识产权命题》，《知识产权》2024 年第 7 期。

③ 龚佳慧：《破产制度绿色化规则的构建》，《南京社会科学》2023 年第 4 期。

中涉及的行政审批事项繁多，环节复杂，导致整个破产程序耗时较长，加之部分行政审批行为不规范，自由裁量权过大，使得企业在破产过程中面临的不确定性增加。这不仅影响了企业的合法权益，还可能使企业错过重组或清算的最佳时机，从而进一步加大损失。

（三）发展数字经济领域

一是数据利用面临泄露风险。数据合规高效利用方面存在问题，包括数据权益权属及使用行为边界不明确，数据提供者、收集者和其他数据加工、经营主体的合法权益未得到充分保障，数据开放、获取、流通与运用缺乏合法有序性，以及个人信息保护不力，存在数据滥用和泄露的风险。①

二是数字文化成果面临侵权风险。数字文化成果如数字音乐、网络文学、网盘搜索、在线教育等著作权纠纷频发，对数字化成果的作品属性判断不准确，数据库著作权保护规则不完善，以及 AI 人工智能生成内容的可版权性和知识产权归属不明确，导致利益分配机制不合理。

三是平台经济面临垄断和不正当竞争风险。平台经济中存在强制"二选一"、大数据杀熟、低价倾销、强制搭售等破坏公平竞争、扰乱市场秩序的行为。同时，与算法推荐、算法共谋、算法歧视、算法黑箱等相关的知识产权和竞争法问题也日益凸显，需要加强对算法模型的有效规制和及时纠偏。②

（四）服务科创金融领域

一是科技与金融融合面临协同性不足的风险。科技金融是科技创新与金融服务的有机融合。③ 尽管大数据、区块链、元宇宙等技术在银行、证券、保险等领域有一定的应用，但科技与金融的融合深度仍然不足。这导致数字金融产品创新和业务创新案件处理不当，科创金融改革新模式、新场景缺乏司法支持，金融市场资源配置到原创性、引领性经济产业的效率不高，基础科研、应用技术转化和金融服务之间的创新模式尚未形成有效协同。

二是科创金融基于自身复杂特点面临多领域治理风险。一方面，新类型担保如将来债权、知识产权、数据产权等的效力认定不准确，导致金融机构在开展融资租赁、保理等业务时面临风险。另一方面，金融创新产品的复杂交易结构和设计导致金融风险隐患增加，但行政、民事、刑事立体化追责力度不足，穿透式审判思维运

---

① 郭金良：《数字经济时代个人金融信息侵权保护的困境与应对》，《法学评论》2024 年第 5 期。

② 赖丽华、邱琳：《数字经济发展视域下算法"霸权"的法律规制研究》，《企业经济》2023 年第 5 期。

③ 曾胜、赵雪姝、何玲：《科技金融、经济高质量发展与共同富裕——基于门槛效应的实证分析》，《西南大学学报（社会科学版）》2024 年第 4 期。

用不够，金融违规行为打击不力。金融审判与金融监管部门、行业协会、金融基础设施之间的协同不够紧密，日常沟通、专项协调、定期会商等工作机制不健全，导致金融风险防范化解不力。

（五）劳动者权益保护领域

一是科研人员面临创新利益保护不足的风险。在新能源、新材料、先进制造、电子信息等战略性新兴产业和未来产业中，劳资纠纷频发，企业为吸引人才在劳动合同中约定的股权激励、年薪制等条款的法律效力得不到充分确认，导致科技人才就业创业环境不佳，劳动者、劳动资料、劳动对象的优化组合受阻。同时，离职员工侵害商业秘密案件和竞业限制纠纷处理不当，商业秘密保护与自由择业、竞业限制和人才合理流动的关系失衡。

二是新业态劳动者面临解纷规范与机制缺失的风险。新就业形态如互联网平台用工等日益增多，使得新业态劳动者单位从属和用工模式产生变化，颠覆了传统劳动权益保障机制，相关劳动者的权益保护存在缺失。① 新业态从业人员与公司之间是否存在劳动关系的认定不准确，导致新业态劳动者权益得不到有效保障。同时，对于“不完全符合确立劳动关系”的劳动者利益缺乏保护机制，影响了新业态用工的良性探索与发展。同时，劳动争议解决机制尚不完善，仲裁、劳动监察、工会、司法行政部门等联合调解作用发挥不充分，导致调解、仲裁与诉讼、执行衔接不畅。

（六）服务对外开放领域

一是对外开放过程面临纠纷增多的风险。随着新质生产力的不断发展，跨国法律纠纷的数量呈现出显著的增长趋势。在全球化的语境中，这种增长给纠纷的解决带来了前所未有的挑战。在处理这些纠纷时，法律适用的复杂性首当其冲，这要求司法人员必须具备跨领域的专业知识和实践经验。此外，判决的执行也是跨国法律纠纷中的一个关键难题，因为即使在某一国家获得了有利的判决，要想在另一个国家得到执行，往往需要克服重重法律和行政上的障碍。

二是解纷过程面临涉外司法影响力不足的风险。随着涉外审判向多领域延伸，涉外送达、涉外取证、域外法查明等机制尚不完善，缺乏有效的探索和共享，尤其是在涉及不同国家的证人和证据时，语言障碍、文化差异以及法律程序的差异都可能成为难以逾越的障碍。同时，涉外法治前瞻性调研不够深入，缺乏典型案例的培育和推广，导致涉外司法的国际影响力有限。

---

① 李海舰、赵丽：《数字经济时代大型平台企业新业态从业人员的劳动权益保障》，《改革》2023 年第 1 期。

(七)环境资源保护领域

一是企业绿色发展面临转型不足的风险。当前,环境资源保护领域面临着绿色发展转型不足的问题。以南京环境资源法庭为例,南京环境资源法庭在江苏"9+1"环境资源审判体系中发挥着核心作用,并持续深化环境资源审判改革创新,但在推动绿色发展方面仍需加强。涉碳排放配额、碳交易、低碳技术、绿色金融等案件的处理尚需完善,裁判执行方式如补植复绿、增殖放流、劳务代偿、技改抵扣、碳汇认购等的创新应用还不够广泛。

二是污染防治攻坚面临深入不力的风险。在污染防治方面,虽然已经取得了一定成效,但仍需持续深入打好污染防治攻坚战。暗管偷排、跨域倾倒、走私废物等犯罪行为仍然存在,涉大气、水、土壤等污染纠纷案件审理力度需要加大。同时,农业面源污染、工业污染、城市生活污染的综合治理尚需加强,以实现"全要素、全环节、全链条"的惩治与预防。

三是生物多样性保护仍面临违法犯罪风险。在生物多样性保护方面,当前存在的问题包括危害珍稀、濒危野生动植物犯罪的打击力度不够,涉长江流域非法排污、非法采砂等犯罪行为仍然猖獗,以及非法引进、释放、丢弃外来入侵物种犯罪的惩治不严等问题。此外,珍稀植物等司法保护基地的建设和推广还需加强,以提升生态系统的多样性、稳定性和持续性。

三、人民法院服务保障新质生产力发展的基本思路与具体路径

人民法院作为党领导下的国家审判机关,既是发展新质生产力的重要保障者,也是重要推动者,更是重要参与者,肩负重大职责。亟须通过司法裁判引导市场经营者以技术创新等方式形成良性竞争,积极回应新技术、新产业、新业态、新模式对于司法保护提出的新挑战。

(一)人民法院服务保障新质生产力发展的基本思路

1. 把握重点,破解新质生产力发展难题

随着科技的飞速进步,新质生产力的形态和特点不断演变,法院在司法实践中需要不断优化司法理念与手段,紧跟技术发展的步伐,才能应对新质生产力发展的诸多挑战。

一是把握"创新"这一关键点。科技创新是发展新质生产力的核心要素。要牢牢把握"创新"这一关键点,引导产业深度转型升级。完善符合技术类案件审判规律的诉讼程序、审理规则和裁判方式,加强新一代信息技术、生物技术、新能源等战略新兴产业以及前沿科技创新成果保护,妥善处理涉数字产品、数字藏品、数据资

产新型纠纷，加大对大数据、区块链、元宇宙等技术在银行、证券、保险等领域深化应用的司法支持力度，推动构建基础科研、应用技术转化和金融服务“三位一体”创新模式，为服务科创金融创造更多价值。

二是把握“机制”这一基本点。新质生产力作为连接各个生产要素和资源的桥梁，其与培育发展新质生产力之间存在极为密切的逻辑联系，是激发创新活力、提高生产效率的关键。必须深入理解新质生产力法治保障机制的内涵，构建科学合理的制度框架。积极鼓励和引导经营主体优先选择商会调解中心、仲裁等非诉讼途径解决纠纷，持续优化营商环境树立更高标杆，深化困境企业破产综合挽救机制，推动提升产业链供应链韧性和安全水平，完善服务外包、跨境电商、海外仓、中间品贸易等外贸新业态案件裁判规则，服务更高水平对外开放。

三是把握“宣传”这一突破点。就宣传效果而言，一个案例胜过一沓文件，每一个典型案例都是法治宣传的生动教材。人民法院在履行其司法职能时，应当积极主动地适应新时代经济发展的新要求，特别是要为新质生产力的发展提供有力的司法保障。这不仅包括公正高效的审判工作，还应涵盖对新质生产力的深入理解和有力支持，要牢牢把握宣传这一关键突破点，通过多种渠道和方式，广泛传播新质生产力的重要性和其对社会经济发展的积极影响，为新质生产力的发展营造公平、透明的法治环境，引导社会公众形成正确的价值观念，激发社会创新活力，推动经济结构优化升级，为新质生产力的健康成长提供坚实的社会基础。

2. 聚焦关键，强化多元共治协同保护力度

一是抓住核心主体，找准关键环节，聚焦重点领域。要紧紧围绕发展新质生产力所蕴含的科技创新驱动、产业结构转型升级、生产要素创新配置等内在特征和实践要求，把重心聚焦在知识产权、国际商事、金融、劳动争议、环境资源等与新质生产力密切相关的重点审判领域，同时更加侧重围绕“战略前沿领域科创成果保护”“科研人员、新就业形态劳动者权益保护”“科创金融司法保障”“国际商事争端多元化解决”等前沿热点问题加强前瞻性司法研究和应对，有效回应新质生产力发展进程中伴随科技创新、产业创新、发展方式创新、体制机制创新、人才工作机制创新等产生的司法治理新需求。

二是突出“专精特新”导向，强化专业化审判引领、传统化审判协同、数字化审判保障。在当前发展阶段，人民法院在服务和保障新质生产力方面承担着重要职责。为实现此目标，必须坚持“专精特新”的工作原则。其一，强化专业化审判的引领。通过构建专业化的审判团队，人民法院能够对特定领域的案件进行深入分析和精准裁决，确保每一项裁决均符合行业特性及专业标准，为新质生产力的发展提

供坚实的法律支持。以南京为例,可以依托南京知识产权法庭、南京国际商事法庭、南京破产法庭、南京环境资源法庭、江北新区法院自贸区法庭、玄武区法院西南低山丘陵区环境资源法庭、建邺区法院金融法庭“4+3”专业法庭矩阵,突出“专精特新”要求,运用“因地制宜”的科学方法,制定一系列专业协同发展举措,进一步深化刑民交叉、民行交叉案件跨部门协作工作机制,成立跨部门合议庭审理跨专业领域案件,建好用好专业法庭跨部门法官会议,建立疑难复杂问题定期沟通机制和专业咨询机制等,促进工作联动、机制衔接、资源共享、优势叠加,着力发挥专业化审判在优化资源配置、统一裁判尺度、强化规则引领方面的积极作用,不断提升专业化审判的辐射带动能力和司法服务水平。进一步推动完善因地制宜发展新质生产力体制机制。其二,强化传统化审判的协同。在确保法律统一性和权威性的前提下,传统化审判需与专业化审判相互配合,确保各类案件在遵循基本法律原则的基础上得到公正合理的处理。这种协同不仅体现在不同审判领域的相互支持,也体现在对新情况、新问题的共同应对上。其三,强化数字化审判的保障。随着信息技术的迅猛发展,人民法院应积极适应数字化转型,利用大数据、云计算、人工智能等现代科技手段,提升审判工作的效率和透明度。通过建立在线诉讼服务平台,简化诉讼流程,人民法院能够为新质生产力提供更加便捷、高效的司法服务,同时确保司法公正和司法公信力的持续提升。概言之,专业化审判的引领,强化传统化审判的协同,推进数字化审判的保障,三者相互支持,共同构建起一个高效、公正、适应新时代要求的司法服务体系。以高质量审判护航新质生产力发展,为推进中国式现代化南京新实践贡献司法力量,答好“公正与效率”的时代问卷。

(二) 人民法院能动履职服务保障新质生产力的发展路径

1. 强化知识产权保护,激发产业创新活力

一是加强前沿领域科技成果的法律保护。完善贯通式科技成果转化体系,优化适应技术类案件特点的诉讼流程、审理规范及裁决机制。重点加强对新一代信息技术、生物技术、新能源、新材料、高端装备等战略性新兴产业,以及类脑智能、量子信息、基因技术、未来网络等前沿科技与产业变革领域创新成果的知识产权保护。针对移动通信、新能源汽车等重点领域的标准必要专利纠纷,采取审慎态度,综合考虑多方面因素,完善相关禁令救济规则。高效处理技术成果权属、转让、许可等纠纷,合理界定各环节利益分配与责任,激励企业增强技术研发能力,加速技术成果向实际生产力和市场竞争力的转化。积极参与国际知识产权治理,妥善处理国际平行诉讼,推动形成更多源自中国的标准与判例。

二是完善知识产权保护体系。创新技术事实查明机制,灵活运用证据披露与

妨碍规则，构建以专职技术调查官为核心，技术咨询专家为支持，辅以专家证人、专家陪审、司法鉴定的“五位一体”技术事实查明系统，减轻权利人的举证压力。充分利用行为保全、财产保全、证据保全等制度，增加在高新技术案件中适用先行判决停止侵权、“判决＋临时禁令”等裁判方式，为权利人提供及时司法救济。严格执行知识产权侵权惩罚性赔偿，显著提高侵权成本。加大对知识产权虚假诉讼、恶意诉讼等行为的打击力度，依法惩处各类不正当行为。落实知识产权纠纷行政调解协议的司法确认，促进知识产权律师、专利代理师等参与纠纷调解。

三是全面加强知识产权保护链条。深化不同区域间跨域立案、证据保全等方面的合作，实现技术调查官、技术咨询专家资源的共享与调配，优化知识产权执法与司法的衔接，推动形成知识产权一体化保护新局面。充分利用种业振兴知识产权司法保护基地，强化生物育种等农业科技成果保护，严厉打击侵犯植物新品种权、种子套牌等行为，促进种质资源保护与利用体系的完善。

2. 优化营商环境建设，护航民营经济发展

一是激发市场主体活力。精准实施民法典、公司法等产权保护法律，依法处理企业升级、新兴产业发展过程中产生的内部纠纷，引导企业完善治理结构。尊重市场主体自治，合理评估创新交易模式的合同效力，强化市场在资源配置中的决定性作用。实施“立审执破一体化”机制，解决“查人找物扣车难”问题，推广保函在财产保全、执行中的应用，强化统一管理，开展专项行动打击拒不执行判决、裁定等行为，综合治理“执行难”，保障企业账款及时回收。推广商事纠纷前端解决，鼓励非诉讼途径解决纠纷，加强企业人民调解委员会建设。

二是推动产业转型升级。运用多种手段综合挽救困境企业，促进生产要素优化配置，增强产业链供应链的稳定性和安全性。秉持绿色破产理念，协同推进破产审判与环保，探索保障环保债权的新方式，助力企业可持续发展。加强企业破产公共服务中心建设，降低破产成本，打通企业服务“最后一公里”。完善“执破融合”机制，强化府院联动，提升破产工作便利度和市场满意度，保障管理人履职环境，实现多方共赢。

三是助推新兴产业发展。加强新兴产业司法保障，依法处理高端装备、集成电路、生物医药、物联网等案件，以法治促发展。加速落实与省知识产权局合作框架，妥善解决数据确权、交易、服务及隐私保护问题，明确数据权益界限。依法审理直播、外卖、网约车、电商等新兴案件，准确界定法律关系、责任及赔偿。前瞻研究新技术、新业态、新模式中的知识产权问题，深入分析第三代半导体、未来网络、合成生物学等成长性产业及量子科技、深海探测、空天科技等前沿产业的司法挑战，利

用技术调查与专家辅助，精确查证、公正审判，倡导建立新规范，为新兴产业与未来产业健康发展提供法律支持。

3. 促进数字经济建设，增强创新发展动能

一是促进数据安全高效利用。依法审理数据、平台企业等相关案件，合理界定数据权益边界，保护数据提供者、收集者等主体的合法权益，促进数据合法有序流动与运用，推动数字经济与实体经济融合。加强个人信息保护，禁止未经同意的数据合并使用，防止数据滥用和泄露。妥善处理涉数据资源的行政案件，支持监督行政机关开展数字经济领域行政执法。

二是引领智能消费升级。依法审理新类型新业态案件，准确认定法律关系、违约责任等。妥善处理数字产品、数字藏品等新型纠纷，平衡市场交易风险与消费者权益。规范数字消费合同，明确经营者义务，界定产品责任与“职业索赔”边界。探索新场景下的消费者司法保护规则。

三是支持文化数字化战略。保护数字文化成果，处理新类型著作权纠纷，明确数字化成果的作品属性，完善数据库著作权保护。认定 AI 生成内容的可版权性，明确知识产权归属和利益分配。

四是规制垄断与不正当竞争。完善平台经济反垄断规则，严惩破坏公平竞争的行为，引导平台经济健康发展。关注算法相关问题，正确理解“技术中立”原则，妥善审理涉算法纠纷，实现有效规制与纠偏。

4. 服务科创金融发展，防范化解金融风险

一是推动科技与金融深度融合。支持大数据、区块链等技术在金融领域的应用，审理数字金融产品创新案件，支持科创金融改革新模式，引导金融市场资源配置，服务金融中心建设。支持利用数字化手段构建的科技创新金融改革的新模式和新场景，引导金融市场将更多资源分配至科技创新与创业领域。

二是构建科创金融司法保障体系。准确认定将来债权、数据产权等新类型担保的效力，支持金融机构以新型权利标的开展金融业务，为科创企业提供灵活融资服务。在审理涉及科技创新的保险纠纷案件时，应引导高新技术产业和专精特新企业通过参保科技项目研发费用损失保险、专利保险等险种，共同承担市场风险，有效发挥科技保险的保障作用。妥善处理涉及证券虚假陈述和操纵证券交易市场的责任纠纷案件，增强证券纠纷特别代表人诉讼制度的适用性，完善中小投资者的司法保护机制，促进构建以投资者为中心的资本市场。

三是防范化解科创金融风险。落实国务院意见，针对复杂金融创新产品，加大追责力度，运用穿透式审判思维，打击金融违规行为。支持金融法庭与调解中心建

设，推广纠纷化解方法，构建立体化证券解纷体系。加强与金融监管部门的沟通与协调，建立常态化的信息共享和纠纷共调工作机制，协同防范和化解金融风险。

5. 优化劳动要素配置，打造良性就业环境

一是全面保障科研人员的创新利益。重视辨别涉及新能源、新型材料、先进制造业、电子信息技术等战略性新兴产业及未来产业的劳动关系争议，依法确认企业在劳动合同中为吸引人才所设定的股权激励、年薪制度等条款的法律约束力，以优化科技人才的就业与创业环境，进而促进劳动者、生产资料及劳动对象的优化配置。加强审理离职员工侵犯商业秘密的案件，合理处理竞业限制争议，平衡商业秘密保护、自由择业、竞业限制与人才合理流动之间的关系，并定期发布典型案例，以促进和谐劳动关系的构建。

二是依法维护新就业形态劳动者的合法权益。坚持实质审查原则，依法界定新业态从业人员与企业之间是否存在劳动关系，探索建立新业态劳动者权益的多层次保护机制，确保"不完全符合确立劳动关系"的劳动者权益得到保障，促进新业态用工模式的健康探索与发展。支持劳动者通过互联网平台实现就业，鼓励用人单位依法灵活用工，保护灵活就业劳动者的合法权益，实现平台经济与劳动者权益保护的相互促进。

三是多元化解决劳动争议。充分发挥仲裁、劳动监察、工会及司法行政部门的联合调解作用，建立裁审对接的常态化机制，确保调解、仲裁与诉讼、执行之间的顺畅衔接。致力于构建新就业形态劳动纠纷的一站式多元联合调解模式，妥善处理新就业形态劳动者与平台企业及合作用工企业之间的劳动报酬、奖惩、休息、职业伤害等争议。结合企业在劳动合同的签订、履行、解除或终止过程中常见的涉诉问题，引导企业规范用工行为。

6. 服务高水平对外开放，助力解决涉外纠纷

一是打造国际商事纠纷解决的优选地。推动在国际商事争端集中的区域建立一站式、融合式的区域国际商事争端解决中心，汇聚国内外高端优质的法治资源，为中外当事人提供普惠、便捷、精确的司法服务，增强对全球要素资源的吸引力。实施精品审判战略，坚持法律的准确适用，主动对照 CPTPP 和 DEPA 等高标准经贸规则，妥善处理国际贸易、国际投资纠纷案件，完善服务外包、跨境电子商务、海外仓、中间品贸易等外贸新业态案件的裁判规则，保障"服务业扩大开放综合试点＋自由贸易试验区"两大国家开放战略的实施。

二是加强涉外司法能力建设。准确把握涉外审判从民商事领域为主向行政、刑事、知识产权、环境资源等多领域延伸的趋势，深化涉外送达、涉外取证、域外法

查明等机制的探索与共享，积极融入国家涉外法治体系。加强涉外法治的前瞻性研究，积极培育数字贸易、跨境电子商务、跨境数据流动等领域的典型案例，提升涉外司法的国际影响力。有效利用《国际贸易活动法律风险防范指引》，为企业“走出去”和“引进来”提供指导，支持企业应对贸易保护主义、单边主义、“长臂管辖”等外部挑战。

7. 推动绿色司法转型，服务绿色低碳发展

一是推动发展方式绿色转型。坚持最严格制度最严密法治保护生态环境，完善环境公益诉讼、生态环境损害赔偿诉讼、生态环境司法修复等制度机制。持续推动环境资源审判的改革与创新，妥善处理涉及碳排放配额、碳交易、低碳技术、绿色金融等案件，创新运用补植复绿、增殖放流、劳务代偿、技改抵扣、碳汇认购等裁判执行方式，积极稳妥地推进碳达峰与碳中和目标的实现。探索建立统一的环境资源替代性修复碳汇认购机制，并针对碳汇损失的计量方法、赔偿方式、适用条件等出台相应的工作指导。引导企业加快绿色科技创新和先进绿色技术的推广应用，推动构建绿色低碳的循环经济体系。

二是推进污染防治攻坚战。严厉打击暗管偷排、跨域倾倒、走私废物等犯罪行为，加大涉大气、水、土壤等污染纠纷案件的审理力度，加强与公安、检察、环保、林业、渔业等部门及科研院所的合作，推动农业面源污染、工业污染、城市生活污染的综合治理，实现“全要素、全环节、全链条”的惩治与预防。支持自然资源、生态环境等行政机关依法关停污染严重的企业，严厉打击企业在环境影响评价、环境监测领域提供虚假证明文件的犯罪行为，营造绿色、创新、公平的竞争市场环境。

三是加强生物多样性保护。依法打击危害珍稀、濒危野生动植物的犯罪行为，严厉打击涉长江流域的非法排污、非法采砂等犯罪行为，严惩非法引进、释放、丢弃外来入侵物种的犯罪行为，推进全国首家珍稀植物司法保护基地的建设，不断提升生态系统的多样性、稳定性与持续性。

作者：南京市中级人民法院课题组[①]

① 课题主持人：李后龙，南京市中级人民法院党组书记、院长。课题负责人：姚志坚，南京市中级人民法院党组成员、副院长。课题组成员：张先砉、刘天虹、郑康、丁丽、葛明秀、叶竞择、陈凌婧。

南京市医疗保障体系建设成效、存在问题与对策建议

医疗保障制度是社会保障制度的重要组成部分，是减轻群众就医负担、增进民生福祉、维护社会和谐稳定的重大制度安排，与人民生命健康、医药卫生事业发展、经济社会稳定紧密相关。深化医保领域重点改革是市委深入学习贯彻落实习近平总书记关于江苏重要讲话重要指示精神系列行动方案明确的重要内容，也是我市为提升医保公共服务水平，不断开创医保高质量发展新局面的重要举措。为更好推动我市医疗保障体系建设高质量发展，我们深入了解我市医疗保障体系建设相关情况，并对相关问题和应对举措进行了梳理研究。

一、基本情况

近年来，全市深化医保领域重点改革工作始终坚持以人民为中心的发展思想，不断完善医疗保障制度体系，持续推动“三医联动”协同改革，稳步提升群众医疗保障水平，群众就医获得感不断增强。

（一）全民医保体系建设积极推进

坚持政府推进、市场运作、社会参与，有序推进医保扩面工作，基本建立以职工医保和居民医保为主体，大病医疗救助和大病保险为延伸，医疗救助为托底，长期护理保险为辅助，商业健康保险为补充的多层次医疗保障制度体系。近三年来，全市基本医保参保人数由 818.57 万增加到 875 万人。2024 年上半年，参保人数保持

净增长，增幅全省领先，参保率达99%以上。全面实施长期护理保险制度，构建了"1+1+4"制度体系。实施积极的生育支持政策，全省率先调整生育津贴支付期至158天。"南京宁惠保"推出4年，持续推动迭代升级，累计吸引超500万人次参保，累计赔付近3亿元，人均负担平均降低14.92%。全市医疗保障制度体系得到进一步优化，在缓解群众看病难看病贵、支持医药卫生事业发展、维护社会和谐稳定等方面发挥了重要作用。

（二）筹资缴费机制逐步优化

按照应参尽参、依法参保的要求，推动建立与实际情况相适应、与各方承受能力相匹配、与基本健康需求相协调的筹资机制。按照国家政策要求，优化职工医保筹资结构，健全职工医保基准费率制度，规范缴费基数政策，实行职工医保费率动态调整机制。稳步提高居民医保财政补助标准，适度增加个人缴费，建立缴费水平与经济社会发展水平和居民人均可支配收入相挂钩的动态调整机制。全面落实资助救助对象参保缴费政策，加强财政对医疗救助投入，拓宽医疗救助筹资渠道。先后四次阶段性降低职工医保单位缴费率，职工医保单位缴费率由9%下调至7%，为全省最低，累计为参保单位减负超110亿元，全省最多，惠及用人单位23万余户、灵活就业人员近47万人。市财政每年统筹各级财政资金超过32亿元用于补助居民医保参保缴费，人均财政补助达每人每年1068元，人均个人缴费为每人每年374元，占总筹资的25.9%（2024年度居民医保筹资标准见表一）。目前资助救助对象资助参保94402人，资助金额5047万元，人均资助534.63元。大病医疗救助费，职工医保参保人员按10元/月缴纳；大病保险资金从基本医疗保险中筹集，2024年度标准为职工医保每人每年100元、居民医保每人每年60元（长期护理保险筹资标准见表二）。"南京宁惠保"五期（2025年版）基础保障版缴费标准为99元/人，升级保障版为150元/人。

表1　2024年度居民医保筹资标准

人员类别	筹资标准/元	个人缴费/元	财政补助/元
老年居民	1810	540	1270
其他居民	1830	640	1190
学生儿童	1440	280	1160
大学生	940	230	710

表 2　长期护理保险筹资标准

年龄	筹资标准	个人缴纳	统筹基金划拨
60 周岁(含)以上	130 元/年	40 元/年	90 元/年
60 周岁以下	90 元/年	20 元/年	70 元/年
学生儿童、大学生	70 元/年	—	70 元/年

注:居民医保中的困难人员个人缴费部分由财政全额补助。

(三) 经办服务能力持续提高

着眼推动医保经办服务提质增效,实施经办流程再造,不断完善医保经办服务体系。全市街镇建成"15 分钟医保服务圈",社区(村)建成医保公共服务点,实现社区(村)100%覆盖,在工行、邮储银行、中国人保、中国人寿等建成超 110 家医保服务网点。推动医保服务"掌上办""网上办",33 项医保服务事项线上可办率达到 100%。全市超 4000 家医药机构联通异地就医直接结算,2023 年全年异地结算首次突破 1000 万人次,2024 年异地结算已减少群众垫付 148 亿元,结算人次持续占全省 50%以上。开通运行 12393 医保服务热线,实现话务、业务、服务"三合一",7×24 小时解答群众诉求,目前 12393 热线综合接通率上升至 95.3%,人工服务满意度达到 99.8%。

(四) 待遇保障水平稳步提升

坚持以收定支、合理分布、收支平衡、略有结余的原则,根据经济发展水平和基金承受能力稳步提高待遇保障水平。平稳实施门诊共济改革,取消门诊统筹起付线,提高门诊费用支付上限至 1.5 万元。2023 年门诊政策报销比例达到 61.4%,相比 2022 年提高了 20 个百分点,参保职工负担减少 14.9 亿元,门诊待遇水平全省领先。创新实施居民医保生育补助待遇,提高生育保障待遇,提高产前检查支付标准至 1800 元,二级及以下医疗机构住院分娩医疗费用由生育保险基金全额支付。逐步提高长期护理保险基金支付标准,将辅具服务纳入基金支付范围,全市累计 5.5 万人享受待遇,基金支出 12.9 亿元,评估和照护服务机构从 154 家增长到 715 家,照护服务人数从 6189 人增加到 9978 人。实现大病保险和医疗救助人员精准认定、标识、参保、资助和保障,对困难群体待遇保障倾斜力度持续加大,大病保险惠及 245.5 万人次,医疗救助惠及超 750 万人次,减轻参保人员负担超 45 亿元。

二、主要举措

认真贯彻落实中共中央、国务院关于深化医疗保障制度改革的总体要求,着眼加快建成覆盖全民、城乡统筹、权责清晰、保障适度、可持续的多层次医疗保障体系，积极推动相关政策制度机制和服务保障发展完善，医疗保障的公平性、协调性进一步增强。

（一）加快构建多层次医疗保障制度体系

按照中央关于深化医疗保障制度改革的决策部署，坚持尽力而为、量力而行，积极推动构建基本医疗保险、大病保险和医疗救助、商业健康保险、社会慈善捐赠等衔接配合的多层次医疗保障体系。完善基本医疗保险制度，实行职工和居民分类保障，职工医保筹资采用单位缴费和个人缴费相结合，按照“人头筹资＋收入水平比例”筹资方式实施；居民医疗保险采取政府补助和个人缴费相结合，按照“人头筹资＋固定额度”筹资方式实施，待遇保障水平与经济发展水平、缴费水平挂钩。完善和规范大病保险、职工大病医保及补充医疗保险，支持健康商业保险，鼓励社会慈善捐赠，建立健全防范因病致贫返贫长效机制，运行完善长期护理保险制度。建立健全门诊共济保障机制，将门诊费用纳入职工医保统筹基金支付范围，妥善处理门诊统筹、住院统筹和各级医疗机构之间关系衔接，构建门诊统筹为主、门诊慢特病种为辅的职工医保门诊保障体系。巩固住院保障能力，提高职工医保、居民医保政策范围内住院医疗费用基金支付比例。通过一系列改革举措，着力增强基本医疗保险保障功能，提高大病保险保障能力，夯实医疗救助托底保障功能，不断强化基本医疗保险、大病保险与医疗救助三重保障功能，促进各类医疗保障有机互补（目前各类医保政策范围内报销比例参见表 3、4、5、6）。城乡居民基本医疗保险困难人员参保率实现 100%，对特困人员、最低生活保障对象、困境儿童等参保实行全额资助，低保边缘家庭成员、支出型困难家庭中的大重病患者等按个人缴费标准的 80%给予定额资助参保。困难人员大病保险起付标准比普通参保人员降低 50%，各费用段报销比例相应提高 5 个百分点。重点救助对象符合规定的住院医疗费用，个人自付部分按 90%的比例给予救助。

表 3　职工医保门诊政策范围内报销比例

按待遇政策执行的医保范围内费用	就诊类别	医保基金支付比例			
		在职	退休（职）		新中国成立前老工人
			70 岁以下	70 岁（含）以上	
0—1000（含）元	社区	50%	55%	60%	100%
	非社区	40%	45%	50%	95%
1000 元（不含）—5000 元（含）	社区	70%	80%	85%	100%
	非社区	60%	70%	75%	95%

续表

按待遇政策执行的医保范围内费用	就诊类别	医保基金支付比例				
		在职	退休(职)		新中国成立前老工人
			70 岁以下	70 岁(含)以上	
5000 元(不含)—1.5 万元(含)	社区	75%	85%	90%	100%
	非社区	65%	75%	80%	95%

表 4　职工医保住院政策范围内报销比例

医疗机构等级	个人分担比例		
	起付标准	在职	退休(职)
一级	300 元	3%	2%
二级	500 元	5%	3%
三级	1000 元	10%	7%
备注	1. 一个自然年度内第二次住院的,起付标准降低 50%;第三次及以上住院的,免除起付标准; 2. 新中国成立前参加革命工作的退休老工人个人分担比例为在职职工的 10%; 3. 因门诊特殊病种住院的,不设住院起付标准		

表 5　居民医保住院政策范围内报销比例

医疗机构等级	起付标准	基金支付比例		
		老年居民其他居民	80 周岁以上老年居民	学生儿童
一级	300 元	90%	95%	95%
二级	500 元	85%	90%	90%
三级	1000 元	65%	70%	80%
备注	1. 一个自然年度内第二次住院(含双向转诊)的起付标准按规定住院起付标准的 50%计算,第三次及以上住院(含双向转诊)的,免除住院起付标准; 2. 因门诊特殊病病种住院的,不设住院起付标准			

表 6　城乡居民大病保险报销比例

序号	个人自付费用分段	支付比例
1	1.5 万以上——8 万(含)	60%
2	8 万以上——10 万(含)	65%
3	10 万(不含)以上	70%

（二）着力塑造药品和医用耗材治理新格局

认真贯彻落实党中央、国务院部署的药品和医用耗材集中带量采购改革任务，持续深化拓展医药招采治理，深入推进药品（医用耗材）集中采购、集中结算，通过优化制度、创新方式，理顺药品和医用耗材价格体系，完善全流程监督管理，推动形成医药流通快捷、价格合理、使用规范的治理格局。全面落实国家、省、市医用耗材（药品）集中带量采购中选成果，探索建立医保支付标准与集中采购价格协同机制，率先建成医用耗材阳光监管平台、打造集中带量采购“南京模式”、实施集中采购集中结算。超7000家医疗机构和医药企业纳入阳光监管平台管理，实现对医用耗材“招标、采购、配送、结算、使用、支付”全流程记录和医院、医生、供应商3类对象重点监控管理；建成全省第一个医用耗材集中采购“南京联盟”，探索出单产品带量采购、企业整体降价谈判、比价谈判、梯度降价、联动降价、医保支付联动带量采购6种谈判模式，带量采购总体完成进度超过150%，减少医疗费用170亿元。探索实施5种分类采购类型，创新建立“五率”监测机制，在全国率先开展统筹区药品耗材全量集中结算，集中结算金额从最初的30亿元达到目前330亿元。

（三）全面实施按病组付费（DRG）支付方式

按照保障基本、三医联动、精细管理、多元共治的基本原则，以保障基本医疗需求为重点，充分发挥医保基金战略购买作用，分阶段、抓重点、阶梯式推进DRG支付方式改革。结合南京实际，不断优化DRG分组器和调节系数，全面落实“总额预算、考核监督、结余留用、超支分担”的管理机制，强化激励约束，推动医疗机构主动压减医疗成本费用。在全国首创中医分组方法，构建中医DRG分组逻辑，遴选扩大中医DRG病组范围，逐步实现中医、西医病组的可比较，得到国家卫生健康委认可，被列入2023年中央财政支持中医药传承创新发展示范试点项目。完善长期住院患者费用保障等相关举措，建立重点病组超支额外补偿、鼓励医院内部调节、建立互转备案制度、住院满意度评价机制等14条治理措施，有效破解长期住院费用保障问题。DRG支付方式改革的全面实施，促进了医疗机构规范诊疗、合理用药、提高效率、控制成本，整体降低了参保群众就医负担、节约了时间成本、促进了医疗医保医药联动发展和治理。2023年实现“一增三降”，全市247参改医疗机构绩效性结余增加至15.4亿元，住院费用较预计降低31亿元，住院次均费用继续降低7.2%，参保人员个人负担较2022年继续降低308.5元。《新华日报》头版报道我市DRG付费改革让“医、保、患”共赢，入选南京市首届深化医改典型案例。

（四）推动构建更加严密高效的医保基金监管体制

着眼维护医保基金安全，监督和引导医药服务供给侧提供更加公平、更高质量和更有效率的服务，出台《南京市推进医疗保障基金监管制度体系改革的实施意见》，不断完善基金监管制度体系、构建基金常态监管机制、创新智能监管全新路径，着力构建以法治为保障、大数据监管为依托、信用管理为基础、多形式检查审核的基金监管体系，不断完善由医疗保障部门牵头、跨部门协同的监管机制，推动形成党委领导、政府监管、社会监督、行业自律、个人守信相结合的全方位监管格局。创新打造南京"医保高铁"手机云平台，通过数据挖掘、数据集成、数据分析、数据呈现，支撑推动医保全领域业务，实现医保信息化、精细化、个体化管理，引领"三医"协同发展和治理。在全省率先出台 4 期 197 条基金使用"负面清单"，制定失信行为惩戒实施细则、医保医师记分管理办法，分类分级实施管理。推进审核稽核常态化，制定形成监控规则，开展线上专项稽核，累计追回违规费用 1.06 亿元。推进自查自纠常态化，压实医疗机构主体责任，发现并纠正不规范行为，2024 年国家飞行检查医疗机构自查自纠退回违规金额 7000 余万元。推广运用 IOT 终端设备，稳步推进全市定点医药机构人脸识别系统全场景运用，杜绝冒名就医行为，已有 1577 家定点医药机构部署 IOT 设备。2019 年以来，暂停和解除医保协议 140 家、行政处罚 19 家，医保医师记分 857 人，追回医保基金约 7 亿元。

三、问题与挑战

近年来我市在深化医疗保障制度改革，推进医疗保障工作方面做了大量工作，取得了显著成效，但面对人口迅速老龄化、人民群众对高质量医保的期望，依然存在一些突出矛盾和问题。

（一）改革推进的整体性系统性协同性有待进一步加强

国家关于深化医疗保障制度改革确定的目标是建立多层次医疗保障体系，明确"加快建成覆盖全民、城乡统筹、权责清晰、保障适度、可持续的多层次医疗保障体系"，并提出在 2030 年"全面建成以基本医疗保险为主体，医疗救助为托底，补充医疗保险、商业健康险、慈善捐赠、医疗互助共同发展的医疗保障制度体系"。但在改革实践中，"多层次医疗保障体系"的内涵和底层逻辑尚未完全厘清，推进实施中主要采取对单个制度"打补丁"以完善保障效果，实施政策整体协同性不够，不同制度的分层依据和功能边界尚无规范标准，制度间相互耦合的关系机制尚未形成，存在定位交叉、制度分割和碎片化、互斥性弱，基本医保之外制度发展缓慢、基本医保和其他保障制度衔接不畅、不同主体责任不均衡等问题，"多层次"的整体效能未能充分发挥。

（二）医保基金刚性支出压力持续加大的趋势不容忽视

满足以科学合理的基金管理达到基金收支平衡是实现基本医疗保险制度可持

续发展的前提。但目前医疗保障面临着收支失衡的困境,一方面,人民对高质量的医疗服务和健康保障需求日益增长,高科技医疗的迭代发展,越来越精准化的治疗技术、治疗手段和器械投入应用使之成为可能,势必不断推高医疗成本。另一方面,人口老龄化和高龄化态势使得慢病支出越来越成为医疗卫生费用支出的重心,支出水平持续性提升,目前慢病支出已经占到了医疗卫生总费用的70%左右。同时,根据现行城镇医疗保险政策规定,城镇退休人员不需要继续缴纳医疗保险费,医疗费用报销依然是从医疗保险基金中支出。多重因素作用之下,加之潜在的逆向选择和道德风险,医疗费用和医保支出势必会出现持续上涨的趋势,使得现有的医疗保障基金收不抵支的风险越来越大。

(三)基本医疗保险的筹资模式机制有待进一步优化

医疗保障制度建设的最终目标是不断满足人民对基本医疗保险化解疾病风险、促进健康的期望和需求,实现这个目标需要建立一个运作良好的医疗卫生筹资系统,以确保医疗卫生系统有足够的资源来满足医疗服务需求。现行基本医疗保险制度坚持的是以收定支、合理分布、收支平衡、略有结余的原则,即无论是城镇职工还是城乡居民的基本医疗保险制度的费率确定方式均为“以收定支”。其基本意涵是基于医疗保险基金的支付管理原则,按照供给水平厘定需求水平,先定缴费比率,再定报销规则,着眼于确保医疗保险基金的平衡,而与满足基本医疗保障的需求存在偏差,尚不能形成逻辑自洽,由此成为导致满足基本医疗服务需求水平非充分性和基金结余不平衡的一个重要原因。

(四)医保基金监管的力度需要持续加大

加强基金监管是基本医疗保险制度有效实施的关键步骤和重要依托,是确保医保制度良性运行的重要过程。由于医药机构逐利性、医疗服务行为的信息不对称性和医保基金监管复杂性不断增加等多重因素,导致隐性违规问题高发频发。从我市的情况看,医保基金监管形势依然严峻。2019年、2022年、2024年,国家飞行检查发现我市医药机构违规使用医保基金合计超3亿元,行为上呈现出欺诈骗保更专业、更隐蔽以及“跑冒滴漏”仍然普遍存在等特点。部分低层级民营医疗机构存在骗取医保基金行为。

(五)医保公共服务供给水平仍需进一步提升

由于医保政策专业性强,医保管理工作精细化程度不断提高,对医保部门自身建设提出了更高要求。但现有干部队伍能力不足、结构老化、梯次配置不合理。玄武、秦淮、建邺、鼓楼4区在区政府层面尚未赋予医保管理职能,缺乏足够的医保常态化监督力量。区级医保经办机构未划转,11个区级医保经办机构归属人社部门，面向基层服务的工作机制有待进一步加强，医保服务还没有到底到边，工作流程和办事效率尚需要进一步提升。经办人员对新政策的掌握还存在不熟悉、没吃透等情况，参保群众对医保最新政策的了解还有一些滞后，基层服务还不能有效满足群众的需求。

四、对策建议

医疗保障工作是重大的民生工程，涉及千家万户，事关每个人的切身利益，做好医保工作意义重大。要深入学习领会党的二十大和二十届三中全会精神，按照进一步全面深化改革的决策部署，聚焦以改善居民健康水平、实现健康中国的医疗保障建设根本目标，着眼全局和长远，深入研判和把握形势趋势，加强统筹谋划，全面深化“三医”协同发展和治理，推动新时代新征程深化医改不断取得新进展，努力提高医疗保障事业高质量发展水平，持续增进人民健康福祉。

（一）强化系统设计，进一步增强医疗保障体系的整体效能

要切实厘清医疗保障制度建设的本质内涵、底层逻辑、制度属性和制度关系，聚焦提升多层次的整体效能，以整体性视野和长远角度，统筹谋划设计保障体系的结构分层、功能定位、职责边界和关系机制，将子制度改革有机整合科学融入多层次医疗保障制度体系完整系统发展建设之中，切实增强整体性协同性实效性和可持续性，使不同层次医保制度相互配合、共同指向“健康”这一整体目标。作为主体层的基本医疗保险，应集中体现社会医疗保险的制度特征，其本质属性是基于大数法则在普遍人群中建立的互助共济和再分配制度，基本功能是保障全体参保人的日常医疗需求，应包括职工和居民基本医保、职工大额医疗补助和居民大病保险四项制度内容。作为托底层的医疗救助，体现的是社会主义制度的优越性，其本质属性是为解决部分人群的“底线”保障而实施的制度，直接功能是为特定人群提供医疗福利，其供给来源主要是政府财政税收，市场或社会作为补充。基本形式应包括政府主导的医疗救助以及社会主导的慈善医疗。作为补充层的补充医疗保险、商业健康保险、慈善捐赠、医疗互助等，其本质属性是小范围内的选择性医疗保障服务，可以是购买的市场保险，也可以是社区或部分人群间的互助，直接功能是小范围内满足部分人群的差异化需求。不同层次的功能虽存在差异，但最终目标均指向改善人群的健康福祉。实践中，可以探索实施企事业单位举办大病医疗互助、企业补充保险、商业健康保险、城市定制型商业医疗保险（宁惠保）等多种方式。确保既能保障全民享有基本的医疗服务，又能满足不同人群的多样化、个性化的保障需求。

（二）深化探索研究，进一步增强医保基金保障的充分性和可持续性

在新时代医疗保障弥合不平衡发展、促进充分性发展的目标下，基本医疗保险的可持续性成为重要的基础条件，而筹资模式的设置是实现可持续发展的重要依据。保险是以风险分担为目标和运行逻辑，前提是对风险分布进行预测和评估，由此来确定保障范围内的群体需要承担的保费，即以支定收，这是建立可靠保障和基金运行平衡、可持续的基础。基本医疗保险本质上属于非寿险，符合非寿险精算原则，筹资模式建立在风险理论和损失分布理论的基础之上。疾病出险的概率分布规律是基本医疗保险政策设计的逻辑起点，医疗费用支出往往取决于某类疾病发生概率、疾病严重程度、治疗疾病所实施的方案，以及治疗的医药成本等综合性因素。要着眼于满足人群基本医疗保障需求和基本医疗保险制度可持续发展目标，针对我市当前以收定支情况下基金管理保障运行中存在的问题，深化对筹资方式与待遇保障关系探索研究，切实厘清医疗保障及其与医保基金的收支关系，优化选择并逐步完善科学合理的筹资和保障模式，推动统筹城乡、可持续和更为充分的基本医疗保险制度的健康发展。要科学把握和遵循医疗保险运行规律，运用非寿险精算工具与数理统计手段和方法，对统筹区域内的疾病风险谱系与主要疾病类别及与之相对应的医疗成本进行历史谱系、当前结构与未来几年可能性变动态势进行综合研判，提炼出基本医疗保险精算的要素集合，研究把握费用支出的变动逻辑，建立统筹区域内的疾病风险损失分布函数，从而精准厘定每年的保费额度，确定保费费率。在此基础上，坚持供给端与需求端同时发力，研究探索引导推动筹资方式从“以收定支”逐步转向“以支定收”原则演进方法路径，形成建立在非寿险精算基础上稳定的筹资基础，并根据医疗保险支出费用每年动态变动的情况，动态调整不同年份的缴费率，实现医保基金的动态平衡。同时，要不断完善医疗救助制度，积极推进补充医疗保险发展，大力支持和规范商业健康保险发展和慈善医疗发展，促进各类保障有效衔接。

（三）加强整体联动，进一步增强“三医”改革的协同性

医疗、医保、医药领域协同性较强，也是推进医改需要关注的核心内容。要坚持“大卫生大健康”理念，推动医改与健康中国建设紧密结合，创新医防协同、医防融合机制，推进卫生健康发展方式由以治病为中心转到以人民健康为中心。要遵循“三医”内在规律，加强统筹，增强改革的联动性，不断优化医保支付方式，完善药品招标采购，建立健全以成本和收入结构为基础的医疗服务价格动态调整机制，保障医务人员合理合规待遇，在提升患者的医疗保障水平的同时有效控制医疗费用不合理增长，形成良性循环的有效联动模式，确保不同主体利益达到平衡状态。要

深化以公益性为导向的公立医院改革，完善公立医院治理，加强医德医风建设，实现高质量发展。要健全分级诊疗体系，扎实推进医联体和信息化建设，加强基层服务能力建设，有序开展家庭医生签约服务，多措并举均衡布局优质医疗资源。通过联动改革，推动实现“药品回归治病功能”“医生回归看病角色”“公立医院回归公益性质”。

（四）健全功能载体，进一步提升医保公共服务的可及性

要建立健全上下级政府、不同部门间协商合作机制，妥善解决主城区医保分局力量不足和区级医保经办机构建设问题，搭建完善政府与医疗机构、医药企业、参保人之间的沟通协商机制，健全信息分享机制，强化多元参与和协商互动，协同规划和共享医疗保障与医疗服务政策。要有效发挥大数据和云计算的及时性与准确性，进一步完善“医保高铁”和医保“智捷付”等平台，加强互联互通和信息整合，为相关各方提供及时便捷的信息传输服务。要全面推进医保公共服务事项“掌上办”“网上办”，建立医院外配处方流转平台，推进远程诊疗、线上复诊、网上配药等服务，完善异地就医直接结算制度和服务，扩大医保业务跨省通办覆盖范围和直接结算范围，优化跨省异地就医备案手续及医保关系跨地区转移接续，探索建立跨区域医保管理协作机制，优化办理流程，让数据多跑腿、群众少跑腿。发挥医保支付杠杆对分级诊疗的促进作用，优化不同级别医疗机构的医保差异化支付政策，鼓励并规范常见病、多发病患者首先到基层医疗卫生机构就诊。充分利用媒体大平台、微信工作群等受益面广的新媒体平台发布医保政策宣传等通知公告，进一步拓宽群众了解医保政策的渠道。

（五）加大监管力度，进一步提升医保基金运行效益和安全性

医疗保险的可持续发展需要开源和节流并举，要把加强医保基金监管、提高基金使用效益和安全性，作为促进医疗保险可持续发展的重要措施。要进一步健全基金监管体制机制，加强医疗保障公共服务机构内控机构建设，有效发挥市区间、部门间多重监管合力，夯实协议管理、费用监控、稽查审核责任。要打造统一的基本医疗保险信息平台，打通参保、退出、就医、支付及药品耗材采购等多个模块的资源勾连，推动实现病案信息上传、费用结算、数据质控、绩效评估等 DRG 付费的全流程管理，更加精准地监管和预测医疗费用的变化趋势及医保基金的支出，构建风险严控、过程严管、处置严肃的闭环监管格局。要建立信息强制披露制度，依法依规向社会公开医疗保险筹资、医药费用、费用结构、待遇保障等相关信息，并有针对性地进行政策解读，帮助参保人理解政策调整，帮助参保人建立基金管理动态性方面的认知基础。要加强部门联合执法，综合运用协议、行政、司法等手段，持续开展打击欺诈骗保的专项行动，严肃追究欺诈骗保单位和个人责任，坚决打击欺诈骗保行为。要实施基金运行全过程绩效管理，建立医保基金绩效指标和标准体系，全面开展医保基金运行分析和评估，将评估结果作为筹资、待遇和支付方式等政策调整的重要依据。

作者：南京市人大社会建设委员会课题组

南京市金融服务乡村振兴的回顾与展望

习近平总书记指出，金融是实体经济的血脉，为实体经济服务是金融的天职，是金融的宗旨。近年来，南京市不断创新金融支农惠农方式，围绕供给和需求两端发力，聚焦农业经营主体金融需求，创新金融支农惠农服务，加大金融支持政策供给，不断拓宽农村贷款融资渠道，有效解决了农村“融资难”“融资贵”问题，有力促进了全市农业农村经济社会持续健康发展和乡村全面振兴。

一、南京市金融服务乡村振兴情况回顾

（一）坚持分类施策，推动农村金融产品创新

针对新型农业经营主体、涉农初创主体、普通农户、集体经济组织等主体不同金融需求，分类施策、推动金融产品服务创新，共同形成相对完整的农村融资保障体系。

1. 面向新型农业经营主体，设立政银合作产品“金陵惠农贷”

2015 年 10 月，经南京市政府批准，由市财政局、市农业农村局、紫金农商银行联合出台《关于印发南京市扶持新型农业经营主体贷款管理办法的通知》（宁财农〔2015〕657 号），面向家庭农场、农民合作社、农业龙头企业、绿色银行等新型农业经营主体，推出市级政银合作政策性贷款产品——“南京市扶持新型农业经营主体贷款”，简称“金陵惠农贷”。“金陵惠农贷”以南京市新型农业经营主体贷款风险补

偿基金作为增信手段，重点支持新型农业经营主体在发展过程中以较低成本、较便利手段筹措正常生产经营所需的资金。经过多年的实践探索与政策优化，“金陵惠农贷”已逐渐成熟，合作银行由设立初期的 1 家拓展到 21 家，覆盖在宁主要银行金融机构，其主要特点是：一是无抵押无担保，解决了新型农业经营主体缺少有效质押物的实际困难；二是贷款额度适中，符合条件的家庭农场最高贷款额度 100 万元、合作社 800 万元、农业龙头企业 1000 万元，基本能满足农业主体贷款融资需求；三是利率优惠，年利率一般与央行定期公布的贷款市场报价利率（LPR）大体保持一致；四是放款快捷，实施评级、授信、贷款三合一流程，如审贷材料符合要求，7 个工作日内即可放款；五是名录管理，每年由市区农业农村主管部门对各类经营主体的生产经营状况进行甄别审核，将符合条件的纳入“金陵惠农贷”扶持名录，实行白名单制、动态管理。2024 年纳入“金陵惠农贷”扶持名录的农业经营主体总数达 3168 家，基本覆盖已工商登记的家庭农场、经营良好的合作社和农业企业。“金陵惠农贷”因其鲜明的“为农”“支农”“惠农”特色，深受广大新型农业经营主体的欢迎，社会反响良好。截至 2024 年 8 月底，“金陵惠农贷”累计投放超 112.7 亿元，贷款余额 19.8 亿元，惠及新型农业经营主体 9625 户；按照货币市场正常贷款利率测算（年平均贷款余额 14 亿元），每年为新型农业经营主体节省利息支出超过 2000 多万元。

2. 面向初始涉农创业主体，推出政银担合作产品“惠农快贷”

与省农担南京分公司合作，联合紫金农商行、溧水农商行、高淳农商行等 16 家银行，共同推出政银担合作产品“惠农快贷”，以满足不在“金陵惠农贷”扶持名录内、初创型中小微农业经营主体的融资需求，与“金陵惠农贷”共同构建形成新型农业经营主体完整的融资保障体系。该产品重点突出“惠农”“快捷”等两个特点。“惠农”即成本低，融资综合成本不超过 4.0%，其中担保费用 0.8%。“快捷”即手续简（不要求抵押、质押）、纯信用（注重家庭成员信用）、放款快（原则上 2 个工作日内出具放款通知书）。“惠农快贷”推出以来，深受中小农业经营主体喜爱；截至 2024 年 8 月末，农担“惠农快贷”在保户数 711 户，累计担保金额超 43.3 亿元，贷款余额 13.2 亿元，惠及主体 4054 户，累计带动新型农业经营主体增收近 1.5 亿元。

3. 面向普通农户，推出为民实事工程“金陵惠农小额贷”

贯彻落实中央一号文提出的“推动农村金融机构回归本源、大力开展农户小额信用贷款”等要求，针对普通农户缺乏政策性惠民金融产品的现实问题，由市农业农村局、市财政、市地方金融监管局、人民银行南京分行营管部等部门，联合制定出台《推进“金陵惠农小额贷”实施方案》，试点推出“金陵惠农小额贷”产品，并将其作为“十四五”时期南京市政府“三农”工作一项重点民生工程。“金陵惠农小额贷”主要面向符合“四无一有”(无违法违纪、无不良记录、无高息借贷、无过度融资、有固定收入)条件的普通农户,采取集中评议、“整村授信”、“无感授信”等方式,给予符合条件的农户 5 万到 30 万不等的授信额度,以满足其日常生产经营或消费资金需求,其具有三个特点。一是专业评议。采取“成立评议工作小组—获取农户名单与建档—开展整村授信评议—名单审查审批—自助用款”的模式,其中评议工作小组由银行行内专家及行外有公信力人员共同组成,行外人员原则上由社区和村委会(居委会)关键人、退休村干部、驻村组(社区)联络人和当地有威望的农户代表组成。二是分级授信。评议小组针对客户预授信名单逐户进行评议,按照“四无”标准剔除不适合授信农户,并对拟正式授信农户清单按照一般户和优良户的标准进行分类、分级授信,有效降低过度授信风险。三是自助用款。经过授信的农户可以在手机银行上自助用款,也可联系客户经理指导借款人通过手机银行,在线办理额度申请用款,贷款随借随还。“金陵惠农小额贷”推出以来,取得了较好的经济和社会效益;截至目前,“金陵惠农小额贷”整村授信实现“应授尽授”,当年新增用信 12.3 亿元,授信总额超 534.2 亿元,累计用信超 89.3 亿元,期末余额超 34.7 亿元,惠及农户超 8.3 万户。

4. 面向集体经济组织,推出“金陵兴村贷”

结合农村集体产权制度改革、经济组织登记赋码等改革工作,联合试点银行,对有独立法人地位、产权清晰、现金流稳定、有产业项目融资需求的村集体经济组织,开展融资授信试点,推出“金陵兴村贷”信贷产品,探索金融支持、服务集体经济发展的有效途径。“金陵兴村贷”主要特点是“宽授信、严用信”;“纯信用、无抵押无担保”;在授信上主要依托集体经济组织的财务报表数据,在用信上主要看经营项目的投资规模与收益率。试点一年以来,“金陵兴村贷”已为全市 463 个村(社区)股份经济合作社批量授信 4.6 亿元,累计用信超 4100 万元。

(二)开展多方合作,完善农村金融政策体系

与在宁合作银行、农担公司签订战略合作协议,强化政银担深度合作,发挥财政奖励、风险补偿基金、增量补贴杠杆作用,让在宁金融机构“敢贷、愿贷、能贷、会贷”,有效放大金融支持乡村振兴力度。

1. 实施贷款贴息

对“金陵惠农贷”“金陵农担贷”按照不低于新型农业经营主体向商业银行实际支付利息的 40%予以补贴。每年可为新型农业经营主体节省利息支出超过 3000 万元,累计兑现贷款贴息 1.18 亿元,受益主体超过 8000 户,全市农业经营主体综合融资成本仅为2%，撬动社会资本投资超100亿元。如南京众鑫丽种植专业合作社2023年使用“金陵惠农贷”贷款600余万元，享受贷款贴息10万余元，大幅降低农业经营主体融资成本。

2. 推行保费补助

实施“金陵农担贷”实现保费减免政策，对政策性农业融资担保贷款保费给予50%补助，结合40%贴息政策，实现全省农担贷融资成本最低。截至目前，市级财政已累计为各类经营主体补贴减免保费超2000万元，惠及新型农业经营主体超4000户。

3. 建立风险补偿机制

依托“南京市新型农业经营主体贷款风险补偿基金”，建立不良贷款财政风险补偿基金和合作银行风险共担机制，惠农贷出现不良贷款60天后，合作银行即可向市农业农村局、市财政局申请风险代偿，符合条件的最高可享受80%的风险代偿。截至目前，累计受理合作银行不良贷款申请总额超过1亿元，累计兑现代偿资金近4400万元，有效激发金融机构服务“三农”积极性。

4. 建立增量补贴机制

从2019年开始，按照“宁创贷”管理办法，根据合作银行年度放贷情况，市财政每年给予合作银行“金陵惠农贷”1%的贷款余额增量补贴。近年来合作银行共申请获得“金陵惠农贷”增补补贴近4000多万元。

（三）打造服务平台，畅通金融服务“三农”渠道

积极打造政府、金融机构、农业经营主体等多方参与对接服务平台，建立信息共享机制，提升农村金融服务精准度、便捷度。

1. 开发新型农业经营主体信息（信用）管理平台

在全省率先推进农村数字金融建设，建设新型农业经营主体信用（信息）系统平台，服务全市1.15万家经营主体、3168家“金陵惠农贷”白名单管理主体，为新型农业经营主体在线提供示范等级认定、金融信贷、贷款贴息、数据查询分析等全方位服务，为21家金融机构提供“获客”共享信息，实现主体经营状况和金融服务动态信息化、数字化管理。

2. 搭建农村产权流转交易平台

首次将政金合作延伸到镇街一级，在全市7个涉农区开展镇街农业农村综合服务中心样板建设，打造镇街普惠金融服务圈，实现人员集中、要素集聚、功能集成、效率提高。以农村产权流转交易平台为基础，在高淳等地区开展农村土地经营权抵押融资试点，累计办理土地经营权抵押融资贷款53笔、贷款融资1.63亿元，涉及农村承包地 3.5 万亩。2023 年 12 月，全国农村产权流转交易规范化建设工作座谈会现场观摩禄口街道、江宁街道产权交易中心。

3. 创设“科金兴农”服务平台

推动金融服务与各类“沉睡”资源资产盘活、招商服务、产权交易服务等充分匹配，吸引工商资本、城市资本与集体经济“三资”融合发展。截至今年 8 月底，全市累计举办 41 场“科金兴农”服务日活动，服务主体近 2000 个，推动 220 余个项目对接。成功举办首届南京农村集体资源资产招商推介会，江宁区共富产业园项目、雨花台区三鸿食品有限公司厂房建设改造项目、江北新区长城村“圩城篱上人家”文旅项目、栖霞区东三乡农产品专业合作社等项目实现融资 7.17 亿元。

二、当前南京市金融服务乡村振兴中存在的问题分析

借助政银担合作、财政风险代偿、利息补贴等政策之“手”，南京市已构建形成了全方位、多层次的支农惠农金融服务体系，撬动了超 300 亿元的银行信贷资金流向乡村，极大推动了乡村振兴战略的有效实施。但对照乡村振兴要求、对照各类主体实际需要，仍然存在不少问题。具体表现在：

（一）现有农村组织金融体系与乡村振兴战略发展形势不相匹配

过去一段时间以来，出于对商业利益考量，以国有商业银行为代表的金融机构不少撤离农村；在农村金融市场主体构成上，紫金农商行、溧水农商行、高淳农商行等本地农商银行成为服务南京农业农村的主要金融机构。近年来，随着乡村振兴战略深入推进，不少国有商业银行看到了农村的发展前景，开始重视农村金融服务，加大网点布局和信贷支持力度，但在合作深度、投放力度等方面远不如本地农商银行，其服务触角并未深入延伸到农村地区，我市层次分明和多元化的农村金融组织体系还未完全建立。

（二）现有金融产品服务与农村多样化的金融需求还有差距

乡村振兴战略的实施以及农业规模化、产业化、现代化发展，极大推动了多样化的“三农”金融需求快速增加。我市虽然在农村金融改革创新上进行了一系列探索，有针对性地推出了“金陵惠农贷”“惠农快贷”“金陵惠农小额贷”等金融产品，但现有金融支农方式主要以银行贷款等间接融资为主，股权融资、债券融资等直接融资偏少；已推出的政银合作产品主要面向农业生产经营主体，面向产业链、供应链等全产业体系的信贷产品不多；面向农村的基金理财、信托、金融租赁等业务极少，导致金融支农服务质量水平与多元化的农村金融需求差距较大。

（三）农村信用体系建设尚不能满足普惠金融发展要求

农村地区用户数据类型复杂多样，消费行为相对分散，农户基本信用信息采集、更新非常难；再加上工商、社保、医保、财政、不动产、农业农村等政务数据尚未互通共享，金融机构对借款人的信用审核主要依靠传统的进村入户逐户采集审核方式，存在审核难、成本高、潜在风险大、效率低、客户体验差等问题。虽然我市已建立新型农业经营主体信用系统平台，但是由于各类农业经营主体数据复杂多样，基本信用信息采集更新难、潜在风险大等问题依然存在，信用体系建设的正向激励作用没有充分体现。

（四）部分金融机构对农业经营主体“不敢贷”“不愿贷”的现象依然存在

由于农业生产经营周期长、投资回报率低，面临自然和市场两重风险，特别是农业基础设施建设短期难以收回成本，因此农业经营主体不是传统意义上的金融机构优质客户群体，一定程度上影响了贷款获得率。此外，目前我市四款政金合作产品均属于农村普惠金融产品，服务对象为普通农业生产经营主体，单户贷款额度一般不超过 1000 万元，虽然基本解决了广大农业生产经营主体“融得到”的基础融资需求，但对于农业生产头部领军型、骨干型主体，其发展存在更高的融资需求，在“融得够”“融得好”等方面还存在空间，需加以完善。

三、构建乡村振兴金融服务体系的对策建议

习近平总书记多次强调：经济兴，金融兴；金融活，经济活。农村金融作为现代农村经济的血脉，对乡村振兴战略的顺利实施也发挥着至关重要的作用。为此，中国人民银行、农业农村部等五部委联合印发了《关于金融服务乡村振兴的指导意见》《关于开展学习运用“千万工程”经验加强金融支持乡村全面振兴专项行动的通知》，对金融支持乡村振兴工作作出全面安排部署；现结合我市实际，提出如下建议：

（一）构建多层次、差异化的乡村振兴金融组织体系

建议由人行南京分行、市地方金融监管局等部门牵头，进一步改革完善农村金融体系，明确政策性、商业性及地方中小法人机构的职能定位，建立政策性扶持、商业化运作、高效化运行的工作机制，形成各具特色、相互补充的农村金融机构组织体系。其中，大型国有银行机构要当好综合服务“领头羊”，强化乡村振兴金融部门，调整优化县级以下传统农村地区的网点布局，增强服务对接能力，最大限度地将“抽水机”变成“蓄水池”。紫金农商行、溧水农商行、高淳农商行等地方农商银行应强化支农惠农生力军作用，坚持立足农村、回归本源、服务“三农”的市场定位，根

植于区域县域经济，大力发展农村普惠金融，坚定成为服务农村的中小银行专业机构。省农担南京分公司应积极推动农业政策性担保分支机构在南京农村地区增设分支机构，做到区县域全覆盖，同时深化“政银担”合作，加快建立政府支农优惠政策与担保机制的有机结合，进一步降低农业经营主体担保保费和综合融资成本。在宁保险公司应积极创新险种，大力发展地方特色农业保险，规范理赔流程，不断扩大农业保险的参保率和覆盖面。

（二）持续推进农村金融服务产品创新

在宁银行等金融机构要以乡村振兴金融需求为导向，根据不同涉农主体和客户群体的生产经营特点，在现有“金陵惠农贷”“惠农快贷”“金陵惠农小额贷”等政银合作产品的基础上，研发制定符合不同主体需求特点的产品和服务，更加精准满足各类农业主体金融服务需求，打造多元化的金融产品体系。一是加大对优势特色产业集群、乡村休闲农业、农村电子商务、农文旅融合、农村康养等金融支持，开发“莱斯乡村共享小院＋”等特色金融产品，满足农业产业链上下游主体的信贷需求，强化乡村产业振兴金融支持力度。二是针对农业农村重大项目、招商引资项目、美丽乡村建设（乡村建设）等，鼓励金融机构推出定制化“农业农村重大项目贷”等专属金融产品，为涉农项目提供必要融资需求，助力乡村产业项目早日达产生效。持续完善“金陵兴村贷”信贷产品，为新型集体经济组织从事经营性活动、发展产业经济提供信贷支持，到“十四五”末，力争“金陵兴村贷”累计放贷超过 10 亿元。引导符合条件的主体通过发行“乡村振兴债”等债券工具，实现直接融资。三是加强政银企三方担保增信合作。延展政府性融资担保机构与银行业金融机构合作，推动业务办理规模化批量化，提高企业贷款获得率。对发展前景好的龙头企业适当增加担保贷款额度和中长期担保贷款，对农业重点产业链链主龙头企业贷款需求实行“见贷即保”。支持担保公司与龙头企业联合打造信用共同体，积极为产业链所涉主体提供担保增信。四是提高龙头企业中长期贴息贷款额度。对国家、省级农业龙头企业用于本市辖区内农业项目的基础设施建设、固定资产建设贷款，分别给予最高 1 亿元和 6000 万元贴息贷款额度；支持农业生产设备更新改造，将老旧农机更新换代和农业生产线更新改造纳入大规模设备更新政策补贴范畴，适当提高设备更新改造的政策性贷款补贴标准。

（三）改革创新农村金融服务方式

支持在宁金融机构深化政金合作，结合农业农村发展实际，进一步改进金融服务流程，完善贷款营销模式，推动农村金融服务方式多样化、多元化。一是扩大农村集体产权抵押融资增信。结合第二轮土地承包到期后再延长 30 年试点，将农村产权流转交易鉴证书纳入信贷支持抵押品范畴，有效拓宽农村资产抵质押范围，支持有条件的地方推进农村承包土地经营权抵押贷款融资，探索开展农村集体建设用地使用权、集体资产股权、农机具和大棚等农业设施等抵质贷款业务，进一步拓宽农村资产抵质押物范围。二是推进综合服务中心试点建设。持续推进全市涉农镇（街道）农业农村综合服务中心试点建设，促进金融服务与各类“沉睡”资源资产盘活、招商服务、产权交易服务等创新融合，吸引工商资本、城市资本与集体经济“三资”融合发展。三是推进数字金融试点示范。依托农业农村综合服务数字平台打造“惠农金融超市”，创新多元化惠农信贷产品，为农业企业、家庭农场、合作社等农业主体提供“一站式”综合金融服务。进一步优化完善金融数据分析模型，为金融机构提供数据调研服务，开展线上线下融合服务，推动“渠道下沉”“服务上门”，提升数字金融惠农服务效能。

（四）加强农村信用体系建设

持续开展农村信用体系建设，在农业经营主体中营造知信、守信、用信、重信的良好氛围，促进农村金融供需有效衔接，提升农村金融服务水平。一是深入开展金融风险防范宣传与金融常识教育普及“进村入户”活动，提升农村金融消费者的风险防范意识，增强识别违法违规金融活动的能力。巩固农民资金互助社清理整顿工作三年攻坚成果，实现机构数、社员数、互助金兑付“三清零”，有效防范化解涉农金融风险。二是推动农业农村征信数据库建设，健全完善由市数据局统一管理的综合信用信息数据平台，实现农业农村基本信用信息跨机构、跨地区、跨行业、跨部门的共享、交换和交易机制。三是将家庭农场、农民合作社和农业龙头企业纳入农村信用评定范围，加大新型农业经营主体信用信息归集应用力度，探索建立符合新型农业经营主体特点的信用评价体系，通过信息共享、数据增信等手段，提升经营主体金融服务的便利度和满意度。四是持续实施创建“信用户”“信用村”“信用镇”等评比活动，建立评级发布制度、失信惩戒机制和乡村信用激励机制，强化信用评定成果应用，为农村金融服务提供参考。

（五）健全完善农村金融相关配套机制

加强顶层设计等制度安排，进一步完善金融政策体系，发挥政金合作、风险代偿、贷款贴息等财政政策工具的作用，强化财政金融政策协同效应，引导更多金融资源配置到乡村振兴重点领域和薄弱环节。一是建立健全政府与金融机构深度合作机制。由市地方金融监管局牵头成立金融支持乡村振兴工作领导小组，定期召开工作调度会议，强化政府部门与银行、担保、保险等金融机构的合作关系，加强政府部门之间内部联动、政银之间沟通合作、金融机构之间交流互补，发挥政府、银行、担保、保险等不同主体的职责与优势，有效提升我市农村普惠金融发展层次。继续开展金融机构服务乡村振兴考核评估工作，加强评估结果运用。二是建立风险防控机制。加快建立农村金融风险防控机制，建立健全乡村征信、政府风险基金、企业内部控制、金融机构外部管控等制度，不断提升农村风险防控水平，提高金融服务乡村振兴的可持续性。在“南京市新型农业经营主体贷款风险”的基础上，统筹涉农相关资金，建立财政金融支持乡村振兴风险基金池，为各类信贷支农提供多元合一的贷款风险补偿，降低银行贷款风险。三是健全贷款贴息机制。针对当前涉农贷款贴息政策覆盖面不广等问题，加强财政贷款贴息力度，扩大贴息受益范围，简化兑现申报程序，提升政策兑现体验感，有效降低主体贷款融资成本。四是提高经营主体自身抗风险能力。支持农业合作社联社、家庭农场联盟建设，实质性推进农业规模化经营，推动生产经营向高附加值的深加工和销售等环节拓展，提高农业生产经营主体综合竞争力和抗风险能力。

作者：南京市农业农村局课题组

南京数据确权体系建设的现状与对策

新质生产力必然呼唤新型生产关系。随着世界逐步进入数字时代，数据作为生产要素的属性愈发凸显，逐渐成为推动新质生产力形成和发展的战略资源。其重要性不亚于农耕时代的盐铁、工业时代的煤炭石油，正在不断介入和改变我们的生产方式、生活方式和社会治理方式，具备影响国民经济命脉的巨大潜力。数据基础制度建设事关国家发展和安全大局，而数据资源的确权工作，是数据作为生产要素，参与经济运转的重要基础和前提。习近平总书记指出："要制定数据资源确权、开放、流通、交易相关制度，完善数据产权保护制度。"南京作为全国最早成立数据局及数据集团的城市之一，在丰富数据应用场景优势，激活数据要素潜能，做强做优做大数字经济，尤其是数据产权交易等方面做出了很多有益探索，也从多个维度触及了数据确权这一根本问题。

一、南京数据确权体系建设的基本情况

（一）基础制度不断完善

2022 年 12 月发布的《中共中央国务院关于构建数据基础制度更好发挥数据要素作用的意见》（以下简称《数据二十条》），提出要以数据产权、流通交易、收益分配、安全治理为重点，建立"数据资源持有权、数据加工使用权和数据产品经营权"分置式数据产权制度，对于指引我国制定和完善数据产权法律制度，具有重大意

义。南京市高度重视数据制度体系建设，根据《数据二十条》和《江苏省公共数据管理办法》等有关法律法规和规章，按照全力推进数据要素市场化配置改革主线，聚焦数据登记确权、流通交易、收益分配、安全治理等各环节，出台了数据要素产业发展“1+2”系列文件，即《关于推进数据基础制度建设更好发挥数据要素作用的实施意见》和市公共数据授权运营管理、数据资产登记两个暂行办法，并编制《实施细则》和《登记指南》，制定征集通告、评审方案、授权运营协议、合规审查方案等配套文件，初步形成南京数据要素制度体系。

（二）平台建设稳步推进

做强做优省市共建数据交易平台。2024 年 2 月，市公共资源交易中心上线南京数据交易平台，全国首创从公共资源交易服务延伸提供数据要素流通服务。与杭州数据交易所、省知识产权保护中心、市律协等单位签订战略合作协议，扩大数据要素流通领域的“朋友圈”，推动数据产品的互认互通，促进数据资源的跨地域流动和高效利用，丰富数据交易服务生态体系。通过金陵数“聚”数据产品路演、主题沙龙等主题活动，为企业搭建平台，促进数据要素流通合作。截至 2024 年 10 月底，数据交易平台入驻数商、交易方及第三方服务机构共计 993 家，累计上架 324 款（含预上架）数据产品，撮合成交 66 笔，金额 6259 万元。同时，加快公共数据授权运营，市数据局会同南京大数据集团、市企业征信公司等单位筹划 10 个应用场景并梳理对应数据需求，积极与数源部门对接，开展授权运营管理平台开发测试工作，充分发挥政务数据、公共数据价值。

（三）登记确权试点成效显著

深入开展数据资产登记研究和试点，在全市开展登记培训和典型案例推广，鼓励企业开展数据资产登记，探索登记凭证应用场景。以市公共资源交易中心为运营主体，开发数据资产登记线上平台，正式为企业提供数据资产登记服务。数据资产相关权利人可申请数据资产登记机构依法将数据资产相关信息及权利在数据资产登记系统上予以记载和公示，并核发登记证书。数据资产登记证书可依法依规作为数据交易、融资质押、数据资产入表、会计核算、争议解决的依据，为企业合法持有数据并行使权益提供保障，促进数据的高效流动和开发利用。目前，数据资产登记试点工作已正式启动，南京交控积图网络科技有限公司“南站停车场实时进出便捷指数查询数据集”、南京交通运营管理集团有限公司“隧道设施设备状态监测数据集”两款数据资产获颁登记证书。上述两款数据资产已获得南京银行授信意向近千万元，由两项数据资产形成的数据产品也在南京数据交易平台完成上架。

（四）开展数据要素产品化探索

建设数据要素创新中心，依托中心撮合作用，培育发挥数商、第三方专业服务机构和数据要素型企业的主体作用，将各类数据资源型企业的有效数据，规模化、批量化地加工成数据产品。撮合平台“宁数服”已于 6 月上线试运行，南京大数据集团已完成线下运营团队组建，目前已入驻首批数据要素企业和数商近百家，计划年内入驻数据要素型企业 1000 家以上，推进数据产品开发并完成交易 20 个以上。

二、当前数据确权体系建设存在的主要问题

数据资源作为新型的生产要素，具有一些不同于其他要素的显著特征，数据确权的复杂性与多样性大大增加。南京市根据《数据二十条》和《江苏省公共数据管理办法》等建立的数据制度体系，在挖掘数据价值，推动数据要素进入生产流通上发挥了积极作用，同时也在向纵深推进时，遇到了更深层次的问题。

（一）确权方式有待完善

在数据确权方式的探索上，目前南京和其他兄弟城市，都以登记确权为主，是对《数据二十条》提出的推动数据产权结构性分置的落地探索，力图跳出所有权思维定式，聚焦于数据使用方面的权利。在后续解读时也强调“创新数据产权观念，淡化所有权、强调使用权，聚焦数据使用权流通”。登记确权的主要路径是数据资产相关权利人向数据资产登记机构提出申请，要求将数据资产相关信息及权利在数据资产登记系统上予以记载和公示，公示无异议后，数据资产登记机构予以核发登记证书。事实上是数据资产相关权利人对数据资产权利进行宣称，然后由公权力对其权利进行背书确认的过程。这种通过登记方式确认的权利，避开了对数据权利最初来源的探究和确认，主要是在为数据资源持有者行使权益提供保障的同时，促进数据的高效流动和开发利用，是在操作层面发挥数据要素价值的权宜之计。这种方式对于促进数据资源复用和价值释放的确具有积极意义，制度的设计重点放在数据使用权上，也能传递出加强数据流通、消费和分配环节管理的明晰信号，充分发挥政策“指挥棒”作用。虽然从功能主义法学角度来看，这种处理方式有其合理性，数据的流动和使用并不必然以权属明晰为前提，在数据市场初创时期，也难以完全明确要素的流动，形成完备的秩序。但是，对数据在生产环节的权属确认，是整个数据产权架构的基础和逻辑展开的起点，即使采取回避态度也只能是暂时的，否则随着数字经济规模越来越大，数据确权不明所产生的矛盾将越来越突出和尖锐。

从实践层面看，已经有地方和企业开始探索个人授权、数据红利共享的分享机制。2023年7月，北京市印发《关于更好发挥数据要素作用进一步加快发展数字经济的实施意见》，创新性地明确“探索个人以按次、按年等方式依法依规获得个人数据合法使用中产生的收益”。2023年4月，贵阳大数据交易所监督并协助完成了中国首例个人数据的场内交易：贵州科技公司“好活”在征得个人用户同意并对相关数据进行隐私“脱敏”处理后，将个人用户简历设计成数据产品上架贵阳数据交易所，用人单位可以在交易所购买数据，相关利润分成会通过平台分配给提供个人简历的用户。

（二）确权范围还需拓展

当前数据确权实践中，确权内容以政务数据、公共数据、数商持有的大宗数据为主，作为这些大宗数据重要来源的个人数据，其权属尚未明确。而从法理上来看，个人数据恰恰是整个数据流通环节中最重要的基础要素。一旦数据确权规则中对数据来源缺乏明晰的界定，公共数据、企业数据及其所采集的个人数据之间的权属关系就难以确定，授权模式、贡献程度和后续收益分配份额也难以界定，导致相应的权责主体也难以认定。只有实现个人数据权属在数据活动相关方之间合理配置，才能真正盘活数据、协调各主体利益关系、促进数据价值释放。《数据二十条》(第五条)提出“对各类市场主体在生产经营活动中采集加工的不涉及个人信息和公共利益的数据，市场主体享有依法依规持有、使用、获取收益的权益”，其中不包含处分这种与所有权强相关的权能，也即并未承认政府或者企业对其收集的个人数据享有完全的所有权。尤其是在当前实际操作中，个人数据的保护路径主要集中在以隐私权为核心的人格权益保护，对个人数据的采集强调的也是知情同意或法定事由，缺乏财产权益的保护。数据采集企业往往采用制式合同，通过“勾选知情同意才能使用服务”的方式来获得个人的授权，用户为了使用服务，无论是否阅读条款内容都会选择同意，企业之后无论再转让多少次都不需要经过个人同意。这种模式其实变相地将企业的交易成本转嫁给个人负担，数据主体很难控制个人数据的后续利用，存在数据泄露、行为分析以及个人对数据的二次使用失去控制等潜在风险，其产生的全部利润也将被企业占有。事实上，企业提供的网络服务的价值通常小于用户提供的数据价值，“以服务换数据”是一种不对等的交换，长此以往将导致数据商品的市场价格远低于实际成本，进而导致生产过剩和市场效率低下。虽然在市场评价中，个人数据只有经过集合化处理，变成数据产品后才具有相应的经济价值，但作为“原料”的个人数据，其参与生产的资料价值不能仅仅因“知情同意”而被制度性忽略。应该探索形成以对个人数据确权为基础的，从源头到产品的一整套数据确权体系,以充分保障各相关方尤其是相对弱势的个人所应享有的数据权益。

(三) 权利边界亟需厘清

全范围数据确权的重点在于平衡所有权人和数据处理者之间的权利配置关系,既要保证所有权人的财产权益,又要充分激励数据的开发利用。这需要在遵循意思自治原则和社会公序良俗的基础上,充分考量数字经济的发展现状和现实需求。我国《中华人民共和国个人信息保护法》对个人信息处理的全生命周期予以保护,包括知情同意权、转移权、撤回权、访问权、更正权和删除权等。个人数据作为个人信息的电子载体,如果在收集和处理过程中没有进行脱敏处理,理论上个人信息主体可以依法持续影响个人数据的处理活动。但是,实践中因为没有确立数据本身的所有权,在个人数据被企业擅自使用的情况下,个人很难基于侵权请求损害赔偿。目前的授权方式及授权范围,虽然在当前的法制框架下做了操作方面的创新尝试,某种程度上让数据要素开始参与生产,但在推广与后续操作上,仍因权利边界不清晰而存在巨大障碍。

表现在数商生产经营过程中,是在采集和加工海量的个人数据时,企业等数据处理者付出大量劳动和资金投入,赋予其相对稳定的权属是资源优化配置和形成激励机制的必然要求。如果将授权使用设定为所有权转让的法律关系,固然能够保障后续的开发利用,但会阻碍个人数据的复授权和再利用。作为原始取得所有权的数据生产者,个人对其所属信息的相关权利也会难以行使,最终反过来还是会影响企业处理数据的效率。

表现在政务服务上,按照"法无授权不可为"的原则,公共主体对个人数据的采集方式,以及不同主体之间行政权力的划分,导致这类数据呈现出微观的集中化和宏观的分散化的动态流动——不同公共主体分别掌握一类或几类数据集合,而它们之间却是隔离的。在个人数据确权规则缺位的情况下,部门管理和属地管理两种体系往往导致公共数据授权运营上的条块分割和公共数据持有权和管理权的碎片化。在公共数据权利和相关职权未定之时,各公共主体为了保护数据安全和躲避行政责任,高筑部门壁垒,限制公共数据的高效流动和内部归集,导致"数据孤岛"难题无法解决,数据要素价值无法充分体现,甚至数据要素参与生产也面临制度性障碍。

三、健全完善数据确权体系的措施建议

无论是从法理层面还是从操作层面来看,在实现个人数据权属在数据活动相

关方之间合理配置的基础上，建立起从源头到产品的完整的数据确权体系，才能真正盘活数据、协调各主体利益关系、促进数据价值的充分释放。

（一）要明确“所有权”和“使用权”之间的关系

个人基于劳动可以原始取得的数据所有权与企业对个人数据进行采集和加工所需的使用权，可以参考“自物权—他物权”和“著作权—邻接权”的权利分割模式。在数据权属架构设计上，根据不同主体对数据生产和流通过程中的价值贡献，建立数据生产者（个人）享有个人数据所有权和数据处理者（企业等）享有个人数据使用权的“所有权—使用权”二元权利结构，通过授权使用的法律关系均衡配置财产性利益，实现数据价值充分释放。个人生产了数据，享有数据的所有权；企业和公共主体深度参与了数据的采集、存储、加工，享有数据的用益物权。双方对最终数据产品或数据集合的形成都作出了贡献，可以按照贡献的性质和量化（市场评价）差异，分别赋予所有权和用益物权。以公共数据为例，公共数据既包括政府机关收集的个人数据和企业数据，也包括政府机关自身在履职过程中形成的政务数据。对后者，国家可依法享有数据所有权，对前者，个人和企业作为数据来源者享有数据所有权，政府机关依法拥有这两类公共数据的用益权。例如，于 12 月 1 日起施行的《江苏省公共数据授权运营管理暂行办法》规定，公共数据开发主体提交数据产品发布申请的，运营主体要重点评估“是否注明使用的数据来源及其合法合规性”以及“是否存在个人信息和商业秘密泄露、滥用等风险”。

（二）要明确“使用权”和“管理权”之间的关系

这主要体现在对公共数据方面，即《数据二十条》（第二部分之四）提到的“各级党政机关、企事业单位依法履职或提供公共服务过程中产生的数据”。公共数据的公共属性体现在，数据收集于党政机关和企事业单位依法履职或提供公共管理和公共服务的行为，国家法律和行政法规赋予了合法处理数据的职权和职责。这种与行政权力挂钩的数据，持有本身也成为权力的一部分，尤其是在数据资源价值愈发凸显的当下，对公共数据的分配与使用更是一种“隐形”的行政资源。例如，水务行业首个、全国首批取得入表会计凭证的数据资产——南京江北新区（沿江街道以北范围）企业用水行为分析数据，在南京数据交易平台上架后，仅用 6 天时间就实现交易，用于评价企业经营状况辅助开展授信评估。这种情况下，本来为提供服务而采集的数据产生了经济价值，对这种新增权益的分配就需要进行合理规划。可以将被授权主体确认为整体的国家概念，国家获得初始的个人数据使用权后，再授权给具体的公共主体数据管理权。参照“全民所有自然资源资产所有权委托代理机制”，地方政府和数据管理部门可以按照管理者职责，建立健全公共数据管理体系，获得数据管理权。在这种“个人数据使用权—个人数据管理权”的产权架构下，个人直接授权国家使用相关数据，具体的管理主体作为国家的内部机构，代为行使相关数据的管理权能，对个人负有保障数据获取、复制、转移的义务。

（三）探索更多数据权属确认方式

登记确权对大宗数据而言可操作性较强，但对于个人数据而言成本过高，不具备可操作性。当个人信息被通过技术手段被编码从而形成个人数据后，就成为一种特殊的无体物。从“物”的属性来看，数据应该属于一种动产。从这个意义上说，个人数据所有权是一种动产所有权，其取得、行使、转让、保护都遵守民法典物权编对动产的规定。但作为无体物，其交付主要通过数据传输完成，是否完成交付、何时完成交付难以清晰辨别。为增强数据权属的公示效力，可以考虑由专业机构设立个人数据账户，与身份证绑定，专门归集、储存、记录、管理个人数据，联通银行账户进行数据交易并获取收益。每当有个人数据基于授权或设立担保物权而发生权属变化，个人数据账户都会以“数据流水”的方式记录下来，从而为权利的变动公示提供有效依据。例如：北京国际大数据交易所上线数据授权平台，能让每个主体都能了解自己名下的数据目录，并通过对数据使用的逐笔逐场景授权来进行操作，替代当下普遍存在的一揽子授权现象。

另外，需要在实践中探索数据产品的权益分配方式。当大量的个人数据被依法处理、加工、设计成数据产品时，无论从结构、功能还是价值上来看，都已经是一个独立于原始数据的新的权利客体，作为数据来源的个人不再享有对数据产品的所有权，但是在数据产品的经营过程中，经营主体仍然要履行个人信息保护义务，其运营收益如何分配也要做合理考量。

（四）探索更多数据变现途径

从当前的数据交易实践来看，作为一种集合化使用的动产，单一个人数据的价值并不明显，需要进行大规模集成化的开发之后，才具备可流通的经济价值。作为所有权人，个人可以将数据授权给企业或公共主体使用，这里的使用包括收集、存储、加工、传输、公开等，同时保留自己存储、查看、使用、删除等权利。授权的过程应当遵守意思自治原则，不得以格式条款免除或者限制自身责任、排除对方主要权利。此外，个人也可以基于所有权在个人数据上设立担保物权。例如：2021 年 10 月 21 日，全国首张“个人数据资产云凭证”在温州市发放。温州乐清市南岳镇大崧村村民陈洁申领到编为“2021102100000l”的凭证，凭着一串“个人数据”，不用跑银行、政府部门，点点手机就获得 50 万元个人信用贷款。

（五）探索个人数据对价给付方式

由于单个个人数据的价值难以评估，且逐一谈判进行授权签约的交易成本过高，数据流通效率也会受到严重影响，可以考虑借助“数据信托”实现集成化授权管理和分配。即，作为委托人和受益人的数据主体将其对数据的财产权利授权给可信机构进行集体管理，并设立信托产品，再由信托机构将产生的增值收益反馈给个人。作为一种集体管理式的个人数据治理机制，数据主体可通过信托合同等形式就信托数据的管理方式与使用限制、受益人取得信托收益的方法与形式、信托终止事由等关键事项与信托机构达成协议，并要求受托人说明信托财产的管理运用、处理与收支状况，从而真正参与到数据治理过程中，积极发挥影响。例如，2021 年，上海智己汽车科技有限公司发布“CSOP 用户数据权益计划”，用户在驾驶一定里程后，可以凭借所产生的驾驶数据享受硬件升级、限定精品、数字藏品以及限定体验等服务，智己还承诺将 4.9％的股权配置给用户，用以回馈数据价值。

（六）持续深化数据依法管理

数据要素作为重要的生产资料，不管各类数据权属及相关受益规则如何确认，其最终实现都必须通过国家公权力来保障。数据要素的采集、加工、流通的全过程，必须在国家的监督管理之下，按照既定的合法途径进行。随着数据量的增加、数据经济价值的不断提升，相关的法律法规必然需要相应的政府部门牵头落实。目前各地都成立了数据局等相应管理机构，以及数据集团等参与数据产业发展的国有市场主体，但其定位和承担的社会责任仍需在发展中不断明晰。

从推进社会治理现代化的角度，数据管理机构应成为公共数据的整合者，担负起牵头抓总的责任，打造出真正完备统一的数据中心样本，以技术和服务方面的创新，破解“数据孤岛”的老大难问题，真正实现“一网统管”。各职能部门根据统一标准将自身掌握的数据汇总到数据管理机构，并将服务对象数据变化实时反馈到统一的数据系统中。统一的数据中心建成后，办理行政事项不再需要申请主体作为信息传递者，只需要各部门从统一的大数据中心实时调用数据。如此，各地政府大力推广的“一次办结”“不见面审批”等政务服务创新将成为基本要求，从而极大优化城市的营商环境。

从推动数据安全的角度，数据管理机构应成为可靠的守护者。从公共数据的管理成本上讲，将原本多个系统的安全保障成本集中到一个系统中，相当于将分散的力量集中起来统筹运用，必将大大提高信息安全保障能力。至于有些部门涉及的敏感机密信息管理，可根据各部门职能分工对信息数据进行分级分类调用、根据各职能部门需求灵活建立子系统等方式，在确保职能部门对信息数据需求的前提下，大大降低信息泄露危险，有效保障公共数据安全。

从促进数据要素参与生产的角度，数据管理机构应该做好规则的捍卫者，会同地方立法部门，探索更多共享数据红利的操作模式，厘清公民企业等各类主体数据价值开发应用的规范和边界，规范市场主体的行为，引导市场对数据价值的合理发掘和使用，使数据资源在道德和法律框架内，合理高效地发挥价值。对于侵犯个人信息自主权、个人数据安全的行为，数据管理机构也可会同执法部门进行严厉打击，视情节追究相关民事甚至刑事责任。国有市场主体应该发挥引领作用，在法律框架内探索更多数据要素参与生产的路径，引导各类市场主体将数据要素价值的开发应用行为统一到国家战略意图中来，确保数据产业与国民经济发展同心同向，不断助推社会主义市场经济向更高层次的高质量发展迈进。

作者：贯传令　周洁（中共南京市委办公厅）
吴江盟　（南京市司法局）

他山之石篇

推进减表治数　深化松绑赋能

——成都市创新应用“报表通”助力基层治理现代化

基层治理现代化是中国式现代化的重要内容，是国家治理体系和治理能力现代化的基础工程。党的十八大以来，习近平总书记围绕加强和创新社会治理提出了一系列新理念新思想新战略，为推进基层治理体系和治理能力现代化建设提供了理论遵循和方向指引。党的二十届三中全会指出，坚持和发展新时代“枫桥经验”，健全党组织领导的自治、法治、德治相结合的城乡基层治理体系，完善共建共治共享的社会治理制度①。今年以来，党中央对持续深化拓展整治形式主义为基层减负作出重大决策部署，明确提出要健全为基层减负长效机制②。基层治理的落脚点是坚持以人民为中心理念，以实现人民对美好生活的向往为根本。一直以来，填写各类报表是基层工作的痛点，中间环节繁杂、内容复杂、头绪混杂，但苦于基层数据少、手段弱、效能低，基层工作人员只有埋头反复报数据、无暇入户干工作。作为人口超过 2100 万人、经营主体超过 385 万的超大型城市，从 2022 年起，成都试点创新开发了基层“报表通”智慧应用，通过数据归集和信息共享，一端采集、一次采集、动态更新、多方使用，实现数据自动抓取、报表一键生成、任务主动提

① 《党的二十届三中全会〈决定〉学习辅导百问》：党建读物出版社、学习出版社《中共中央关于进一步全面深化改革、推进中国式现代化的决定》。

② 人民网：健全为基层减负长效机制 以作风建设保障改革促进发展 http://politics.people.com.cn/n1/2024/0820/c1001-40301877.html。

醒、工作闭环处置，让基层工作人员轻装上阵，把更多的时间和精力花在为群众办好事、办实事、解难事上，党群关系、干群关系得到巩固和发展，减负成果最终惠及人民群众。进一步深化“报表通”推广应用，推进减表治数、数据共享，对统筹为基层减负和赋能、构建符合超大城市治理规律和特点的现代基层治理体系具有重要意义。

一、党中央关于加强数字（智慧）治理为基层减负的重大部署

（一）数字赋能基层减负是贯彻落实中央决策部署的必然要求

基层是贯彻落实党中央决策部署的“最后一公里”。习近平总书记深刻指出，为基层减负要明确权责，不能什么事都压给基层，基层该承担哪些工作，要把职责事项搞清楚①。中共中央办公厅、国务院办公厅印发了《整治形式主义为基层减负若干规定》，明确严格对照从严精简文件、规范明晰基层权责等 7 个方面、21 项具体规定，为深化拓展整治形式主义为基层减负工作提供重要制度遵循。近年来，成都贯彻落实党中央和省委部署要求，发挥党委总揽全局、协调各方作用，深刻认识深化拓展整治形式主义为基层减负的重要性紧迫性，坚持把整治形式主义为基层减负工作摆在突出位置，但仍面临不少问题。持续深化拓展整治形式主义，是贯彻落实中央决策部署的重要体现，有助于将基层干部从无谓事务中解放出来，以饱满的精神状态和务实的工作作风，将更多的时间和精力投入贯彻落实党中央决策部署中去，确保中央决策部署在各方面各领域得到不折不扣的贯彻落实。

（二）数字赋能基层减负是推进基层治理现代化的迫切要求

数字赋能基层减负是推动基层治理现代化的重要举措。习近平总书记深刻指出，要强化互联网思维，利用互联网扁平化、交互式、快捷性优势，推进政府决策科学化、社会治理精准化、公共服务高效化，用信息化手段更好感知社会态势、畅通沟通渠道、辅助决策施政②。《中共中央 国务院关于加强基层治理体系和治理能力现代化建设的意见》作出“建立健全基层治理体制机制，推动政府治理同社会调节、居民自治良性互动，提高基层治理社会化、法治化、智能化、专业化水平”等部署要求，从治理的主体、过程、形式、能力等方面，明确了基层治理的发展方向。近年来，成都依托智慧蓉城建设，将惠基层、解民忧、提升基层治理现代化水平作为出发点和

① 新华网：第一观察 | 持续关注基层减负，总书记指明关键方法 http://www.news.cn/politics/leaders/20240424/ea2f2ffa8e2c4a8eb72eb9fa0424709b/c.html。

② 人民网：让互联网更好造福国家和人民. http://it.people.com.cn/n1/2016/1114/c1009-28857058-4.html。

落脚点，大力推进城市运行“一网统管”、数据资源“一网通享”建设提质增效，但推进基层减负过程中仍面临协同协作不够、数据共享不充分等问题。将数字技术与基层社会治理相融合，以数字赋能基层减负，是推进治理现代化的重要举措，不仅有助于减轻基层负担，还能提升治理能力和水平，优化治理流程，提高治理效率，让数字服务于人。

（三）数字赋能基层减负是回应基层诉求的现实要求

基层强则国家强，基层安则天下安。习近平总书记深刻指出，“要加强和创新基层社会治理，使每个社会细胞都健康活跃，将矛盾纠纷化解在基层，将和谐稳定创建在基层①”，“各级都要重视基层、关心基层、支持基层②”。2023 年 3 月以来，习近平总书记在湖南、天津、重庆、山东、青海、宁夏等地考察时，多次就“持续深化整治形式主义为基层减负，为基层干部干事创业创造良好条件”“要坚决整治形式主义、官僚主义问题”“持之以恒抓好这项工作”等作出重要指示，彰显了习近平总书记和党中央对基层减负一抓到底的坚定决心。中央网信办印发《“指尖上的形式主义”全国整治工作方案》，明确力争用 3 到 5 年时间，健全完善常态化监管措施和长效工作机制，推动实现主体责任、监管责任、监督责任的贯通联动，防止“指尖上的形式主义”反弹回潮和隐形变异，努力做到为基层真减负、减真负。近年来，成都深化整治形式主义，坚持治标与治本相结合，深入推进基层治理体制机制改革，但在推进过程中面临权责不对等、力量不匹配、效果不明显等问题。积极回应基层诉求，是我国特色基层治理的显著优势，不仅能够激发基层干部的工作积极性和创造力，还有助于让他们能够更专注于为群众服务，提高工作效率和质量。

二、成都市创新应用“报表通”的做法成效

近年来，成都市坚持以体制机制创新为突破，深入落实“巩固党的执政根基”的政治要求、“以人民为中心”的价值取向、“关键在体制创新”的科学方法、“社会治理重心下移”的鲜明导向和“共建共治共享”的实现路径，将构建符合超大城市治理规律和特点的现代基层治理体系纳入城市总体战略，着眼破解基层治理“九龙治水”、网格管理“粗放低效”、诉求处置“质效不高”、为民服务“供需错配”、基层能力“责能不适”等弊端，通过全方位摸底数、多层次明架构、宽领域强治理、立体化建机制，创

---

① 新华网：新时代新征程新伟业・习近平总书记关切事|使每个社会细胞都健康活跃——总书记挂念的百姓身边改革事之基层治理篇. http://m.news.cn/2023-12/21/c_1130038465.htm。

② 新华网：基层强则国家强 基层安则天下安. http://www.xinhuanet.com/politics/20240520/e4e0923d2b4a464f8ba40e0f0753ec17/c.html。

新数字赋能基层治理的有效策略，为超大城市治理现代化勇探新路。

（一）全方位摸清报表底数

一是统计基层需填报的报表数量。按镇（街道）统计每年基层报表数量，全市镇（街道）普遍在200张左右，统筹工作做得好的区（市）县约150张左右，统筹不好的全年报表量甚至达到300余张。二是摸清行业下发基层报表数量。聚焦基层报表任务多、多头报送、共享程度低等突出问题，以行业为基础，全面摸清并了解全市各部门下发基层报表的数量。排名前十的部门由多到少分别为市民政局（3482张次）、市人社局（2656张次）、市城管委（2448张次）、市应急局（2031张次）、市农业农村局（1917张次）、市卫健委（1068张次）、市住建局（571张次）、市退役军人局（537张次）、市生态环境局（529张次）、市水务局（455张次），基本与基层反映的日常工作量排名相一致[①]。三是持续推进减表减负。通过集中培训、逐一过堂、线上答疑等方式，组织市级各部门对基层梳理提交的报表清单进行去重，确认市级下发基层报表为156张；经上门对接培训，市级部门进一步研判整合，确认下发基层报表已精简至126张，并完成第一批18个通用应用场景接入工作。

（二）多层次明确总体架构

一是以蓉政通为统一入口。依托全市统一的移动办公总平台“蓉政通”，贯通从市本级到网格员的跨层级、跨部门、跨区域的事件、数据、指令流转，建立健全纵横联动，市、区（市）县、镇（街道）、村（社区）和网格“五级”协同的应用体系。二是完善智能报表、数据超市、效能跟踪、安全管控4大功能。完善智能报表准入、数据预填和智能汇总功能，实现报表源头压减，减少基层填报量和填报时间；完善数据超市自定义查询、统计分析和智能图表功能，实现跨部门、跨层级数据共享和灵活取用，支撑部门从系统获取数据，减少向基层下发报表任务；完善效能跟踪的使用指标、赋能指标和减负指标监测功能，实现“报表通”使用情况和减负效能一屏观；完善安全管控的分类分级权限管控、数据水印、脱敏脱密和存储加密功能，防止数据超权限超范围使用，确保数据不被攻击、篡改、破坏，重要、敏感数据不泄漏。三是建设智慧蓉城数据资源底座。坚持以智慧蓉城建设为牵引，优化体系架构，全面筑牢“王”字型城市运行管理架构，加快推进智慧蓉城与“微网实格”无缝衔接，23个区（市）县、40个市级部门、261个镇（街道）城运中心实体化、实战化运行。

（三）宽领域加强数据治理

一是规范数据治理标准。制定出台30个数据相关标准（其中地方标准6个），

---

① 张次数据为基层摸排未去重数量。

对2.8万类数据实现集中化规范化管理，形成涵盖2100万常住人口、390余万法人主体的自然人、法人基础库和民政、医疗、教育、交通等主题库，以及支撑部门查询使用、统计分析、取数建表和带数下发报表等实际工作需要。二是推进数据共享。建成纵向贯通国家部委、省市区和横向接入102个市级单位的数据共享平台，为智慧蓉城数据底座集中汇聚的4.5万项上级回流数据和各级各部门数据提供共享管理服务，全市日均共享数据2亿条，支撑各级各部门396个业务系统实时取数。三是构建数据超市。上架自然人、法人、地名地址、房屋、科技教育、应急管理、交通运输、公共服务设施8大类79个数据集，支撑部门工作人员直接查询使用、统计分析、取数建表和带数下发报表。目前，共下发市级部门报表21张，其中16张为带数下发，减少了基层填报量和填报难度。四是推进数据回流。通过共享平台，摸排、梳理形成145项基层数据回流清单，以库表、接口等方式向区（市）县回流数据3812项、共194亿余条支撑区（市）县构建业务场景。

（四）立体化建立运行机制

一是完善数据基础制度。出台《成都市数据条例》，制定发布《成都市建设智慧蓉城建设数据官制度的实施方案》《成都市智慧蓉城数据共享管理实施细则》《成都市一体化政务大数据体系建设指南》等，形成数据资源“一网通享”的基础支撑，使“报表通”工作有章可循。二是促进推广应用。制定印发《全面深化智慧蓉城“报表通”推广应用工作计划》《智慧蓉城“报表通”运行管理暂行办法》，明确工作重点，规范工作流程。三是加强培训指导。采取集中培训、线上交流、线下一对一答疑等方式加强指导，与16个市级部门上门对接培训70余次，完成报表设计90余张，为“报表通”大规模应用打下良好基础。

三、深化“报表通”推广应用尚存在的主要问题及原因分析

（一）部分报表依然游离于报表通之外

根据受访镇街统计，当前需填报的报表普遍在200张以上，甚至有超过300张的地方，但纳入“报表通”体系的普遍只有10—13张，大量报表处于“体外循环”状态，其中三个特点值得关注。一是区县层面制表数量比例较大。为完成上级安排的工作任务，区县层面自行制发大量报表，据受访镇街自行统计显示，某市的街道319张、某县的镇287张、某区的街道243张、某某区的街道237张、某区的街道210张、某区的街道157张、某新区的街道152张。某区街道在填的243张表格中，区级层面多达172张。二是报表下发通道杂乱多样。包括微信、QQ、蓉政通、行业系统业务App、协同办公平台甚至纸质文件，座谈交流中有网格员表示，“一周五天

平均有 2—3 天在派出所填报人口数据”。三是盖章留痕问题较为突出。电子表格与纸质表格具备“同等效力”的要求没有落到实处，一些单位和部门出于应对巡视巡察和审计的考虑，常常要求基层工作人员盖章留痕。比如，燃气排查表、涉水安全表等，都需要社区相关同志签字，有时基层同志不确定数据真实性，尽管心里“打着鼓”但也“硬着头皮”签字，以“形式”应对“形式”。

（二）“重复采、多头报”现象未根本扭转

“重复采、多头报”是此次调研中基层干部反映最集中、最强烈的问题，他们的“槽点”主要集中在四个方面。一是同类报表多部门多行业重复填报。如今年开展的有限空间安全管理工作中，全市各级各部门共下发 139 张报表，其中市级 19 张、区级 55 张、镇（街道）56 张、社区 9 张。又如，对 LED 屏管理工作，公安、城管、民政、政法等部门均要求社区填表报送；经济作物报表，农业农村局和统计局都分别要求填报。二是部门内部处室之间报表缺乏整合。如市民政局下发的 16 张报表中，从业务属性来看，计划生育特殊家庭类 5 张、困难群众类 3 张、困难儿童类 2 张、困难残疾人类 2 张、高龄老人类 4 张，造成基层人员反复填、重复报。三是同一事项短期多次追加统计。如在瓶改气的意见收集和宣传工作中，因业务部门在制表之初统计事项考虑不周，工作推进中表格内容不断变化，2023 年 12 月 14 日至 2024 年 5 月 13 日期间，先后 9 次下发报表让基层反复上门收集相关数据。四是报表通与业务 App“两张皮”问题突出。现有大量业务 App 要求基层填报数据，村（社区）干部人均安装政务 App（小程序）10 个以上，但目前报表通与这些 App 尚未有效对接打通，导致基层工作人员面临 App 填报与报表通填报的“双重任务”。以燃气安全排查为例，基层发现燃气安全隐患后，在报表通填报相关情况后仍要在其他 4 个平台上重复上报，分别是燃气安全专项整治系统（国家级）、全省九小场所消防安全综合治理排查（省级）、房屋安全隐患排查（市级）和区智慧应急管理信息系统（区级）。还有街道反映，社区已通过报表通填报人房数据，但本地政法部门未停用原大联动系统采集渠道，造成重复填报，增加工作负担。

（三）基层报表采集任务存在“超载”

调研发现，当前报表任务泛化，存在“双超”现象。一是报表任务超出基层职责范围。如社区道路安全排查、文旅机构排查、农用机动车统计及小汽车报废等，此类事件大多是行业部门主管或有专业部门以及三方管护公司管理，非社区管理职责范围事项。二是报表任务超出基层能力范围。如有关部门将食品安全检查、燃气（液化气）安全检查、自建房安全隐患排查等事项安排社区填报，但没有下沉支撑资源，社区干部缺少专业能力，难以保证数据质量。

（四）数据回流共享无法满足需求

数据孤岛、数据烟囱问题依然突出，不少基层干部吐槽“采数报数找我们，报完之后我们反而不能用”。一是“数据孤岛”“数据烟囱”问题依然存在。二是纵向数据回流不足。基层数据少、手段弱、效能低，一名社区书记抱怨“（这些报表）大事解决不了，小事天天要报”。市城运办统计的首批基层回流数据需求有 145 项，主要集中在人房企、安全监管等领域。目前已实现回流的 26 项、已同意回流正在推进的 46 项、暂时难以回流的 73 项。三是横向数据共享不足。现有的数据共享交换平台更多担任“淘宝”角色，集中发布可共享的数据资源，需要业务部门自行匹配寻找，缺乏针对性和及时性。座谈交流中市教育局就人口相关数据，市公安局就学生学籍、社保医保等提出共享需求，但目前尚未实现常态化高质量共享。

以上问题的产生，既涉及“报表通”本身的问题，也涉及信息化平台整合、整治形式主义为基层减负的问题，既有思想认识、工作作风等主观因素，也有体制机制、能力素质等客观原因。

（一）思想认识有误区

有的业务部门对报表通的重要性认识不到位，觉得“可用可不用”，“要数据、找基层”的思维定式仍然普遍存在，打破原有数据收集方式动力不足。有的基层同志简单认为“报表通是为了消灭报表”，希望报表通“包打天下”“一蹴而就”，没有将运用重点放在减少报表的“重复发、随意下、分散报”上来，导致未能发挥出应有的功能。

（二）组织推进统筹不够

目前，市域内还未建立统一的工作架构、运行规则等，推广应用的“共性基础”还不扎实，难以支撑“先取数据、再发报表”的预定功能。技术部门与业务部门互动不够，城运部门负责建、业务部门具体用，建用脱节导致平台易用性不强。市级部门对内部处室、行业系统统筹不够，同一部门多个应用程序、工作平台的情况还比较多见，使得数据处于“散装”状态，加剧了多头报、重复报等问题。

（三）数据流通存在壁垒

一些部门出于数据安全的考虑，普遍存在“供数”顾虑。同时，有的国家部委、省级部门对数据回流还有限制，回流数据少、颗粒度粗，难以满足基层“用数”需求；市级部门行业 App 和行业专网自成体系，与报表通尚未建立成熟安全的数据交换渠道，导致数据难以共享。

（四）能力素质有待提升

各级干部不同程度存在数字化思维不强的问题，面对纷繁复杂的采数用数任务，普遍存在“不愿用、不会用、不敢用”的现象，在被问询需求时，社区干部、基层网格员普遍希望多组织一些培训，尽快提高信息化能力。调研发现，区（市）县还未建立"报表通"专职运维机制，专业人员相对不足，制约了系统推广使用。

四、深化"报表通"推广应用加强数字（智慧）治理模式创新为基层减负赋能的思考与建议

走好基层治理现代化之路，坚持和发展新时代"枫桥经验"，既要夯基固本，坚持中国式现代化的本质要求和鲜明特征，又要守正创新，助推中国式现代化目标的实现。探索系统性整体性破解基层治理难题的有效路径，着力提升超大城市治理能级和水平，要认真贯彻党中央推进基层治理现代化的要求，坚定不移走中国特色社会主义基层治理之路，不断深化"报表通"创新应用推进基层治理现代化，为谱写中国式现代化新篇章提供有力支撑。

（一）不断完善功能架构

一是完善用户反馈功能。增加用户意见建议反馈窗口，根据情况，及时优化简化"报表通"报表配置、流程配置、任务转派、数据查询、日志审计等功能，丰富完善数据超市主题分类、表单组件和计算工具，方便各级各部门填表取数和查询分析。二是优化技术架构。深入推进市和区（市）县两级"报表通"级联，实现任务、数据实时交互、顺畅贯通；优化升级领导驾驶舱（数据看板）功能，全面掌握"报表通"报表接入、任务执行、取数用数、数据超市、用户配置和系统活跃度等运行情况。三是强化技术赋能。加强自动填充、自动校验、自动计算、自动整合等技术应用，强化跨部门、跨领域、跨地区数据复用，提高报表填写质效，为基层减负。四是简化手机操作。加强手机端适配改造，完善任务接收填报、标签更新等功能，打造"傻瓜式"功能模块，让基层易用好用。五是拓展服务能力。探索打造面向市场主体的"二维码"问卷调查、专项任务走访巡查等信息收集功能，便利基层开展企业、门店、社会组织等排查核查和上门服务工作，促进数据标准化、规范化统计分析应用。

（二）推进数据治理提质

一是做强数据底座。用好国家数据直达基层试点，积极申请更多有用数据资源回流，推进法人登记、信用评价、行政监管、许可资质等法人相关数据融合治理，充实完善法人数据库，逐步建成生态环境、医疗卫生、教育培训、交通运输等行业主题库。二是强化行业数据治理。分头落实数据源头治理和融合治理责任，重点对自然人、法人、公共安全、生态环境、社会救助、医疗卫生、教育培训、交通运输、市场监管等关键数据进行治理，提升数据完整性、准确性和丰富度，充实"报表通"数据超市。三是按需汇总梳理数据。及时收集基层和各级部门需求较多但数据库尚缺

失的数据，形成任务清单，积极对上争取对内协调，推动补充汇入更多用数单位想要、想用的数据。四是着力提升数据互通性。开展全市数据治理大会战，逐步实现数据标签统一、字段通用，减少调取使用壁垒，提高互联互通效率，更好发挥“通用”功能。

（三）统筹构建四级数仓

一是制定回流数据清单。以基层治理需求为重点，制定回流数据资源清单，并结合实际持续修订完善。二是推进数据拆分回流。由市级牵头部门指导并会同相关行业部门分工负责，对基础数据和行业数据按照四级进行拆分，通过数据底座统一回流至各级数仓。三是重点推进区（市）县数仓建设。支持区（市）县一级依托本级数据底座和回流数据，按照全市四级数仓建设指南统筹构建、集中部署、统一管理区（市）县级、镇（街道）、村（社区）三级数仓，支撑各层级通过“报表通”按权限查询使用和治理维护数据；建立数据底座与数仓数据比对机制，拓展异议核实途径，促进数据活化利用。四是拓展基层数据来源。支持各区（市）县积极开展社区数仓试点创新，加强“人、地、物、组织、门店”等基层基础数据收集，反哺两级数据底座，实现“双向赋能”和全市互通共用。

（四）强化应用场景打造

一是支持创新场景。建立场景推广统筹机制，由市级牵头部门指导行业部门和区（市）县按照“不增加基层工作量、不增加操作复杂度、有利于数据分析、有利于管理服务”原则，依托“报表通”优化现有业务，打造提升效率的应用场景。定期进行集中收集，将普适性应用场景和工具功能吸纳完善进顶层设计，与相关部门协同在全市推广。二是加强需求收集。建立“报表通”数据关联分析应用机制，及时收集处理“报表通”数据与部门掌握数据不一致、数据分析功能不满足工作需要等问题，推进“报表通”改进完善。三是加强研究性业务场景打造。探索依托“报表通”打造政策适配性研究、人居环境优化、公共服务配套规划、跨部门关联业务分析等业务应用场景，促进“报表通”更好“融入部门业务、融入基层需求、融入群众生活”。四是推动实战性业务场景迁移。推动自上而下安排的基层巡访、安全巡检、摸排统计等业务向“报表通”迁移，减少基层多端录入、多头上报工作量。

（五）加强数据安全防护

一是加强网络安全检查。建立常态化网络安全检查机制，明确安全未达标的单位不得使用回流数据。二是落实网络安全要求。落实网络安全等保测评、国产密码应用、信创适配等要求，确保“报表通”相关系统和数据安全。三是加强取数用数管控。加强“报表通”用户权限管控，完善数据访问追踪、数据审计日志等功能，防止数据超范围查询使用，确保数据不被攻击、篡改、破坏，重要、敏感数据不泄漏。四是加强第三方团队管理。采取规范安全合约、签订保密协议、技术监控监测、细化场所和人员管理措施等手段，加强第三方技术团队管理，确保不发生系统、数据安全事件。

（六）落实管控督促机制

一是推进系统清理整合。由市级牵头部门对照分工职责和工作需求，提出各部门信息系统清理整合意见，由各部门按照“一部门一平台一数仓”原则推进落实，打破内部“烟囱”，实现数据共用、业务协同。二是开展报表梳理接入。全面掌握报表总量，按工作条线、工作层级分类统计，摸清各类报表底数。围绕下发报表较多的单位组建专班集中攻坚，按照“必要、精简、可行”原则推动基层报表“应减尽减”，形成报表整合删减清单。明确必须由基层填报的报表和数据清单，需报市级牵头部门部统筹审核，且需统一通过“报表通”下发填报。同时，对于通过“报表通”下发的表格，明确简要明了易填规则，便于基层快速采集数据，更好实现“通采”功能。三是优化压减报表数量。加强部门内部报表业务统筹，对周期性、基础信息类报表采取“合并一批、取消一批、共享一批”等措施进行优化整合，对确需下发的报表采取“数据复用”“先查后采”等措施实现减表减量，凡本级数据底座数据能够满足需要的不得安排基层填报，凡能通过计算生成所需数据项的不得作为报表内容要求基层填报。四是明确同等效力要求。优化“报表通”报表审核流程，除法律法规、政策文件有明确要求外，通过“报表通”报送的表格材料与原有填报方式、手写签名或者纸质盖章的表格材料具有同等效力，可以直接作为有效归档材料，各级制发单位不得保留原有填报渠道，不得要求填报单位重复填报。五是建立督促指导机制。将“报表通”实战化运行工作纳入智慧蓉城建设绩效考评体系，由市级牵头部门、督查部门联动，对全市报表工作开展督查，采取定期通报方式推进相关工作。六是加强操作培训。分层分级组织开展业务和技术培训，重点面向行业部门和镇（街道）数据执行官和数据专员，再由其做好“报表通”内部培训推广，满足使用需求。

作者：刘贤勇　何　勇（中共成都市委政策研究室、市委党史研究室）

五筑五强·共融共生

——苏州城市街道社工站室的治理经验

一、苏州城市街道社工站创建背景

（一）苏州城市基层治理背景

苏州位于江苏省东南部，地处长三角中部，地理位置优越，交通便利。拥有完备的工业体系和强大的制造业基础，是长三角地区重要的制造业中心。苏州也是国家历史文化名城，拥有丰富的历史文化遗产和独特的江南水乡风貌，是长三角地区重要的旅游目的地之一。常住人口为1295.8万人，是江苏省人口最多的城市之一，下辖10个区县。2023年苏州全市实现地区生产总值24653.4亿元，经济实力在全国城市名列前茅。作为开放大市，苏州积极吸引外资，与众多国际知名企业建立合作关系。苏州工业园区更是成为中国和新加坡两国政府间的重要合作项目，吸引了大量外资企业入驻，成为苏州对外开放的重要窗口。苏州是人口大市，常住人口众多，且人口结构复杂，包括本地居民、外来务工人员、外籍人员等。不同群体的利益诉求和生活方式存在差异，这给城市治理，尤其是公共服务供给方面带来了一定的挑战。

以金鸡湖街道为例，金鸡湖街道地处苏州工业园区核心区域，行政中心、商务中心、文化中心、居住中心相叠加，街道辖区面积约45平方公里，下辖57个社区、143个小区，常住人口近40万。作为旗舰版的城市街道，金鸡湖街道面临着“面广，点多，事杂，要求高”等民生治理难题。金鸡湖街道商业街区多、人流物流大、服务标准高、保障任务重，“小马拉大车”现象日益凸显。来自“五湖四海，四面八方”的流动人口约10万人，外籍人士约2万人，来自全球28个国家和地区，“新苏州、老苏州、洋苏州”汇聚，居民群体呈现鲜明的“年轻化、高知化、多元化”特点，思维跨度广、参与意识高、权利观念强，群众“急难愁盼高”需求和诉求日益浮现。长期以来，金鸡湖街道已经对民生服务领域进行了大量工作探索，如社区社会组织孵化，推进党组织为民服务项目，开展社区服务社会化项目等，投入了大量资金，也积累了一些经验。但街道基层民生服务的阵地建设依然比较涣散，组织服务不够稳定，项目开展不成体系且难以持续，很有必要强化载体建设将民生服务成果巩固起来，探索城市街道基层治理创新迫在眉睫。

（二）街道社会工作站孕育而生

乡镇（街道）是国家行政管理的末端，是城乡治理的基本单元。2021年7月，中共中央、国务院《关于加强基层治理体系和治理能力现代化建设的意见》指出基层治理是国家治理的基石，统筹推进乡镇（街道）和城乡社区治理是实现国家治理体系和治理能力现代化的基础工程。在全面推进现代化的进程中，我国城乡社区问题呈现多元化、复杂化等特点。面对新时期社区居民的多样化需求，基层民政服务能力显出不足。在此背景下，为发挥社会工作专业优势，促进民政工作与社会工作专业服务深度融合，社会工作站作为党和国家保障和改善民生、加强和创新社会治理的重要抓手应运而生。

2021年4月，民政部印发了《关于加快乡镇（街道）社工站建设的通知》，提出把握专业化、高质量的乡镇（街道）社工站发展方向，同时将乡镇（街道）社工站建设纳入民政重点工作。随即，各地纷纷出台推进社工站建设的政策举措，社会工作站的建设和发展进入了快车道。2021年6月，江苏省民政厅以及苏州市政府等部门纷纷出台文件，要求贯彻落实国家对建设乡镇（街道）社工站的政策要求。苏州市各街道立足地区实际进行多样化、特色化建站探索，截止到2021年底，共建成98个乡镇（街道）社工站，实现了全覆盖。近年来，苏州市在推进街道社工站建设的实践中，立足本土民生需求，充分整合区域资源优势，开启了现代城市基层治理创新的实践探索。

二、街道社工站的运营管理模式

（一）街站关系的模式区分

乡镇（街道）社工站建成后，围绕“街站关系”“站室关系”应采取何种运营管理模式，全国各地也开展了地方性的实践探索。纵观全国乡镇（街道）社工站的“街站关系”主要有三种：直聘模式、外包模式和混合模式的服务购买模式。直聘模式指政府在社会工作站的建设、资金投入、人员配置、服务规划等方面发挥主导作用。乡镇或街道直接与社工签订劳动合同，乡镇（街道）为用人单位，承担应尽的义务，社工服从用人单位的管理与安排；通常由民政等相关部门直接负责组织管理，制定明确的服务目标和任务要求。服务项目多围绕政府重点关注的民生领域，如社会救助、养老服务、儿童福利等展开，以确保政策落实和服务供给的稳定性。

外包模式则是由民政部门或街道通过服务购买的方式确定项目的承接主体（通常指社会服务机构），由承接主体招聘社工，与社工签订劳动合同；社会组织依据自身的专业优势和资源，按照合同约定开展各类社会服务活动。这类模式能充分发挥社会组织的灵活性和创新性，它们可以根据社区实际需求，快速调整服务内容和方式，提升服务的针对性和实效性。

混合模式则指前两种模式的混合，即政府和社会力量协同运营管理社工站的运行模式。政府不仅通过购买社会服务的方式吸纳社会组织负责社工站的运营管理，还要通过日常工作指导加强对社工站运营方向、服务内容的把控。社会组织虽承接了街道社工站的运营管理，但仅保留适度的自主权，多数事务的决策与行动还需要及时向街道报告反馈，获得行动许可。

江苏省民政厅对街道社工站的运营模式提出了统一规范要求。依据江苏省民政厅《关于加快推进乡镇（街道）社工站建设的通知》规定，乡镇（街道）社工站负责人必须由街道负责民政工作的人员担任。从实践层面看，这种混合模式更加符合我国乡镇（街道）的治理背景，能够最大化地激发政社双方的组织优势。街道在社工站运营中侧重把方向、定大局，第三方社会组织抓执行、保落实，双方共同协商社工站的服务内容。这个模式互动性更强、融合度更深，能够实现双方互促互融互进。

（二）社工站室运营体系建构

依据苏州市《关于推进社会工作站（室）建设的实施意见》的政策要求，街道层面要建立社工站，社区层面要建立社工室。而围绕“站室关系”的设计，本土实践经验大体可分为两种，一是“站室一体式”；二是“站室协同式”。“站室一体式”指的是街道社工站与社区社工室的运营管理统一由街道采购，均由同一家社会组织承接。这种模式有利于站室工作的统筹与协调，减少站室之间的沟通成本，提升站室一体化运行效率。其弊端在于对承接社会组织人员规模要求较大，参与基层治理经验要更为丰富，组织运营风险也较大。

“站室协同式”，指的是街道社工站与社区社工室的运营管理由街道集中采购，而站室分别由不同社会组织具体承接运营。这种模式对街道社工站的承接能力要求相对较低，运营成本相对较小，组织运转相对灵活，更有利于调动辖区内更多社会组织参与基层治理的积极性，发挥不同组织各自优势，做到百花齐放，有利于本土基层治理生态的营造。相反，其弊端在于站室分别由不同社会组织承接而带来的沟通成本较高，影响其基层治理效率。

以上两种站室运营体系在苏州辖区的街镇都有不同探索。二者最大的不同在于，“站室一体”讲求高效，行动一致，能够集中力量做大事。“站室协同”强调多元，生态打造，能够集众家之长满足民生个性化需求。苏州工业园区金鸡湖街道在区域面积、社区数量、人口规模、空间样态等方面，都呈现出体量大、复杂性等特点，对社会组织参与社工站室建设的基础条件、专业能力与治理经验等方面都有较高的要求。复杂的地方社情，多元的文化背景，多样的民生诉求，更期待多种不同社会组织共同参与基层治理与服务。在街道社工站室运营体系建构上，更适宜引入“站室协同式”的发展模式。

三、苏州市街道社工站运营的现状与问题

苏州城市街道社工站自创建以来，在街道党工委的正确引领下，充分利用街道经济资源，盘活社区固有基础资源，联合本土社会组织资源，整合地方高校专家资源，逐渐探索出一条“五筑五强，共融共生”的社工站室协同治理模式。以园区金鸡湖街道为例，街道社工站坚持街道党工委的建设引领，明确了社工站的功能定位与发展方向；依托地方财政强劲的经济支持，稳定了专业社工的组织团队，提升了基层服务与治理品质；得益于辖区现代社区发展的优质基础，为社工站室开展具体民生服务与社区治理工作提供了良好的环境支撑；致力于地方本土社会组织发展生态的营造，鼓励更多社会组织共同参与社工站室的运营工作，汇集众多社会组织专业优势，为辖区基层服务与治理提供有效支持；充分整合本土高校专家资源，创建社工站智库专业咨询平台，为社工站持续稳健发展提供智力支持。

但街道社工站尚属新生事物，社会组织参与街道社工站运营管理正处于探索期。由于缺乏整体设计与规划，功能定位不够清晰，运营机制不够完善，以及社会组织自身建设不够成熟等原因，苏州市街道社工站的运营发展也存在一些现实问题。

首先，专业人才流失及专业能力不足。尽管苏州在不断推进社工站建设，但专业社工人才的数量仍不能完全满足需求。一方面，社工行业的社会认知度和认可度有待提高，导致相关专业的毕业生从事社工工作的意愿不强烈；另一方面，基层

街道社工站工作任务较为繁重，使得一些优秀的社工人才容易流失到其他行业或地区。部分社工的专业知识和技能水平有限，在开展服务时可能无法提供高质量、专业化的服务。比如在处理一些复杂的社区矛盾、特殊人群服务等问题时，缺乏足够的专业经验和能力，影响服务效果。

其次，服务内容同质化且缺乏精准评估。一些街道社会工作站在服务项目的设计上缺乏创新，存在同质化的现象。例如，多个社工站都开展了关爱老年人、儿童等常规服务项目，但在服务的深度和特色上不够突出，无法满足居民多样化、个性化的需求。在开展服务之前，对服务对象的需求评估不够精准，导致服务内容与服务对象的实际需求存在偏差。例如，在一些社区帮扶项目中，可能没有充分考虑到困难家庭的具体困难和需求，提供的帮助不够针对性。

再次，内部资源整合不足外部资源链接困难。街道社会工作站与街道内的其他部门、社区居委会之间的沟通协作不够顺畅，存在资源分散、重复建设的问题。例如，在社区活动场地的使用、志愿者队伍的管理等方面，没有形成有效的资源共享机制，影响了工作效率和服务质量。另外，与企业、社会组织、高校等外部资源的合作不够紧密，难以充分调动社会力量参与社区治理。一方面，社工站缺乏主动与外部资源对接的意识和能力；另一方面，企业和社会组织对社工站的了解和信任度不够，合作的积极性不高。

最后，品牌建设意识不强且宣传渠道有限。部分街道社会工作站对品牌建设的重视程度不够，没有形成具有影响力的服务品牌。这使得社工站在社会上的知名度和美誉度不高，难以吸引更多的资源和支持。此外，在宣传方面，主要依靠传统的宣传方式，如社区公告栏、宣传册等，宣传渠道较为单一，宣传效果不理想。在新媒体时代，需要更加注重利用互联网、社交媒体等平台进行宣传推广，提高社会工作站的影响力。

四、街道社工站建设路径规划

作为城市街道基层治理创新平台，街道社工站的创建能否真正发挥功能，解决打通民政服务能力不足的最后一公里难题，主要取决于对社工站建设发展的整体设计与系统规划是否合理。结合苏州市一些街道社工站的成熟经验和做法，对未来街道社工站的发展规划思考如下：

（一）强化党建引领明确功能定位

街道社工站要明确自身存在的功能定位与使命，挖掘站体行动的内驱力。街道党组织要发挥资源整合功能，搭建基层服务与治理平台，引导社区、社工站、社会组织、志愿团队、企事业单位等不同主体积极参与基层民生事业建设工作，形成街道治理共同体。同时，要发挥街道党组织对社工站的引领作用，以加强和改善基层民生建设为本位，赋予社工站参与民生建设的合法性地位，发挥社会工作专业优势，为社工站注入行动内驱力，协助街道解决民生领域的“急难愁盼”，改善辖区民生福祉。

（二）立足本土民生制订发展规划

街道社工站要立足本土社情，聚焦民生发展重点议题，做好工作发展规划。街道社工站是国家探索基层治理创新的产物，是政社合作打造的新型服务平台。对于街道而言，社工站属于一种新生事物，缺乏成熟经验和建设基础。街道社工站一方面有必要下沉基层社区，开展社区调研，强化与社区的关系建立，增进互信，了解辖区社区中心工作及民生关切。另一方面，梳理社区民生问题，结合自身发展基础与专业优势，合理做好社工站工作发展规划，分阶段推进工作规划落实。

（三）培育治理抓手打造运营体系

街道社工站要积极培育社区社会组织、社工人才及志愿服务队伍，依托社区社工室为基层治理抓手，打造社工站室自主运营体系。街道社工站的人员配置相对有限，必须依托街道辖区内的其他有生力量一起参与基层治理与服务，做好组织队伍培育是关键。街道社工站室运营体系的基层抓手是社区社工室，社工站要与社区达成社工室共建理念，一起参与社工室的工作指导与方向指引。同时，街道社工站也有必要自主培育或引导社工室培育辖区内的社工人才及志愿服务队伍，作为站室工作的向基层社区延伸的主要抓手。

（四）强化系统思维开展联动治理

街道社工站要聚焦重点民生事项，强化系统联动思维，合力探索民生问题解决之道。街道社工站存在的使命就是要发挥社会工作专业优势，强化系统思维，践行“五社联动”机制，动员辖区内其他社会主体力量一起参与基层民生问题的解决。尤其要在街道党组织的牵头下，加强与社区、社工室的合作关系，建立工作协调平台。关键点在于如何激发社区、社工室等主体参与联合行动的动力。通过联合行动，一方面可以充分发挥不同主体的资源优势，弥补单一资源的不足；另一方面也可以扩大活动的社会影响力，树立街道社工站在街道以及社区居民群体中的专业形象。

（五）创新激励机制塑造治理品牌

街道社工站要创新激励机制，调动相关参与主体的工作积极性，不断优化总结工作成效，努力为街道治理工作探索品牌建设经验。街道社工站可以通过以赛促建的方式,动员辖区各社区、社工室的力量一起参与基层服务与治理行动,如项目大赛、案例大赛等。一方面通过竞赛的形式可激励各治理主体积极提炼一些优秀治理案例或创新方法,对他们的治理工作予以表彰肯定。另一方面,通过竞赛也能够引导不同治理主体自主总结工作经验与成效,互学互鉴,强化行动反思,提升治理品质。街道社工站可通过长期工作经验的总结,探索符合街道本土特色的治理品牌。

五、苏州街道社工站发展的品牌特色

综合观察,苏州城市街道在推进社工站建设的实践中,立足本土民生需求,充分整合区域资源优势,创新性提炼出“五筑五强 · 共融共生”的本土经验,为助力苏州市基层街道民生服务与社区治理高质量发展提供了强力支撑。

(一)党建筑魂,强心工程

街道社工站的发展得益于街道党工委的有效引领。在顶层设计上,苏州街道党工委高度重视街道社工站室建设工作,全力协调资源支持社工站发展,积极打造政社合作基层治理平台,为不同主体参与基层服务与治理注入了强心剂。以金鸡湖街道为例,2023 年 2 月 20 日正式批复成立金鸡湖街道社会工作站党支部,并安排街道相关工作人员担任社工站党建指导员,社会工作站党支部现有党员 6 名,明确了“先锋焱集 璀璨金鸡”金鸡湖社工站党建品牌发展定位。社工站通过党建引领搭建治理平台,汇聚辖内社工站室党组织以及党员,强化党员参与基层服务与治理的责任意识,依托党建阵地积极推进金鸡湖街道党建品牌建设。此外,在街道党工委的引领下,辖区创建了 13 个邻里党建片区,57 个社区党组织,329 个邻治理网格,1370 个金楫先锋网格,统筹构建了从街道到楼道的党建网格组织架构,探索邻里党建“邻聚里”工作法,推动了“党建网、治理网、民生网”的三网融合。通过党建引领,整合了辖区行政资源、市场资源、社会资源,强化了不同社会主体的民生意识与社会责任,为社工站推动基层服务与治理注入了强劲动力。

(二)经济筑体,强力工程

街道社工站的发展得益于地方财政的强劲支持。当前,各地街道社工站的运营经费主要依托于地方财政的政府购买服务。苏州工业园区街道社工站的创建是全域整体推进,一步到位,全面铺开的。辖区五个街道社工站及社工室的运营经费统一由园区财政拨款。金鸡湖街道地处苏州工业园区核心区域,肩负着服务苏州城市新中心建设的服务使命,其下辖 57 个社区,区域范围广,社区数量众多。园区要求社工室建设也要实现全覆盖,因此,金鸡湖街道社工站室的建设任务也相对较重,园区财政下拨到街道社工站室建设经费两年高达 824 万元(涵盖所有社工室的运营费用)。基层服务与治理需要强有力的资金保障,相对于经济欠发达街道,金鸡湖街道对社工站室的投入是非常可观的。强经济的注入一方面为街道社工站室专业社工团队的稳定性提供了坚实保障,另一方面也为社工站室顺利开展各项基层服务与治理活动奠定了雄厚的基础。

(三)社区筑底,强基工程

街道社工站的发展得益于现代社区的优质基础。社工站室对于基层服务与治理活动的开展离不开地方社区土壤的支持,尤其是社区组织建设状况,居民公共参与意识,社区活动开展与文化氛围等。苏州是个不断加速推进现代化的城市,大多数社区均属于城市新建商品房社区,社区硬件设施配套完善,常住人口呈现年轻化、高知化、多元化等特点,思维跨度广、参与程度高、权利观念强,对美好生活便利化和社会治理现代化提出了更高的要求。社区文化活动丰富,社区文化浓郁,为社工站室参与基层治理提供了良好的基础。此外,近年来,金鸡湖街道积极响应园区基层社工能力提升三年行动计划,以提高基层社区工作者综合能力,深入撬动社区发展新动能为目标,建立社工长效培训机制,定期分层组织专业培训,增强社工履职能力。力求培育一支梯次合理、务实能干、居民认可的专业化社工队伍,为金鸡湖社区建设持续发展提供更加有力的支撑保障。优质的社区土壤可为金鸡湖街道社工站室运营提供了良好的环境支持,优秀的社区工作团队可以更好与社工站室专业团队合作共融,共同构筑了社工站室良性运行的基础。

(四)社会筑台,强治工程

街道社工站的发展得益于社会组织的良性生态。站室协同模式下的社工站室运营体系更加强调多家社会组织的协同合作,共融共生。苏州是个外来人口的集散地,许多基层社区体量较大,“新苏州、老苏州、洋苏州”汇聚于此,居民属性差异较大,民生诉求更加多元复杂,需要更多不同类型的社会组织共同参与社工站室的运营发展,形成互通互补的治理生态。当下,金鸡湖街道社工站由一家本土专业社工机构承接运营,57 个社区划分为 5 个片区分别由 5 家不同社会组织承接社工室运营工作。这些社会组织涉及为老服务、青少年服务、社区治理、社区文化等多个类型。街道社工站推动了辖区 57 个社会工作室的统筹工作,发挥站室协同优势,通过片区轮值,驻点党员社工全参与的形式,按月度持续开展先锋焱集党员志愿服务。多家社会组织共同参与社工站室运营,可激发本区域的社会组织发展活力,引入竞争机制,鞭策社会组织不断变革创新,努力提升服务质量与治理效果。此类活动的开展让各家社会组织提供了展示组织优势与服务专长的机会,更有利于加强站室之间、室室之间的互动学习，彼此借鉴成长，为基层营造良性的公益生态。

（五）智库筑脑，强策工程

街道社工站的发展得益于高校智库的专业指导。街道社工站的创建属于政社之间在街道层级共同打造社会工作服务平台的政策创举，是政府购买基层社会服务从“项目制”转向“平台制”的创新探索。这一举措对于民政系统、街道以及社会组织都是一种新的合作尝试与突破。特别是对一些社会组织而言，要从原来动态流动性服务转变为固定载体性服务，与购买主体（街道）的联动更为紧密，迫切需要转变以往“以项目为中心”的服务经营理念，要学会在政府密切监管下如何打造优质高效的服务平台。苏州一些街道社工站依托本土高校资源，如苏州工业园区金鸡湖街道社工站，联动高校专家创建“社工站智库”这一新型咨询平台，发挥智库专家的专业优势为社工站室常态运营及有效治理提供智力支持。在街道社工站日常管理中，智库专家利用专业研发优势，深度开展区县、街道、社工站室三个层级的走访调研，了解不同层级对社工站发展的功能定位与发展期待，为社工站室发展规划提供建议指导。智库可以组织专家参与有关社工培训、项目评审、社工室督导以及案例优化等工作，保障社工站日常管理工作高效运行。智库还可以组建团队开展社工站课题研究，梳理社工站运营管理经验，助力社工站运营模式探索与治理品牌提炼。

作者：王　春（苏州科技大学）